NHK BOOKS
1260

現代日本人の意識構造［第九版］

NHK Broadcasting Culture Research Institute
NHK放送文化研究所【編】

NHK出版

はじめに

二〇一九年、平成が終わり、令和になりました。平成の三〇年間（一九八九―二〇一九）で、私たち日本人の意識は変わったとお感じになりますか。身の回りでは、仕事を辞めない女性が増えた、赤ちゃんを抱っこする男性が増えた、など漠とした印象はありますが、国民全体を見渡した時に本当に意識が変わったのか、確実にはわかりません。政治や社会、技術、国際など、社会状況は変わっても、日本人の基本的なメンタリティーはあまり変わっていないのでは、とお考えの方もいらっしゃるでしょう。

世論調査で毎年調べたとしても、人々の基本的な意識というものは、二、三年ぐらいで変化は見えにくいものですが、三〇年、五〇年という時間軸で見るとさまざまな変化が見られます。

平成の時代、国際社会ではベルリンの壁が崩壊。湾岸戦争が勃発し、テロや難民問題が深刻化しました。国内では阪神・淡路大震災をはじめとする地震災害に加えて、豪雨災害も激甚化しました。また、少子高齢化や格差社会など、日本社会の構造的問題が指摘されるようになりました。平成に入って明らかに変わったのが情報環境です。インターネットなどの通信技術が飛躍的に発達したことで、膨大な量の情報を受け取ることができると同時に、個人が自由に情報を発信でき、人と人が自由につながる状況も生まれました。長い人類の歴史から見ればたかだか三〇年間ですが、国際社会から個人の身近な生活に至るまで、結構大きな変化が起こっているのです。こうした時代状況は、人々の意識に何らかの影響をもたらしているはずです。

NHK放送文化研究所が実施している「日本人の意識」調査は、こうした意識変化を長期的にとらえようとするものです。全国の一六歳以上の国民を対象に、一九七三（昭和四八）年から五年ごとに実施し、おおむね同じ調査方法、同じ質問で、半世紀近く継続的に行っています。

質問の領域は、生活の目標や理想の人間像などの「基本的価値」、政党支持やナショナリズム、天皇に対する感情などの「政治」、理想の仕事や消費・貯蓄などの「経済・社会・文化」、理想の家庭や男女の教育などの「家庭・男女関係」、そのほか、「コミュニケーション」や「国際関係」など多岐にわたっています。この調査結果については、五年ごとに発表するたび、多くのメディアに取り上げられ、研究者だけでなく一般視聴者の方からも高い関心をいただいています。

特に、今回二〇一八年の調査結果は、平成の三〇年間でどの意識がどう変化しているのか、どの意識は変わらないのかがわかるという意味で注目したいところです。昭和最後の一九八八年と平成最後の二〇一八年の結果を比較すると、「多数派」の意見が交替した項目がいくつかあります。

最も変化が大きいのが「家庭・男女関係」の領域です。「子どもが生まれても、女性は職業をもち続けたほうがよい」や「女の子に大学まで教育を受けさせたい」が多数派になりました。また、昭和時代は「老後、子どもや孫と暮らす」を望む人が多かったのに、現在では「趣味をもち、夫婦や仲間と過ごす」が増えています。

天皇に対する感情も大きく変化した項目です。昭和時代までは「特に何とも感じていない」が最多だったのに、平成になると「好感をもっている」が増加し、今回は「尊敬の念をもっている」が最多となりました。

こうした意識変化の背景に何があるのか、「日本人の意識」調査だけで解明することはできません。ぜひこの結果をきっかけに、研究者の方々がさらに深い研究を進めていただくことを願っています。また一般視聴者の皆さんにも結果をご覧いただき、背景にある事象や社会状況の変化について思いをめぐらせていただければ幸いです。

最後に、調査にあたり多くの方々にご協力いただきましたことを、心より御礼申し上げます。この調査に回答していただいた方は、これまでの一〇回で合わせて三万六〇七九人に上ります。この方々のご協力によって、信頼性の高いデータを蓄積することができました。

ならびに、この調査を始めるにあたって、質問分野や構成、質問文の表現まで綿密な検討を重ねた故児島和人氏（元東京大学教授）、故風間大治氏などＮＨＫ放送文化研究所の当時のスタッフ、そして指導と協力をいただいた飽戸弘氏（東京大学名誉教授）、見田宗介氏（東京大学名誉教授）、井上輝子氏（和光大学名誉教授）に、改めて感謝申し上げます。

本書の出版によって、調査結果を社会に広く伝えることが、NHKの責務であり、調査にご協力いただいた方々のご厚意に応えると信じています。

二〇二〇年二月

NHK放送文化研究所　所長

小川　純子

目次

V　仕事と余暇

校　閲　髙松完子
DTP　アトム・ビット

執筆分担

NHK放送文化研究所　世論調査部

Ⅰ・Ⅱ・Ⅲ・Ⅷ　荒牧　央
Ⅳ・Ⅶ　村田ひろ子
Ⅴ・Ⅵ　吉澤千和子
全般　村田英明
分析協力　河野　啓

I

序章

1 「日本人の意識」とは

本書では、「日本人の意識」を日本人の「意見の分布」という形で表している。例えば、「着るものや食べもの、住まいなど、物質的に豊かな生活を送っている」という人が国民全体では八一%であり、「そうは思わない」という人が一七%、というように表現する。また、国民全体だけでなく、男性や女性、二〇代の人々など、男女別や年層別などのグループ内で意見がどのように分布しているかをみていくこともある。そして、この意見の分布が変化したときには、「意識が変わった」と表現している。

意見の分布をとらえる方法には、「世論調査」の手法を用いている。日本全国の一六歳以上の国民から無作為に抽出した人を対象に、質問文を読み上げ、用意した選択肢の中から回答を選んでもらうという方法である。したがって、本書における「日本人の意識」とは、科学的な世論調査の結果から推定(1)した「一六歳以上の日本国民における様々な意見・考え・態度の分布状況」ということになる。

2 「日本人の意識」調査の基本設計

分析の基となる具体的な「世論調査」は、NHK放送文化研究所が一九七三年から五年ごとに行なっている「日本人の意識」調査である。

この調査では、日本人の意識をできるだけ広範囲にとらえるために、家庭、仕事、余暇、ナショナリズム、宗教、政治、基本的価値観など幅広い領域について質問している。そして質問項目は、次の五つの基準に沿って選定している。

①主要な意識の領域をカバーすること
②意識の特性を構造的にとらえ得ること
③長期的な変動が見込まれる意識であること
④社会的影響力の大きい意識であること

⑤統計調査法により測定可能であること

こうして選定された項目について、意見の分布の状況がどのように変化したのかを正確にとらえるため、質問文や選択肢、調査方法などの条件をできる限り変えないで調査を継続している〔2〕。つまり、測定装置を変えないことによって、測定対象の変化を正確にとらえようとしているのである。

3　分析方法

意見の分布状況は個人個人の意見の集積によって形作られることはいうまでもない。しかし、時間による変化をみる場合は、個々人が意見を変えなくても、国民全体での分布が変わることもあれば、反対に、個々人の意見が変わっても、国民全体での分布が変わらないこともある。

①個々人は意見を変えなくても、国民全体での意見の分布が変わる典型例

若い世代ほど支持する人が多いなど、世代間で差があれば、個々人は意見を変えなくても、世代交代により国民全体での意見の分布は変化する

②個々人は意見を変えても、国民全体での意見の分布が変わらない典型例

個々人は年齢を重ねること（加齢）によって意見を変えても、各年齢の構成比が同じであれ

ば、国民全体での意見の分布は変わらない

③個々人が意見を変え、国民全体の意見の分布も変わる典型例

加齢やライフステージの変化だけでなく、時代の動きによっても個々人の意見が変わることがある。社会状況や経済状況の変化、国外からの新しい情報の流入などによっても意見は変わる。この場合、個々人の意見が同じ方向に変われば、国民全体での意見の分布も変わる

実際は、これらの現象は複雑にからみ合っているが、加齢と世代交代は、時の経過とともに必然的に生じる現象である。そのため、変化の要因を分析する際の基本は、(1)年齢が変わったこと（加齢要因）による変化なのか、それとも、(2)世代交代（世代要因）による変化なのかを分析し、次に、(3)世代の特徴を生み出した時代背景、および、意見の変化を生み出した時代背景（時代要因）について考察することになる。

加えて、調査を始めてから四五年の間に、日本人の年齢構成も大きく変化している。一九七〇年と二〇一五年の国勢調査の結果を比較すると、一六歳以上の人のうち一〇代や二〇代は半減している。代わって六〇代や七〇歳以上が大きく増え、六〇代以上が占める割合はおよそ四割になった。その結果、年齢を重ねることによって変わるような意見で、かつ、高年齢層に支持される意見は、国民全体における割合が高くなり、反対に、高年齢層で支持する人が少ない意見は、全体における割合が低くなることになる。

注

〔1〕抽出した一部の人たちの結果から、母集団である国民全体について推定する際には、誤差を伴う。第Ⅱ章以下で、「差がある」とか「変化した」とか表現しているのは、この誤差を見込んでも差があるとみなせる場合である。ただし、誤差の範囲内であっても、差に意味があるとみなした場合は、「有意でない」と明記した上で、その差について分析をしている。

〔2〕調査に関係する諸条件の中で、調査有効率（調査に回答した人の割合）は最近、特に低くなっている。調査に回答しなかった人の意見は、結果には当然反映されていない。以前と傾向が変わった場合には、有効率の低下による影響がないかということも慎重に検討して分析している。

Ⅱ　男女と家庭のあり方

男女関係や家庭に関する考えは「日本人の意識」調査の中で最も大きく変化している。結婚から老後まで、ライフステージごとに人々の意見がどのように変化してきたのかをみていきたい。

1　結婚観――「結婚しなくてよい」が七割近くに

多くの年層で増加

まず、結婚に関する意識からみていきたい。この質問は第五回の一九九三年の調査から開始し、「結婚すること」について、次の二つの選択肢から、みずからの考えに近いものを選んでもらっている（第49問）。

1．人は結婚するのが当たり前だ　《するのが当然》
2．必ずしも結婚する必要はない　《しなくてよい》〔1〕

この質問を始めた九三年には、結婚を《するのが当然》という人が四五％だったのに対し、《しなくてよい》という人は五一％と、この時点ですでに多数派になっている（図Ⅱ―1）。その後、二〇〇三年と〇八年は変化がなかったものの、長期的には《しなくてよい》が増加傾向にある。最近の五年間でも一三年の六三％から六八％に増加しており、結婚を《しなくてよい》と考える人は七割近くになっている。

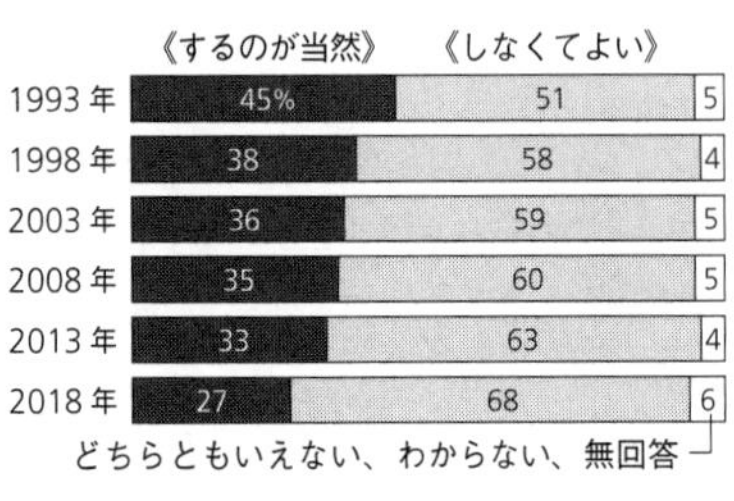

図Ⅱ－1 結婚すること〈全体〉

図Ⅱ―2は「結婚すべきかどうか」についての考えが年齢によってどう違うのかを、男性と女性に分けて集計した結果である。九三年と一八年のデータを比較してみる。

男性の結果をみると、《しなくてよい》は、若い人で多く、年齢が高くなるほど少ない。九三年は、四〇代後半で《するのが当然》という人と《しなくてよい》という人の割合がほぼ同じになり、それより上の年層では《するのが当然》という人が多く、若い年層では《しなくてよい》が多くなっていた。それが一八年になると、《するのが当然》と《しなくてよい》がほぼ同じ割合になるのは七〇代前半になる。二五年の間に、ほとんどの年層で《しなくてよい》と

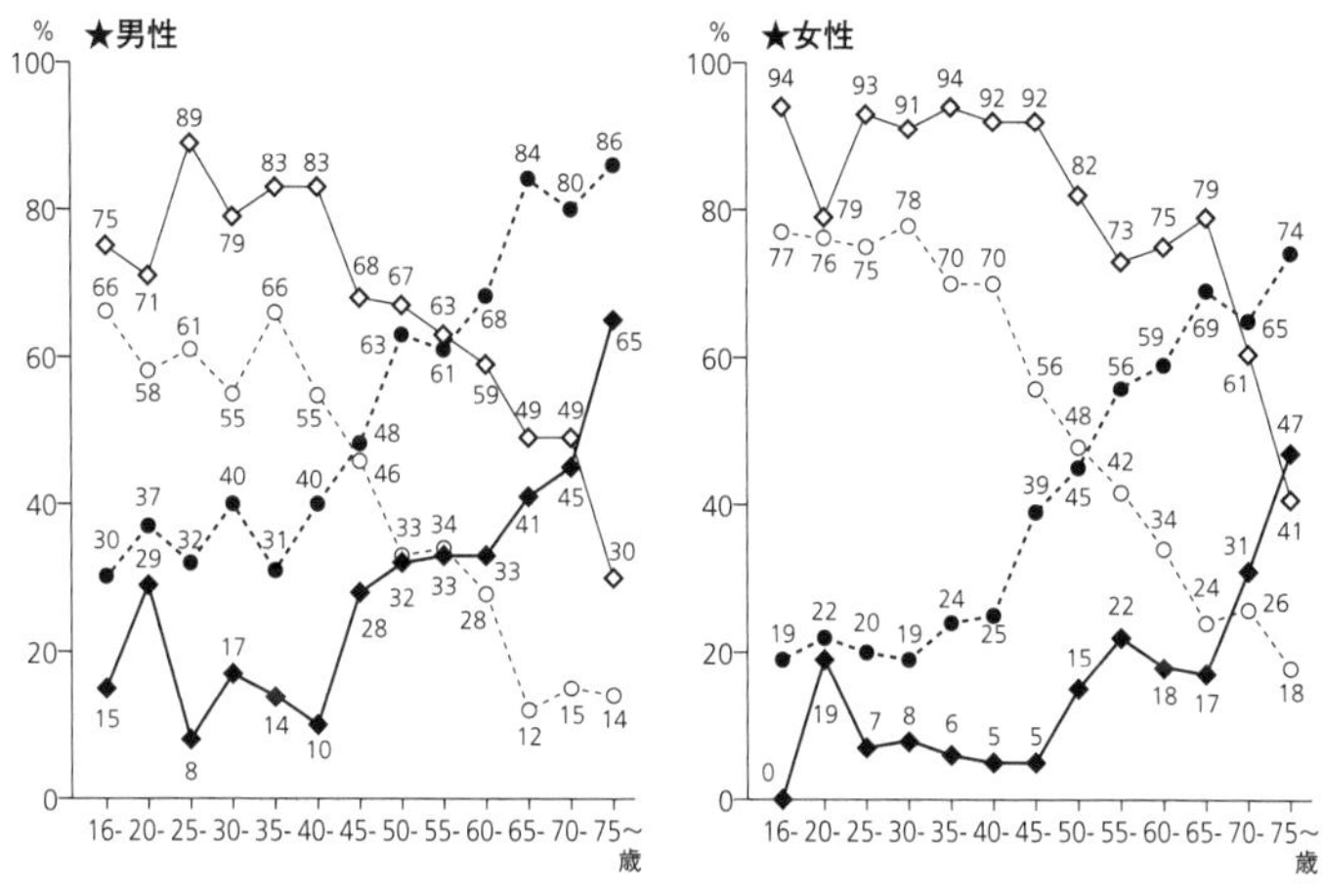

図Ⅱ－２　結婚すること〈男女年層別〉

いう人が大きく増え、《するのが当然》という人が大きく減少したのである。

女性では、九三年は、五〇代前半で《するのが当然》と《しなくてよい》の割合がほぼ同じになり、それより上の年層では《するのが当然》という人が多く、若い年層では《しなくてよい》が多くなっていた。

一八年になると両者が並ぶのが七五歳以上となり、その他のすべての年層で《しなくてよい》という人が多くなっている。女性でも、二五年の間にほとんどの年層で《しなくてよい》という人が大きく増え、《するのが当然》という人が大きく減少した。また、ほとんどの年層で《しなくてよい》という人が男性よりも多く、《するのが当然》という人が男性よりも少なくなっている。

世代によって決まる考え

このように、結婚は《するのが当然》という人が多いのは男女とも高年層だけで、他の年層では《しなくてよい》という人が多いのが今の日本の姿である。そこで、ここからは、こうした状態を生み出した要因についてみていきたい。

図Ⅱ—2では《しなくてよい》の年層別の結果を示したが、これを生まれた年を基準に描き直すと図Ⅱ—3のようになる。図の左のほうは「一九九九～二〇〇二年生まれ」や「九四～九八年生まれ」など最近調査対象に加わった新しい世代で、右へ行くにしたがって古い世代になる。また、グラフのそれぞれの線は調査各回の結果を示している。ここからは次のようなことを読み取ることができる。

①《しなくてよい》という人は高年世代ほど少なく、新しく調査対象になった世代ほど多い。男性と女性では、女性のほうが《しなくてよい》の割合が高いが、男女とも若い世代で多く、「七四～七八年」以降に生まれた世代になると男性は七〇％、女性は八〇％を上回ることが多い。

②各回の線はほぼ重なっている。つまり、生まれ育った時期、すなわち世代ごとにみると、時代（調査時期）が変わっても《しなくてよい》の割合にあまり変化がない。例えば、男性の「三九～四三年」生まれでは、九三年以降、三三→三一→二九→四一→三七→三〇（％）、「六九～七三年」生まれでは五八→六九→→七三→六八→六七→六八（％）と推移している。いずれも、ある

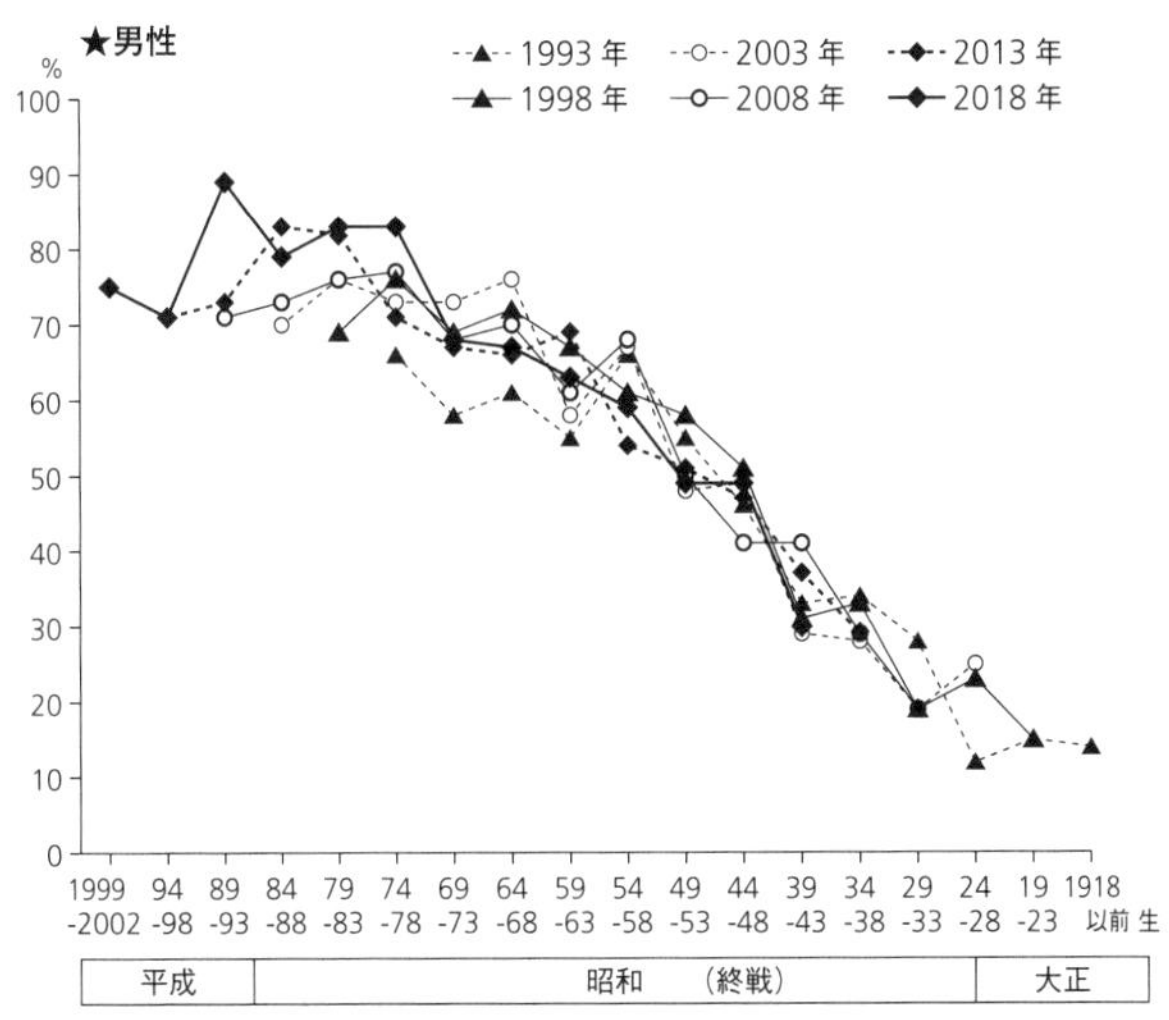

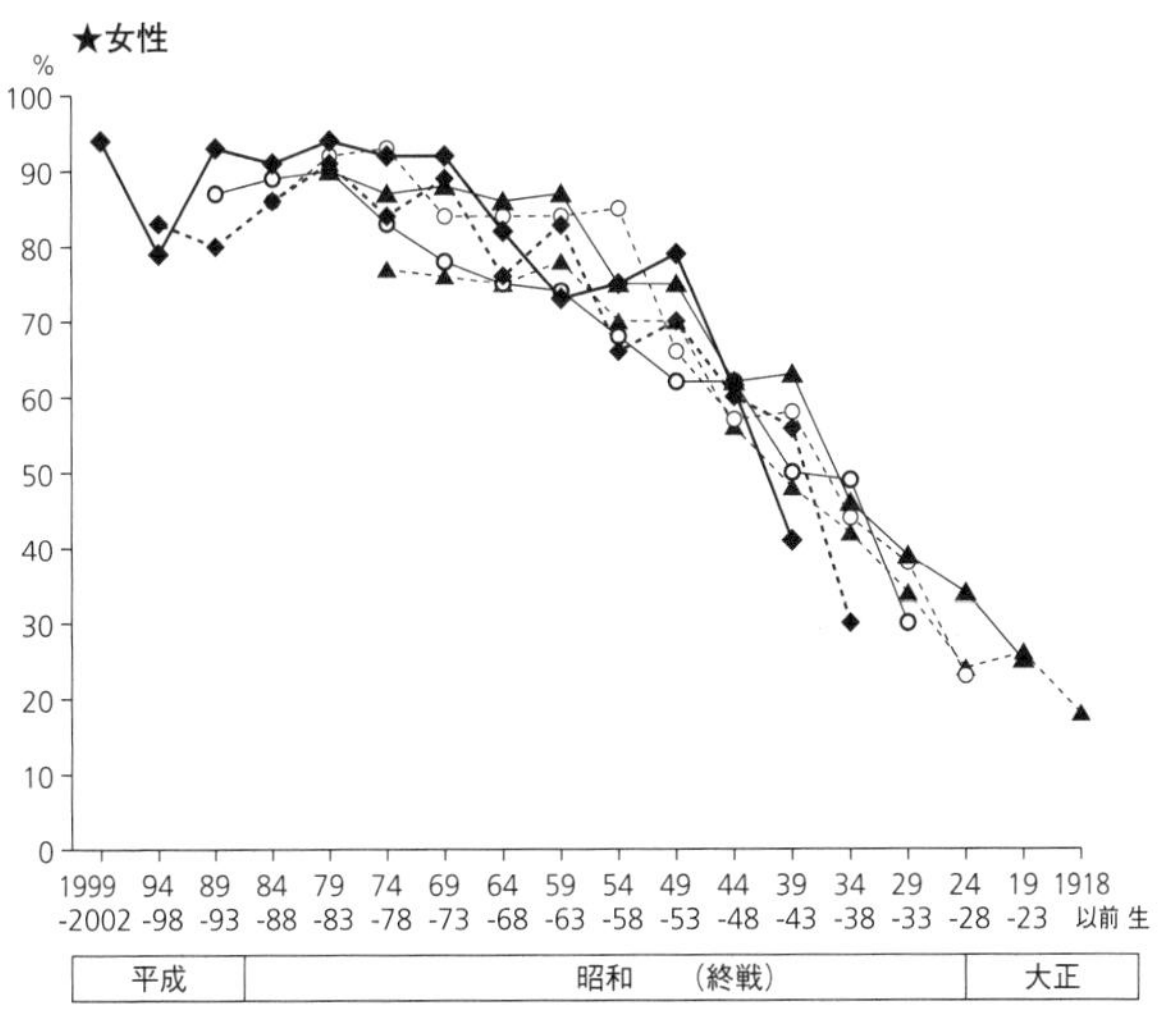

図Ⅱ－３　結婚すること《しなくてよい》〈男女生年別〉

程度の幅では変化しているものの、世代間の違いに比べれば差は小さい。

五年ごとにみた場合には変化した層もあるが、九三年からの二五年間でみると、《しなくてよい》という人は、男性では「七四〜七八年」生まれで増えただけで、女性では「六九〜七三年」と「七四〜七八年」生まれで増えただけである。

このように、生まれ年（＝世代）を基準にして比較すると、年層別に比較した場合と比べて変化が小さい。世代別に比較して変化していないということは、人は結婚について、人生のある時期にもった考えを一生の間もち続けると解釈できる。社会状況が変化しても、世代でみると人びとの考えは変わらず、その割合はほぼ決まっている。その結果、時代が推移して、結婚を《しなくてよい》という人が少ない明治や大正生まれの世代が舞台から去り、《しなくてよい》という人が多い若い世代が新たに加わるという世代交代が起こり、図Ⅱ－1でみたように国民全体では《しなくてよい》という人が増えたのである。

一方、グラフは省略したが、結婚は《するのが当然》という人は、若い世代では少なく、明治や大正生まれの人では多い。《するのが当然》という人も、世代ごとにみた場合はあまり変化していない。つまり、《するのが当然》という世代は時代の推移とともに去り、こうした考えを支持する人が少ない若い世代が増えたため、国民全体では減ってきたのである。

表Ⅱ－１　将来の結婚の希望〈未婚者全体、「結婚しなくてよい」という人〉

（「現代の生活意識」調査から）	未婚者（16歳以上）	
	全体 547人	《しなくてよい》 397人
結婚したくない	9%	10%
結婚してもいいと思える人が見つかれば結婚するが、そうした人が見つかるまでは結婚しない	54	58
ある程度の年齢までには、必ず結婚したい	19	15
なるべく早く相手を見つけて、すぐにでも結婚したい	5	3
結婚してもいい相手はいるが、今のところは現在の生活を続けたい	6	7
結婚する予定がある	4	4

「結婚を望まない」人は増えていない

結婚をしない人は実際にも増加しており、五〇歳までに一度も結婚したことがない人の割合を示す「生涯未婚率」は、一九九〇年には男性が五・六％、女性が四・三％だったが、二〇一五年には男性が二三・四％、女性が一四・一％となり大きく上昇している。そして、未婚化、晩婚化の流れが今後も変わらなければ、二〇四〇年には男性では二九・五％、女性では一八・七％まで上昇すると推計されている〔2〕。しかし、自分自身が結婚したくないと考える人は決して多くはない。NHK放送文化研究所が二〇一三年に行った調査〔3〕では、一六歳以上の未婚者（五四七人）のうち「結婚したくない」という人は九％にすぎない（表Ⅱ－1）。《しなくてよい》と考える人（三九七人）だけに限ってみた場合でも、「結婚したくない」は一〇％で、未婚者全体での割合と変わらない。結婚しなくてもよいと考える人が増える一方で、自分については、ほとんどの人が結婚してもよいという気持ちをもっているようである。

国立社会保障・人口問題研究所の「出生動向基本調査」（二〇一五年調査）によると、一八〜三四歳の未婚者で「一生結婚するつもりはない」という人は微増傾向にあるものの、「いずれ結婚するつもり」という人は男性で八六％、女性で八九％と依然として高い水準にある〔4〕。この調査では、独身生活の利点や結婚の障害になることについても尋ねているが、独身生活の利点としては「行動や生き方が自由」、結婚の障害としては「結婚資金」を挙げる人が最も多い。こうしたことも、必ずしも結婚しなくてよいという意識につながっているのかもしれない。

2　子どもをもつこと——「必ずしももたなくてよい」が六割に

「必ずしももたなくてよい」が増加

「子どもをもつこと」についての質問も一九九三年から開始し、次のどちらかを選んでもらっている（第50問）。

1．結婚しても、必ずしも子どもをもたなくてよい　《もたなくてよい》
2．結婚したら、子どもをもつのが当たり前だ　《もつのが当然》

九三年には、子どもを《もたなくてよい》と考える人は国民全体で四〇％だったのに対し、《もつのが当然》という人が五四％と多かった（図Ⅱ―4）。しかし、その後は《もたなくてよい》は増加傾向にあり、二〇〇三年以降は《もたなくてよい》が《もつのが当然》を上回っている。最近の五年間も《もたなくてよい》が増えて六〇％になり、《もつのが当然》は三三％まで減っている。このように、「子どもをもつこと」については、「結婚すること」と同じように、伝統的な意見が減少し、新しい考えが増加してきた。ただ、「必ずしも結婚する必要はない」という人が九三年にすでに多数を占めていたのに対し、「子どもをもたなくてよい」という人は〇三年に初めて多数になっている。

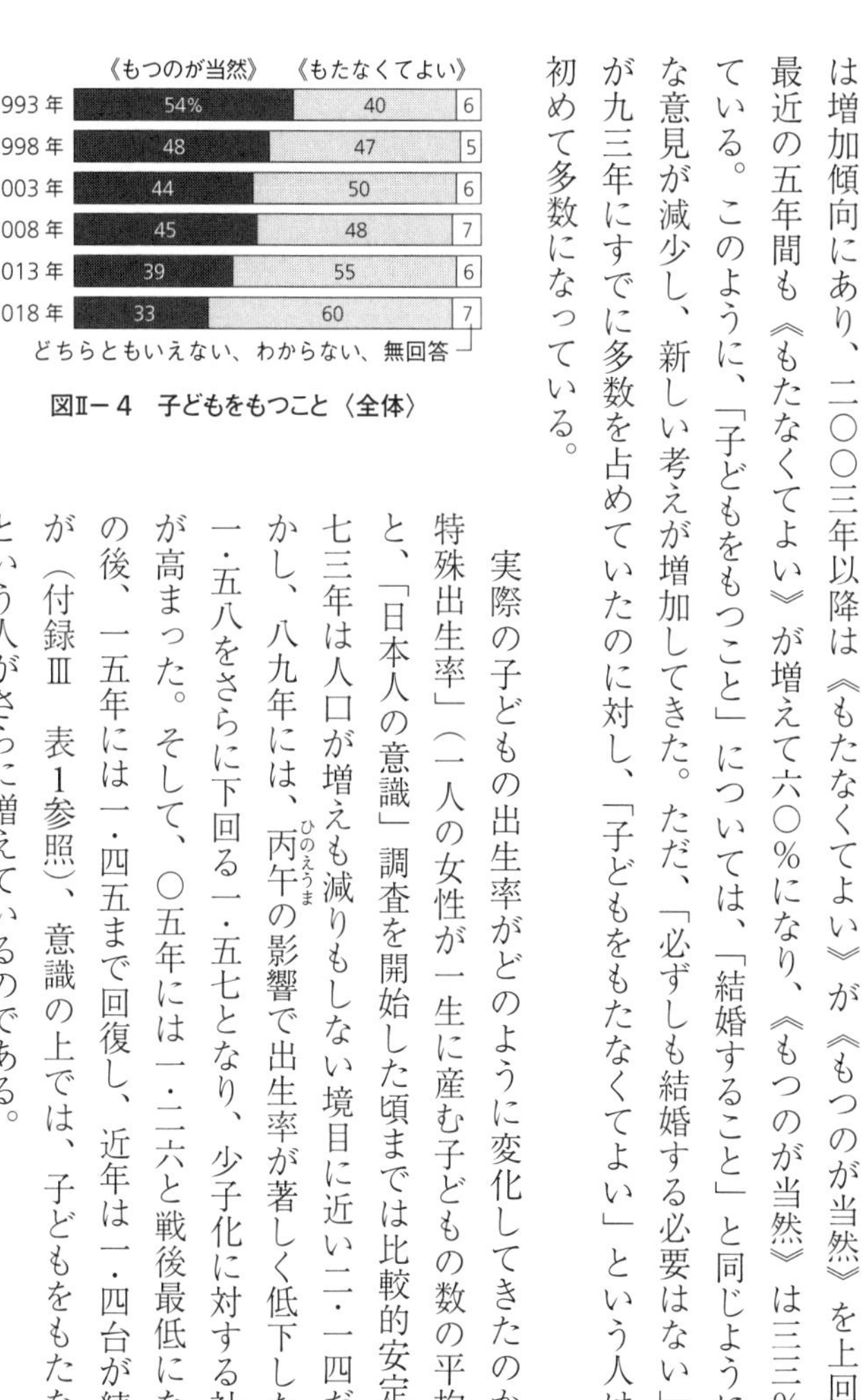

図Ⅱ－4　子どもをもつこと〈全体〉

実際の子どもの出生率がどのように変化してきたのかを「合計特殊出生率」（一人の女性が一生に産む子どもの数の平均）でみると、「日本人の意識」調査を開始した頃までは比較的安定していて、七三年は人口が増えも減りもしない境目に近い二・一四だった。しかし、八九年には、丙午（ひのえうま）の影響で出生率が著しく低下した六六年の一・五八をさらに下回る一・五七となり、少子化に対する社会の関心が高まった。そして、〇五年には一・二六と戦後最低になった。その後、一五年には一・四五まで回復し、近年は一・四台が続いているが（付録Ⅲ　表1参照）、意識の上では、子どもをもたなくてよいという人がさらに増えているのである。

世代交代による変化

子どもをもつことに対する考えも、結婚についての考えと同様に、世代によってほぼ割合が決まっている。そして、子どもを《もたなくてよい》という人が多い若い世代が増加するにしたがって、国民全体では《もたなくてよい》の割合が増えてきている。

その様子を図Ⅱ―5でみていきたい。この図は子どもを《もたなくてよい》について、図Ⅱ―3と同様に生まれ年別に描いたものである。男女ともグラフの線はほとんど重なっており、子どもを《もたなくてよい》という考えは、若い世代ほど多く、明治や大正時代に生まれた人で少なく、世代によってほぼ決まっている。このため、時代が推移して、明治・大正世代が去り、若い世代が増えたことにより、国民全体では《もたなくてよい》という人が増えてきたのである。

ただし、グラフをよくみると、男女とも線がずれているところがある。これは、時代の影響を受けて考えを変えた人がいたことを示している。例えば、〇三年から〇八年には、男性の「四四～五三年」生まれ、女性の「三九～四三年」と「五四～六三年」生まれで《もたなくてよい》が減っており、男女とも増えた世代はなかった。そのため、世代交代により《もたなくてよい》という人が増えても、時代の影響により減った世代があったため、国民全体では《もたなくてよい》が増加していないのである。

以上のように、子どもをもつことについての考えは、基本的には世代によって決まっているが、

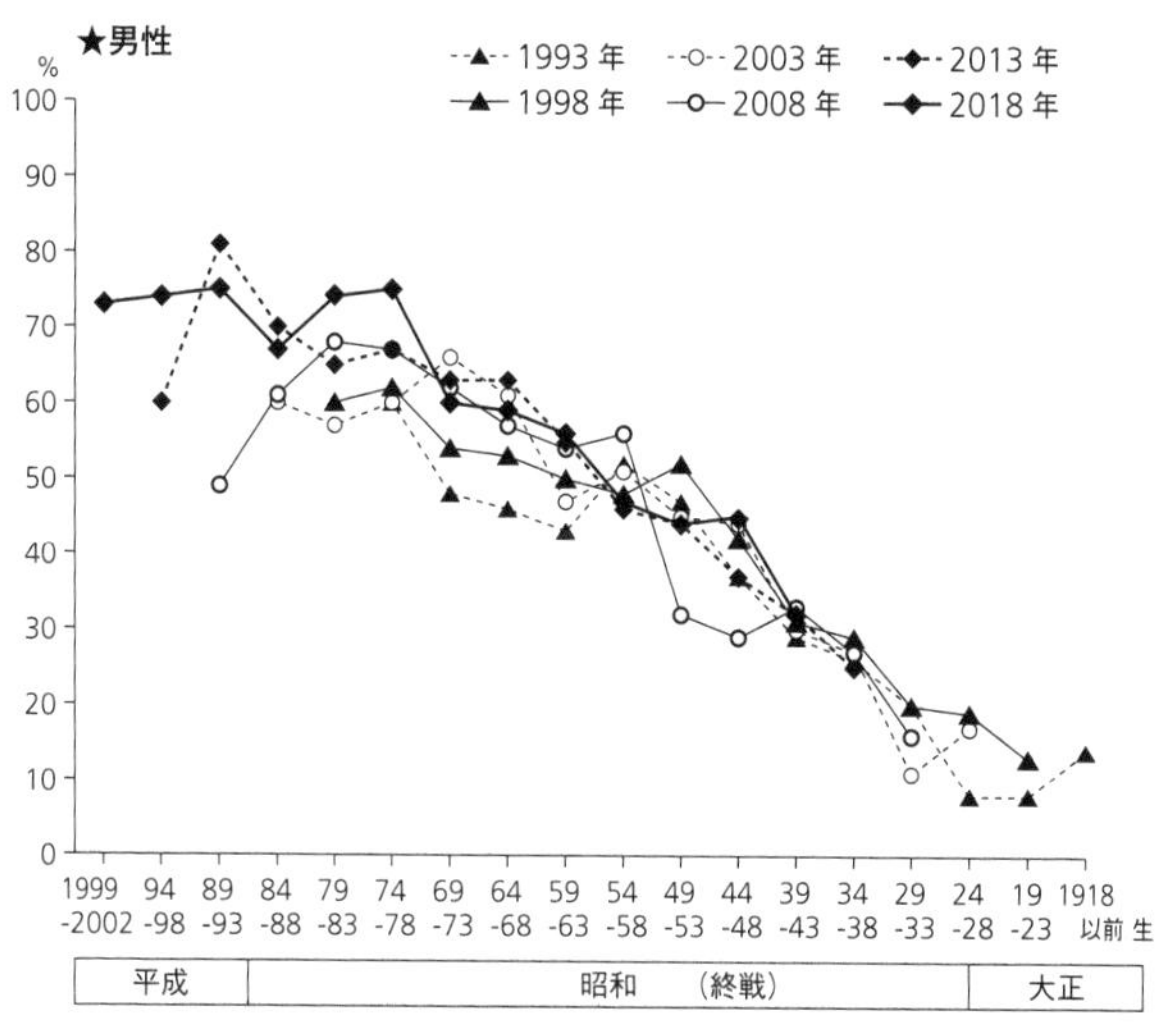

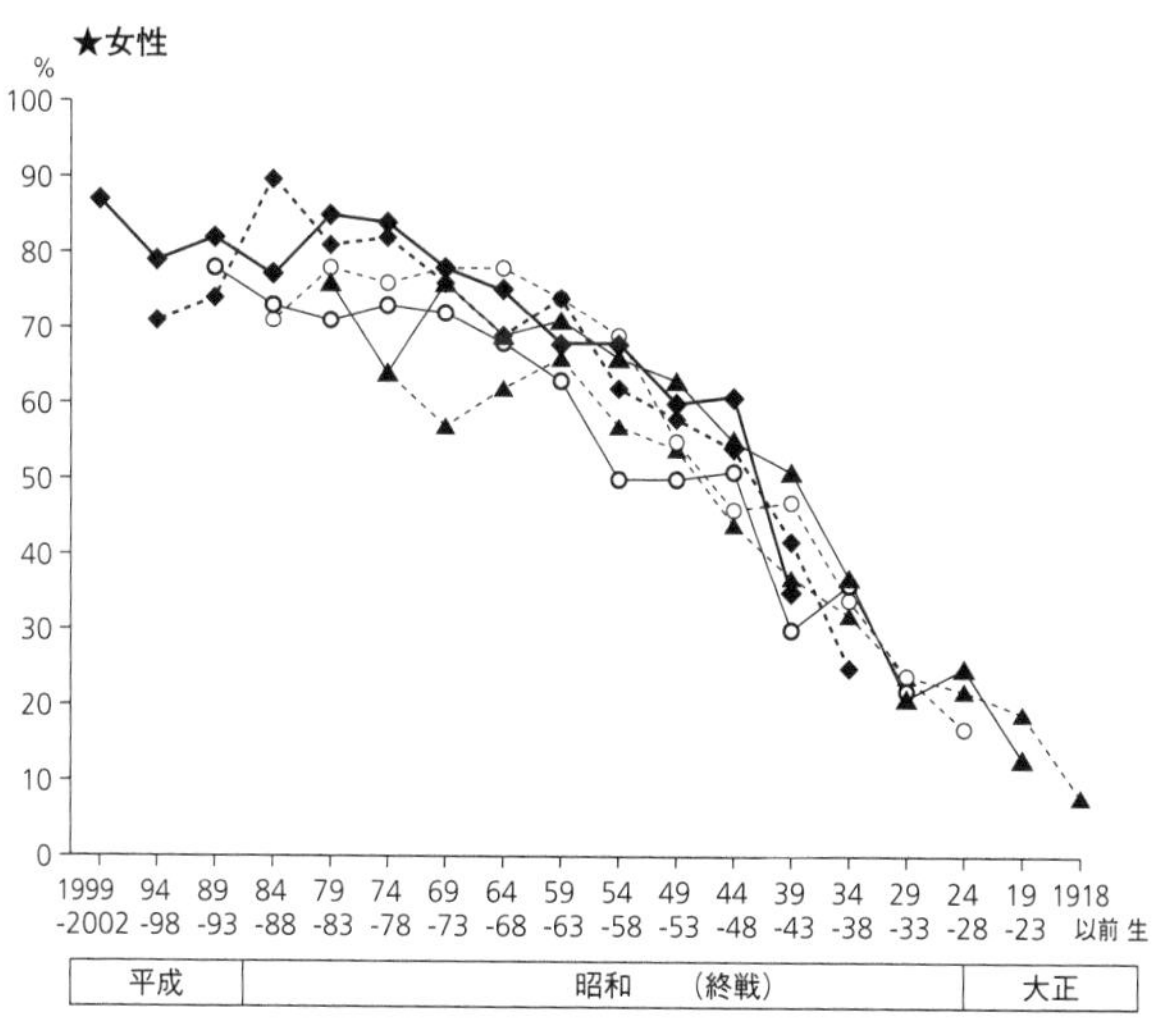

図Ⅱ－5　子どもをもつこと《もたなくてよい》〈男女生年別〉

詳細にみれば時代によって考えが変化している世代もあり、その時々の社会状況の影響も受けているのである。

3　婚前交渉について――大きく増えた開放的な考え

最近の二〇年間はゆるやかな動き

結婚していない男女の性交渉については、この四五年間で開放的な意見が大きく増えてきた。ただし、最近の二〇年間は小さな変化にとどまっている。

調査では、次の四つの中から一つを選んでもらっている（第29問）。

1. 結婚式がすむまでは、性的まじわりをすべきでない《不可》
2. 結婚の約束をした間柄なら、性的まじわりがあってもよい《婚約で可》
3. 深く愛し合っている男女なら、性的まじわりがあってもよい《愛情で可》
4. 性的まじわりをもつのに、結婚とか愛とかは関係ない《無条件で可》

選択肢の1は、性を厳格に考えるタイプである。禁欲を重んじて、性と結婚と家族の形成を不可分とする考え方である。一方、2～4は程度の差はあるが、性を禁欲的な倫理から解放し、性と結婚を分けて考えるタイプ、つまり、性の「快楽」と「生殖」を切り離す考え方である。

一九九八年までは、「結婚式がすむまでは、性的まじわりをすべきでない《不可》」という人が減り続ける一方、「深く愛し合っている男女なら、性的まじわりがあってもよい《愛情で可》」という人が増え続け、九三年には《愛情で可》が最も多くなった（図Ⅱ―6）。九八年以降も《愛情で可》がやや増え、《不可》は減っているが、九八年までに比べると変化がゆるやかになっている。なお、四五年前と比較すると、《不可》は過半数の五八％から一七％へと四一ポイントも減少した。これは、「日本人の意識」調査のすべての調査項目の中で最大の変化である。「結婚の約束をした間柄なら、性的まじわりがあってもよい《婚約で可》」は八三年以降変化がなく、「性的まじわりをもつのに、結婚とか愛とかは関係ない《無条件で可》」はやや増加したものの、現在でも七％と、四つの選択肢の中では少数派である。

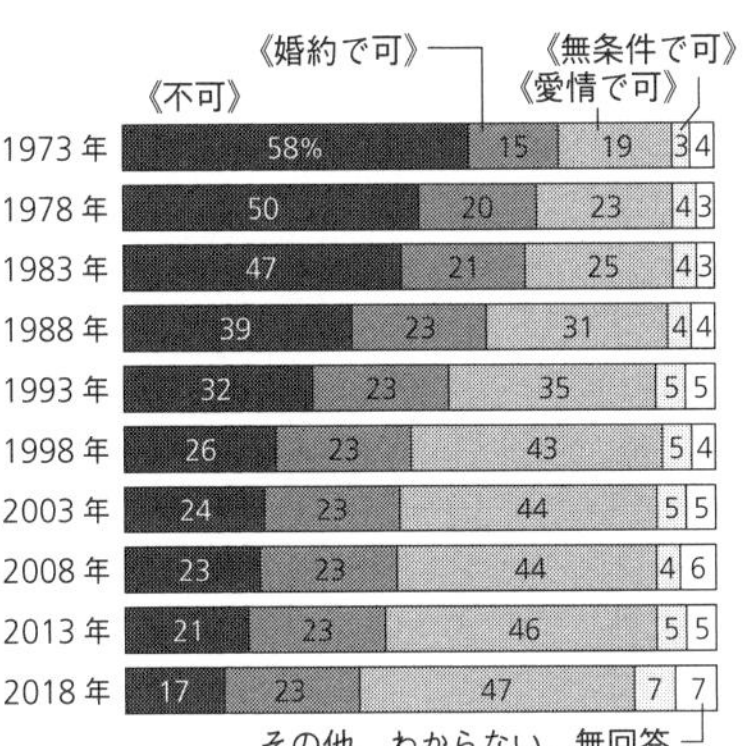

図Ⅱ－6　婚前交渉について〈全体〉

図Ⅱ―7には、男女それぞれの結果を示した。男女とも七三年には婚前交渉は《不可》という人が最も多かったが、ともに大きく減少した。

男性では《不可》という人は七三年には五〇％だったが、現在では一三％まで減っている。その一方で、《愛情で可》という人は七三年には二三％だったが、九八

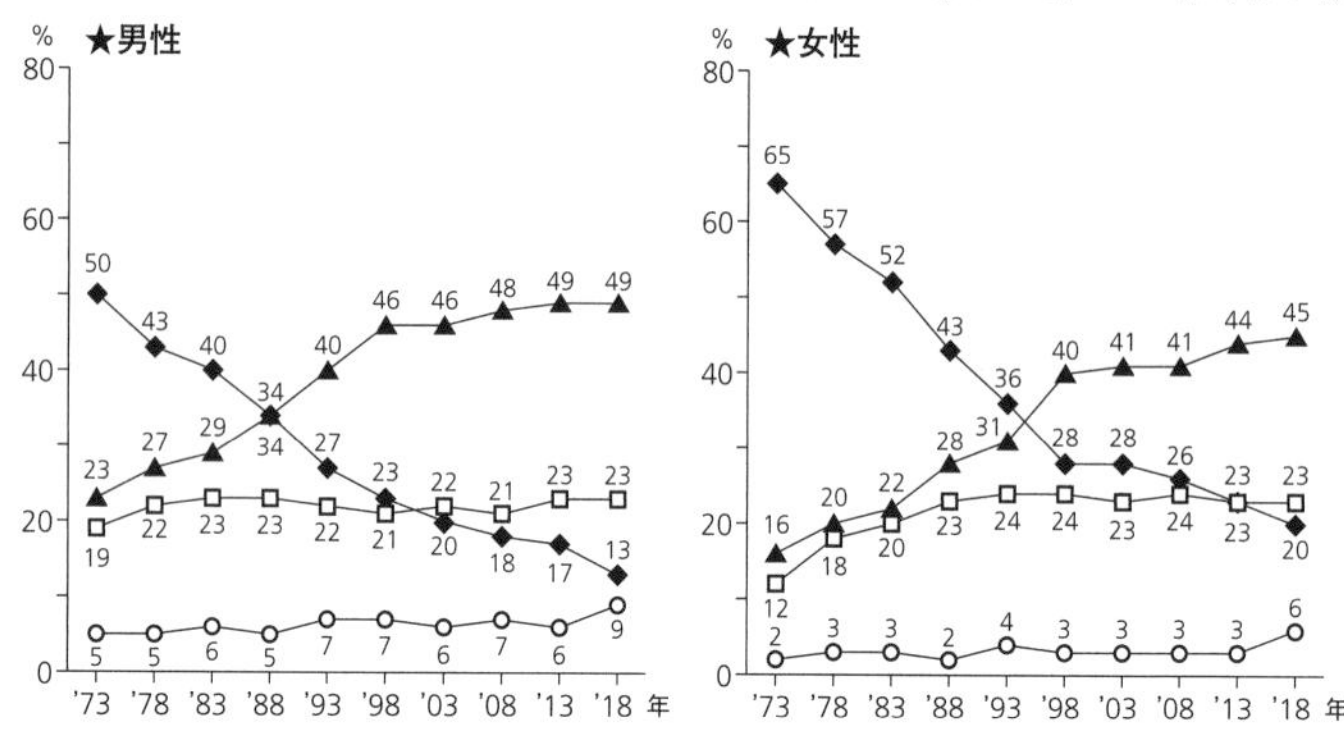

図Ⅱ－7　婚前交渉について〈男女別〉

年には四六%まで増えた。その後は変化がなく、現在では約半数の四九%で最も多い。また、《婚約で可》という人は七三年の一九%から七八年には二二%に増えたが、その後は変化がなく現在でも二三%である。そして、《無条件で可》という人は一三年までは変化がなく、今回初めて増加したが、それでも九%と少ない。

女性も、男性とほぼ同じような変化の過程を経ている。《不可》という人は七三年には六五%だったが、九八年には二八%と大きく減少した。その後も、変化の幅は小さいものの減少傾向が続いており、現在は二〇%である。一方、《愛情で可》という人は七三年には一六%と少なかったが、九八年まで増え続けて四〇%に達し、現在は四五%になっている。また、《婚約で可》という人も七三年の一二%から八八年には二三%まで増えて、現在は《不可》を上回っている。一方、《無条件で可》という人は四五年間で若干増えたが、現在でも六％と少ない。

その結果、現在では男女とも婚前交渉について「深く愛し合っている男女なら、性的まじわりがあってもよい」という人が最も多く、次いで《婚約で可》、《不可》、《無条件で可》と続く。

男性と女性を比較すると、《不可》という人は四五年前は女性のほうが一五ポイント多かった。今では差が七ポイントまで縮まったが、依然として女性で多い。《愛情で可》という人は男女ともに増え、男性のほうが多いが、差は縮まっている。《婚約で可》という人は四五年前は男性のほうが多かったが、今では差がない。《無条件で可》という人は四五年前も現在も女性のほうが少ない。全体的には、現在でも男女で差はあるものの、四五年前と比べると差は小さくなっている。

女性は時代の影響も加わり大きく変化

婚前交渉に関する考えの変化は、結婚や子どもをもつことと同様に、世代によって考えが決まっているうえ、時代の推移とともに意見を変える人もいて、大きな変化となった。つまり、婚前交渉について厳格に考える世代が去り、開放的に考える世代が新たに加わったことと、時代が推移する中で、厳格な考えから開放的な考えに意見を変えた人がいたことによって生じたのである。

その様子を「結婚式がすむまでは、すべきでない《不可》」でみていきたい。図Ⅱ―8は《不可》について男女別に生まれた年を基準に示したものである。見やすくするため一〇年ごとの結果を

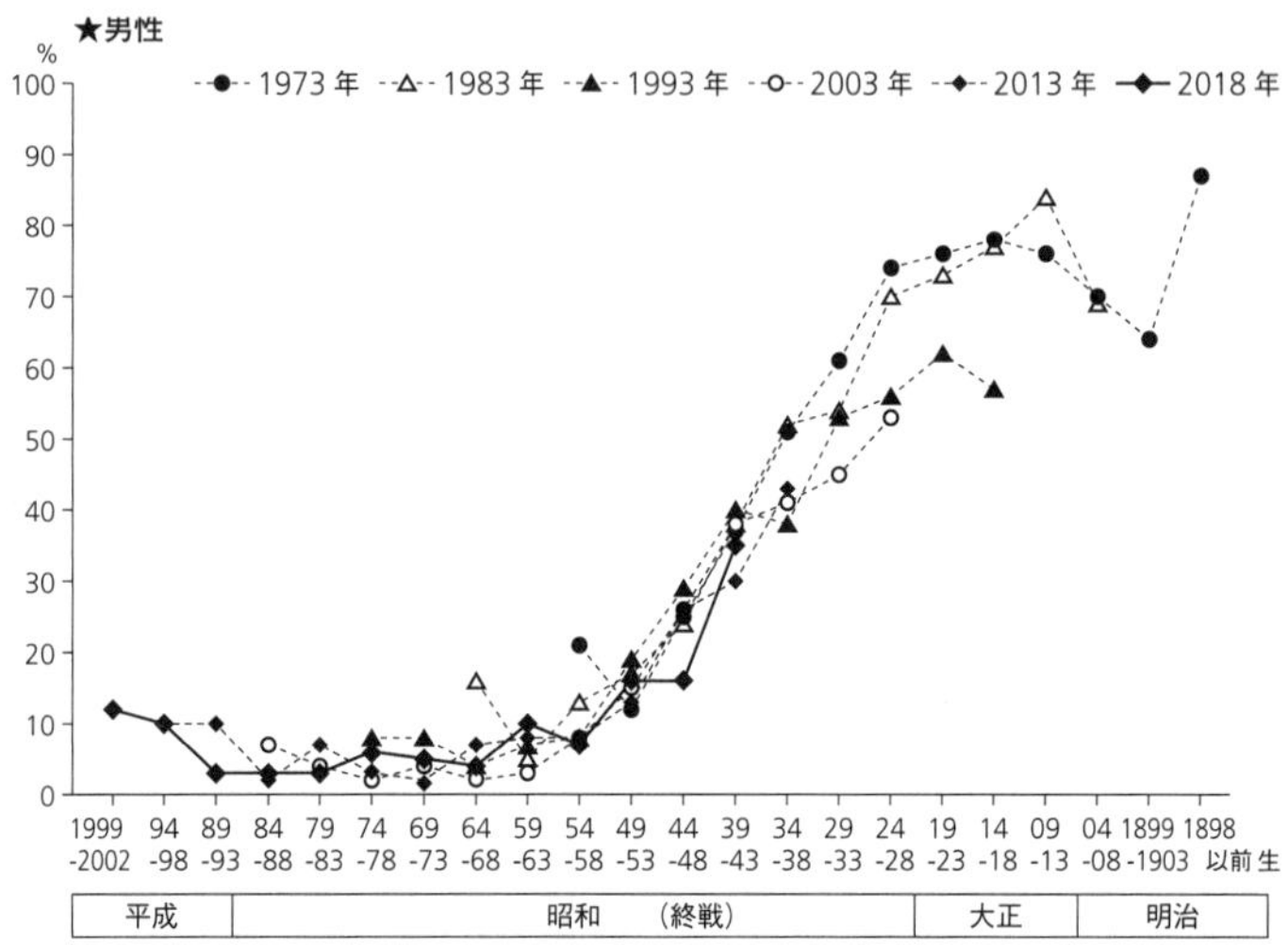

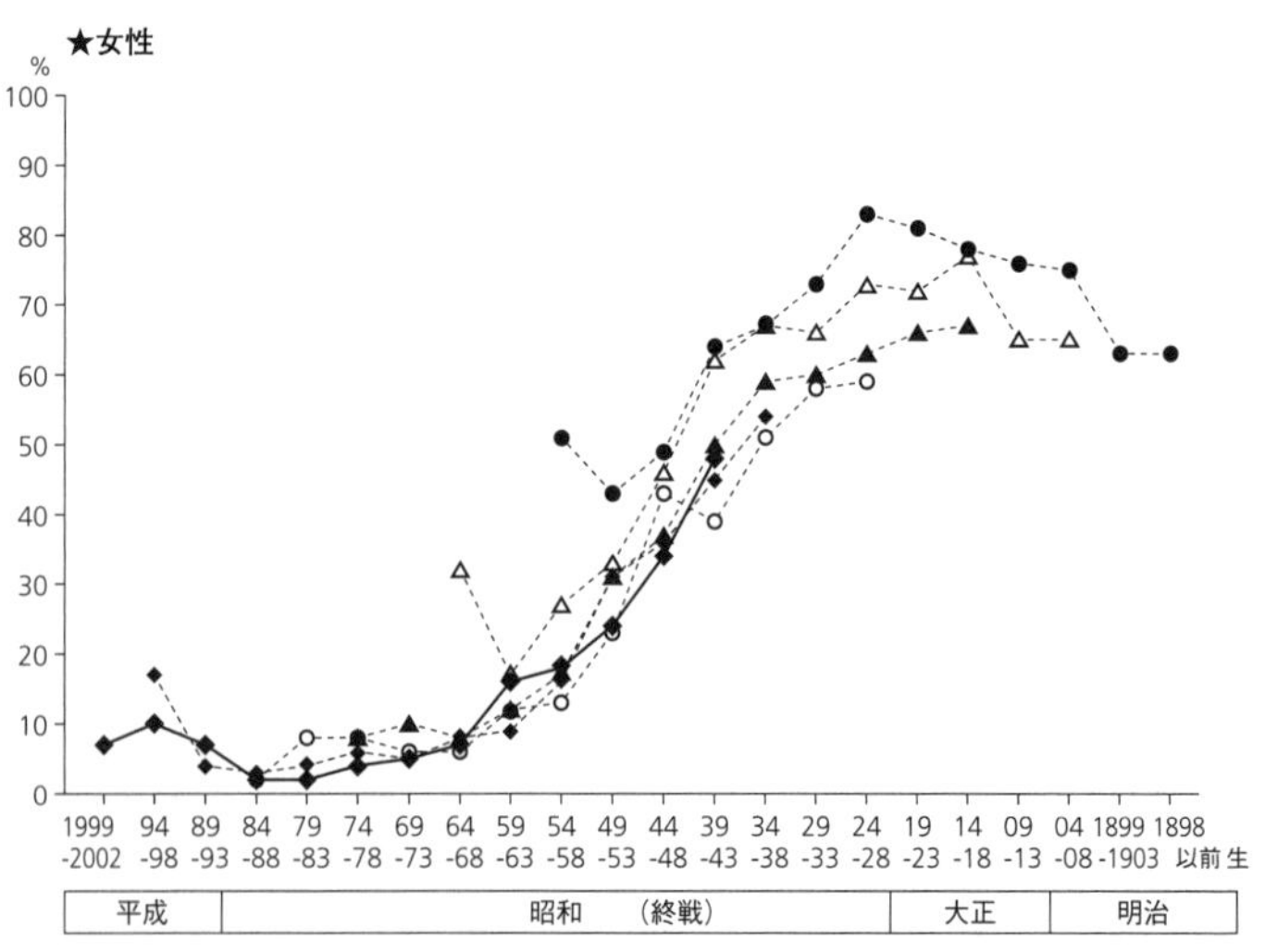

図Ⅱ－8　婚前交渉について《不可》〈男女生年別〉

表示した。

　まず、男性の結果についてみると、調査の時期が異なっても、つまり、時代が推移してもグラフの線の形はほぼ同じである。つまり、《不可》という人の割合は世代ごとにみるとあまり変化していない。そして、いつの時代でも線の右のほう、つまり、古い世代ほど《不可》という人が多い。したがって、時代が推移すると《不可》が多い古い世代が去り、《不可》が少ない新しい世代が加わるという世代交代が進み、男性全体では《不可》が減ることになる。

　また、八三年から九三年にかけてはグラフの線が下に移動しているが、これはこの期間に、明治や大正生まれの人で、《不可》と考える人が減ったことを表している。

　こうしたことを踏まえて男性全体の変化を振り返ると、七三年から八三年にかけて、《不可》という人は五〇%から四〇%へ減ったが、これは《不可》が九〇%近くに上っていた「一八九八年以前」に生まれた人が少なくなったことによる世代交代の影響が大きい。次の九三年までには、男性全体では一三ポイント減少して二七%になったが、この時期は世代交代に加えて、時代の影響により「一四～一八年」「二四～二八年」「三四～三八年」生まれで《不可》という人が大きく減少したことが影響している。こうした時代の影響は、その後はほとんどなくなり、主に世代交代により《不可》という人が減少してきた。最近では、古い世代と新しい世代との差は小さくなり、男性全体での変化は小さくなっている。

　一方、女性の結果もグラフの線がどれも同じ形をしているのは男性と同じであり、《不可》と考える人の割合は世代によってほぼ決まっていると言える。また、男性と同様に、線が下に移動しているが、八三年から変化が始まっていることや、比較的若い世代にも変化がみられることから、男性以上に時代の影響を受けて《不可》という人が減ったと考えられる。七三年から八三年にかけては、「二四～二八年」生まれと「四九～五八年」生まれで減ったほか、八三年から九三年にかけては、「三九～四八年」生まれと「五四～五八年」生まれ、それに「六四～六八年」生まれで減った。

時代の影響で意見を変える世代が男性より多かったため、女性全体での変化は男性の変化より大きかったと言えよう。

ここまでは「結婚式がすむまでは、性的まじわりをすべきでない《不可》」について詳しくみてきたが、そのほかの「結婚の約束をした間柄なら、性的まじわりがあってもよい《婚約で可》」「深く愛し合っている男女なら、性的まじわりがあってもよい《愛情で可》」「性的まじわりをもつのに、結婚とか愛とかは関係ない《無条件で可》」でも、その割合は世代によって決まっている。

世代の差と変化を生みだした時代背景

図Ⅱ―8をみると、男性は「三九～四三年」生まれ以降、女性では「四四～四八年」生まれ以降の世代では《不可》が半数を超えたことはほとんどない。《不可》が半数を割る四〇年代生まれの世代が、性に関する態度を確立すると考えられる一〇代後半から二〇代前半を迎えるのは六〇年代である。

この時代を振り返ると、六〇年には謝国権の『性生活の知恵』が出版されて国内でベストセラーになったほか、六九年にはW・ライヒの『性と文化の革命』が出版されるなど、性の解放を説く思想が社会に広まった。また、六〇年代後半には、ベトナム反戦運動が高まる中で、保守的かつ男性優位の価値観を否定するウーマンリブ運動やヒッピー文化が世界に広がり、性交渉に対する人々の意識が大きく変わった時代であった。そうした社会状況の中で、テレビやラジオ、映画、文学、マンガ、雑誌、広告などあらゆるメディアに性的な刺激が氾濫することとなった。

さらに、避妊技術が確立され、家族や社会からの性交渉に対する規制も弱まり、四〇年前後より後に生まれた世代では、開放的な考えをもつ人が増えていった。その結果、現在では、婚前交渉は《不可》と考える人が過半数を占める世代は男女ともに一つもなくなった。

4 夫婦の姓——「どちらが改姓してもよい」が最多に

現行の民法では、結婚すると夫または妻のいずれかの姓を名のらなければならない。どちらの姓にするかは自由だが、現実には九六%が夫の姓を選んでいる〔5〕。つまり、ほとんどは女性が改姓しているが、仕事をもっている人では不便なことがあったり、自分の名前が変わることに違和感をもったりする人がいる。さらに、改姓することによって結婚、離婚、再婚などのプライバシーが明らかになるなどの問題もある。

姓をめぐる近年の動きを振り返ると、日本は、姓を選択することも含めて男女の権利を同一にする女子差別撤廃条約を一九八五年に批准し、九〇年代には夫婦別姓をめぐる議論が盛んになった。九六年には法務省が夫婦同姓と夫婦別姓を選択できるようにする民法の改正案を作成したが、与党内にも反対意見があり国会には提出されなかった。また、二〇一一年には、国連の女子差別撤廃委員会が、選択的夫婦別姓制度の導入など民法の改正に取り組むよう日本政府に勧告した。そして二〇一五年には、夫婦は同姓とする民法の規定が違憲かどうか争われた裁判で、最高裁が合憲とする初めての判断を示した。そうした中、実社会では仕事で旧姓の使用を認める職場が増え、住民票やパスポートに旧姓が併記できるようになったが、結婚後の姓に関する民法の改正は今もなされていない。

「夫の姓」は八〇〜九〇年代に大きく減少

調査では、結婚後の姓について、次の中から一つを選んでもらっている（第11問）。

1．当然、妻が名字(みょうじ)を改めて、夫のほうの名字を名のるべきだ　　《当然、夫の姓》

2. 現状では、妻が名字を改めて、夫のほうの名字を名のったほうがよい《現状では夫の姓》
3. 夫婦は同じ名字を名のるべきだが、どちらが名字を改めてもよい《どちらでもよい》
4. わざわざ一方に合わせる必要はなく、夫と妻は別々の名字のままでよい《別姓でよい》

四つの選択肢はそれぞれ、《当然、夫の姓》＝男性絶対、《現状では夫の姓》＝男性優先、《どちらでもよい》＝男女平等、《別姓でよい》＝男女自立の考え方を反映している〔6〕。

調査を開始した七三年は《当然、夫の姓》が四六％、《現状では夫の姓》が二七％で、夫の姓を支持する人が合わせて七〇％を超え、ほぼ四人に三人に上っていた（図Ⅱ—9）。その後、八三年までの一〇年間はあまり変化がなかったが、八三年から〇三年にかけて《当然、夫の姓》が大幅に減り、《現状では夫の姓》も減少した。その一方で、《どちらでもよい》と《別姓でよい》が増加している。その後はどの意見にも大きな増減はない。

ただ、最新の一八年の結果では、《どちらでもよい》が三二％になり、四つの選択肢の中で最も多くなっている。現状では多数が支持するような意見はなく、国民の意見は分かれているが、《当然、夫の姓》が二九％、

年	《当然、夫の姓》	《現状では夫の姓》	《どちらでもよい》	《別姓でよい》	その他、わからない、無回答
1973 年	46%	27	23	3	2
1978 年	44	27	24	3	2
1983 年	47	27	21	3	1
1988 年	42	29	23	5	2
1993 年	36	27	26	8	3
1998 年	33	25	29	12	2
2003 年	29	25	30	13	3
2008 年	33	25	28	11	3
2013 年	33	24	31	11	2
2018 年	29	22	32	14	3

図Ⅱ－９　夫婦の姓〈全体〉

《現状では夫の姓》が二二%で、合わせると半数は夫の姓を支持している。また、《別姓でよい》は一四%に増加したが、八〇%以上の人は、夫か妻のいずれかの姓に統一すべきだと考えている。

中年層では男女の意識に違い

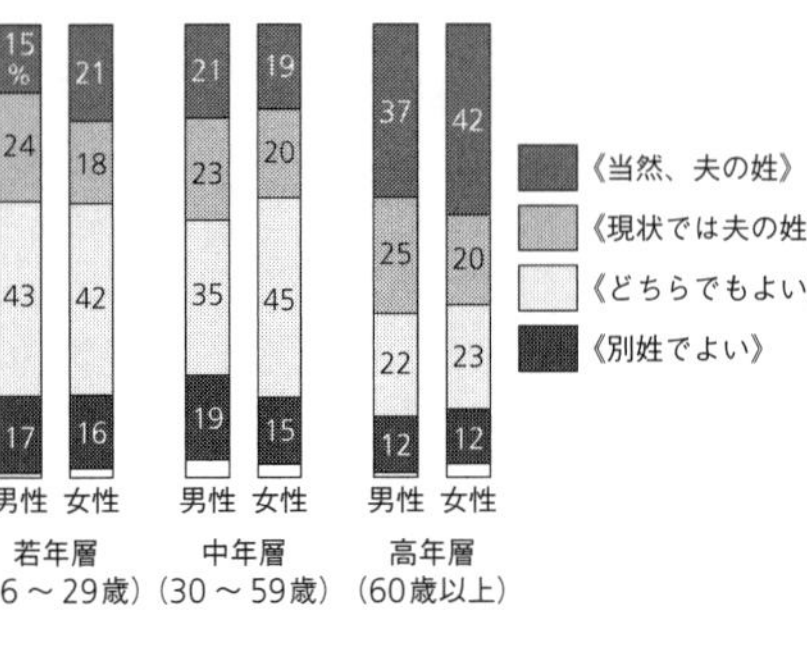

図Ⅱ－10　夫婦の姓〈2018年、男女年層別〉

男女別にみると、《当然、夫の姓》と《別姓でよい》は、四五年間ほとんど男女で差がない。《当然、夫の姓》は〇三年だけ、《別姓でよい》は七三年と〇八年に、いずれも男性のほうが多かった。これに対し、《現状では夫の姓》と《どちらでもよい》は、ほとんどの時期に男女間で差がある。《現状では夫の姓》は七三年、九三年、〇八年以外は男性のほうが多く、《どちらでもよい》は七三年だけ差がないが、その後は常に女性のほうが多い。

一八年の結果では、《現状では夫の姓》は、男性が二四%だったのに対し、女性は二〇%、《どちらでもよい》は、男性が二九%だったのに対し、女性は三五%となっている。

男女年層別にみると、男女とも六〇歳以上の高年層では

《当然、夫の姓》という人が最も多く、男性高年層で三七％、女性高年層では四二％である（図Ⅱ—10）。若年層（一六〜二九歳）と中年層（三〇〜五九歳）では、男女とも《どちらでもよい》が最も多い。ただし《どちらでもよい》は男性中年層で三五％、女性中年層で四五％と、中年層では男性より女性のほうが多くなっている。《現状では夫の姓》と《別姓でよい》は年層によって大きな違いはないが、《現状では夫の姓》は男性高年層で、《別姓でよい》は男性中年層でやや多い。

時代の影響は女性で強い

《当然、夫の姓》と《現状では夫の姓》の二つをあわせて「夫の姓」とし、生まれ年別の割合を男女に分けて示した（図Ⅱ—11）。男女とも、基本的には若い世代から高年の世代に行くにしたがって「夫の姓」が多くなっているが、これは世代によって考え方に違いがあることを表している。また、若い世代ではグラフの線が上から下へ移動していることが多く、時代とともに「夫の姓」が減少する傾向にある。特に女性は線の間隔が広くなっており、時代の影響を強く受けている。

なお、四つの選択肢の中では、《別姓でよい》が最も少なくなっているが、「選択的夫婦別姓」に対して反対が多いわけではない。ＮＨＫ放送文化研究所が二〇一八年九月に実施した調査〔7〕

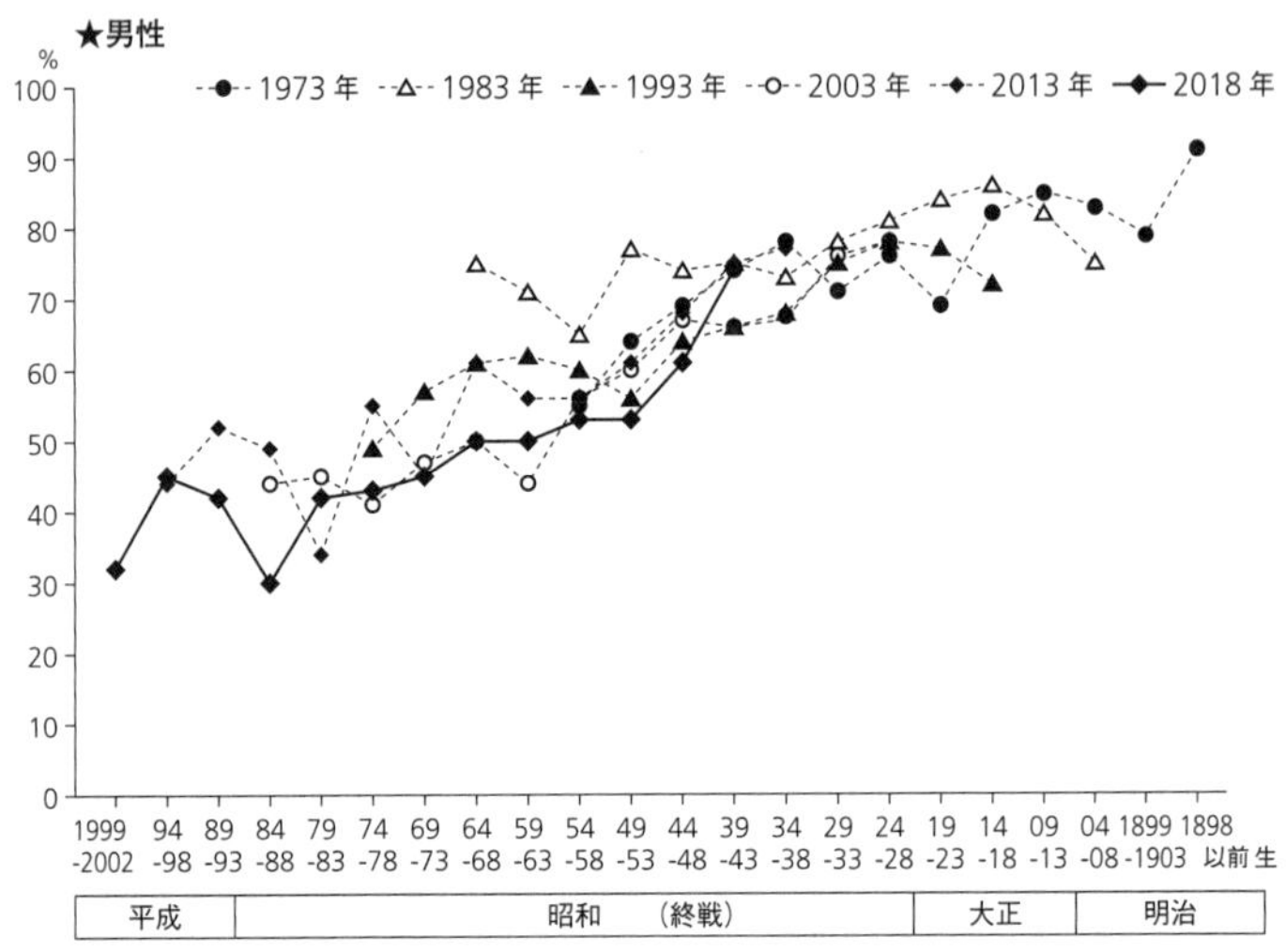

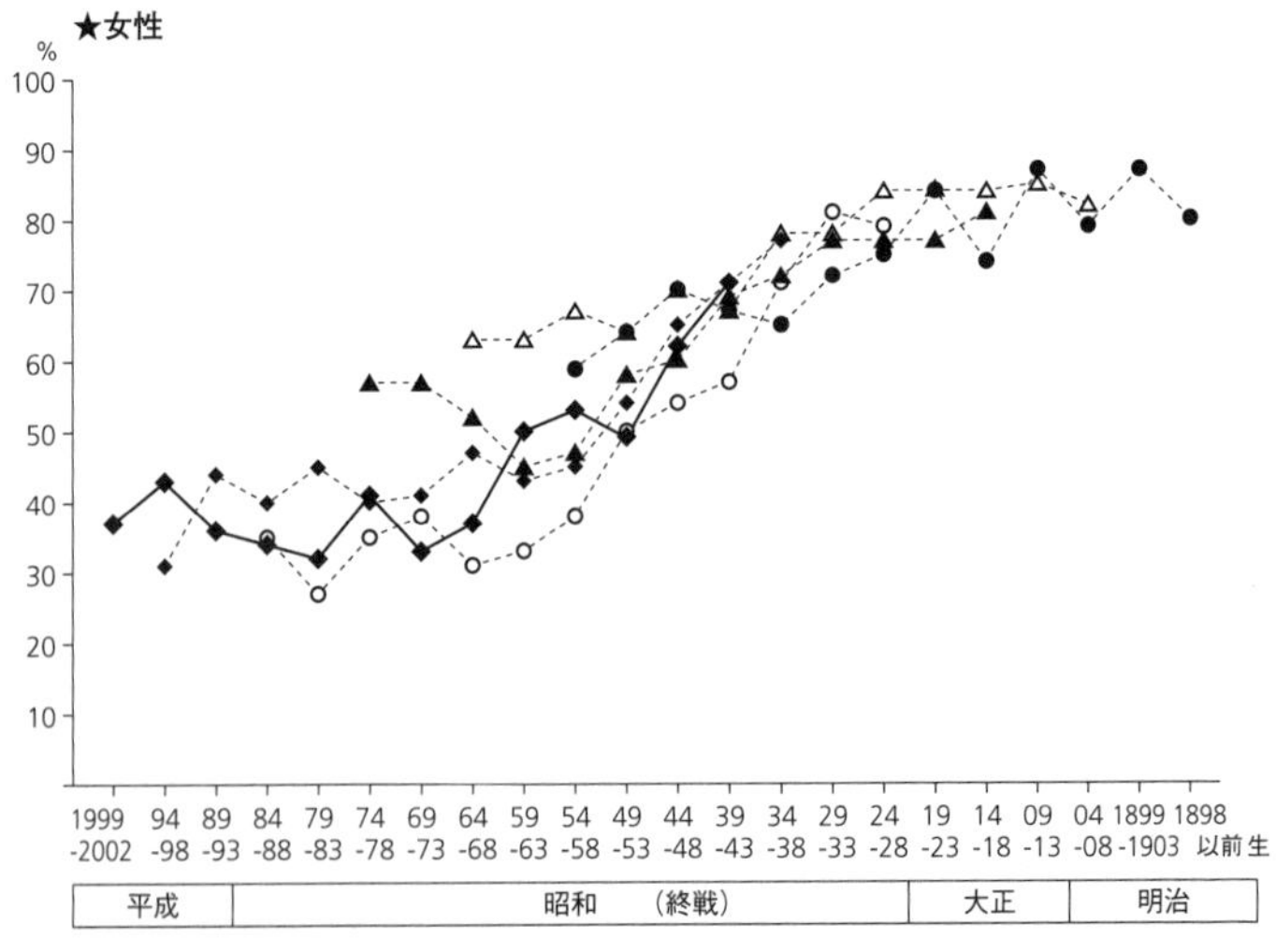

図Ⅱ− 11　夫婦の姓「夫の姓」〈男女生年別〉

では、夫婦の姓を自由に選べるようにすることに賛成か反対かを尋ねている。結果は賛成が六七%、反対が三二%で、賛成のほうがかなり多い。年層別にみると、七〇歳以上では賛否が同じ程度だが、それ以外の年層では、いずれも賛成が六割を超え、特に五〇代では賛成が八二%に上っている。

5　理想の家庭——役割分担型が減り「夫婦で協力」が定着

すべての年層で最多に

次に、人びとが理想とする家庭像についてみていきたい。調査では四つの家庭の様子を示し、その中で理想と思うものを一つ選んでもらっている（第8問）。

1．父親は一家の主人としての威厳をもち、母親は父親をもりたてて、心から尽くしている《夫唱婦随》
2．父親も母親も、自分の仕事や趣味をもっていて、それぞれ熱心に打ち込んでいる《夫婦自立》
3．父親は仕事に力を注ぎ、母親は任された家庭をしっかりと守っている《性役割分担》
4．父親はなにかと家庭のことにも気をつかい、母親も暖かい家庭づくりに専念している

《家庭内協力》

一九七三年には、「父親は仕事、母親は家庭」という《性役割分担》を理想とする人が三九％で最も多かった（図Ⅱ―12）。しかし、八〇年代から二〇〇〇年代前半にかけて減り続け、現在では一五％しかいない。《夫唱婦随》を理想とする人も減った。四五年前には二二％だったが、八〇年代後半から九〇年代末にかけて減り、二〇一三年と一八年にも減って、今では八％と四つの中で最も少なくなっている。

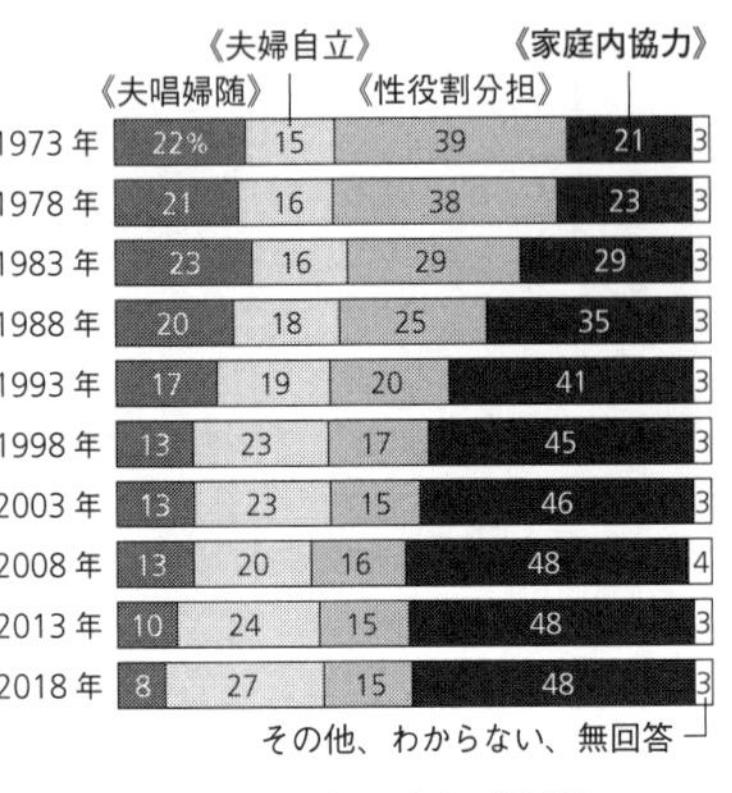

図Ⅱ－12　理想の家庭〈全体〉

一方、《家庭内協力》が望ましいという人は、八〇年代から九〇年代にかけて大きく増え、八八年以降は四つの中で最も多くなっている。二〇〇〇年代に入ってからは、割合はほとんど変化していないものの、現在では四八％とほぼ半数の人が支持している。年層別にみた場合でも、〇八年以降はすべての層で《家庭内協力》が最も多く、四〇代までの層では半数以上を占めている。

《夫婦自立》の家庭が望ましいという人は、七三年には一五％で最も少なかったが、徐々に増加し、現在は二七％で《家庭内協力》に次いで多い。

男女別にみると、《家庭内協力》が理想だという人は、四五年間で男性では二一%から四五%へ、女性では二二%から五〇%へと、ともに二倍以上に増えた。また、当初は男女差がなかったが、八八年以降は常に女性のほうが多くなっている。

なお、調査開始時の設計では、《夫唱婦随》は、戦前における正統的家族類型としての家父長型家族であり、《家庭内協力》は、戦前のもう一つの代表的類型である庶民型家族を表している。一方、《夫婦自立》は、戦後、女性の職場進出とともに模索されてきた父母自立型・仲間型家族、《性役割分担》は、当時マスコミを通して新たな正統イデオロギーの位置を獲得しつつあった父母分業論に基づく家族である〔8〕。しかし、八〇年代以降増加したのは、古いタイプの家族類型を想定した《家庭内協力》だった。《性役割分担》を理想とする人がしだいに減っていく中で、それに代わる家庭のあり方として《家庭内協力》が支持されるようになったのだろう。

戦前生まれに多かった「性役割分担」

理想の家庭に対する考えは、基本的には世代によってほぼ決まっていると考えられるが、時代による影響も大きい。図Ⅱ—13は《家庭内協力》が理想だという人を生まれた年別に示したものである。一〇年ごとにみて、減った世代はほとんどなく、増加する方向に変化している。

七三年は、戦後生まれでやや多いものの、世代による違いは小さかった。八三年は、新しく参

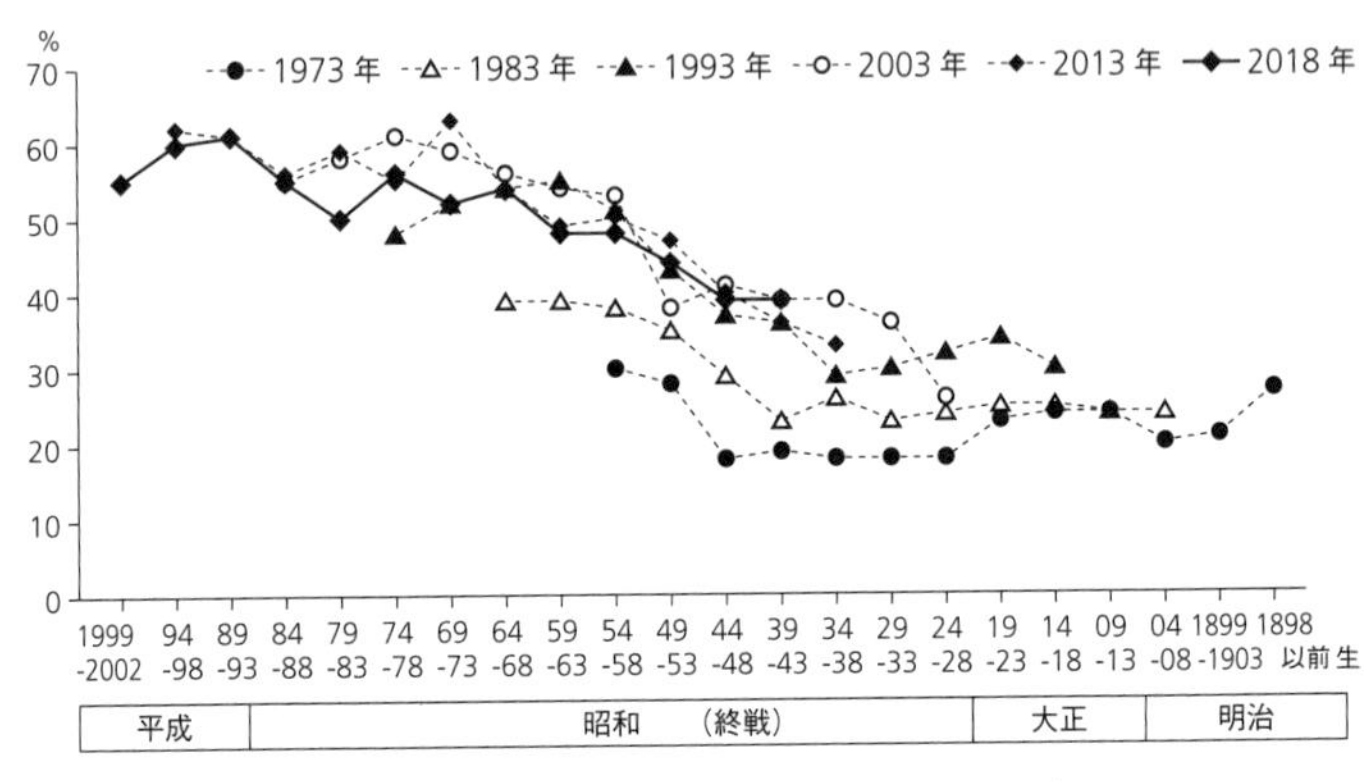

図Ⅱ－ 13　理想の家庭《家庭内協力》〈生年別〉

入した世代で多く、次の九三年までの一〇年間は、新しい世代ほど多いという傾向はなくなったが、ほとんどの世代で増え、国民全体では一二ポイント増加している。〇三年には「一九三四～三八年」と「七四～七八年」生まれで増えただけで、国民全体でも五ポイントの増加にとどまった。一三年までの一〇年間では「四九～五三年」生まれで増加し、最近の五年間では「六九～七三年」生まれで減少したものの、国民全体でみた場合、変化はなかった。

次に、大きく減少した《性役割分担》についてみていく。図Ⅱ－14に《性役割分担》が理想だという人を生まれた年別に示した。

七三年には、大正から終戦の少し後（一九〇九～五三年）に生まれた世代で《性役割分担》が三〇％台から四〇％台の半ばを占めて最も多かった。その後、九三年までは多くの世代で減少し、〇三年にかけては高年の世代で減少した。

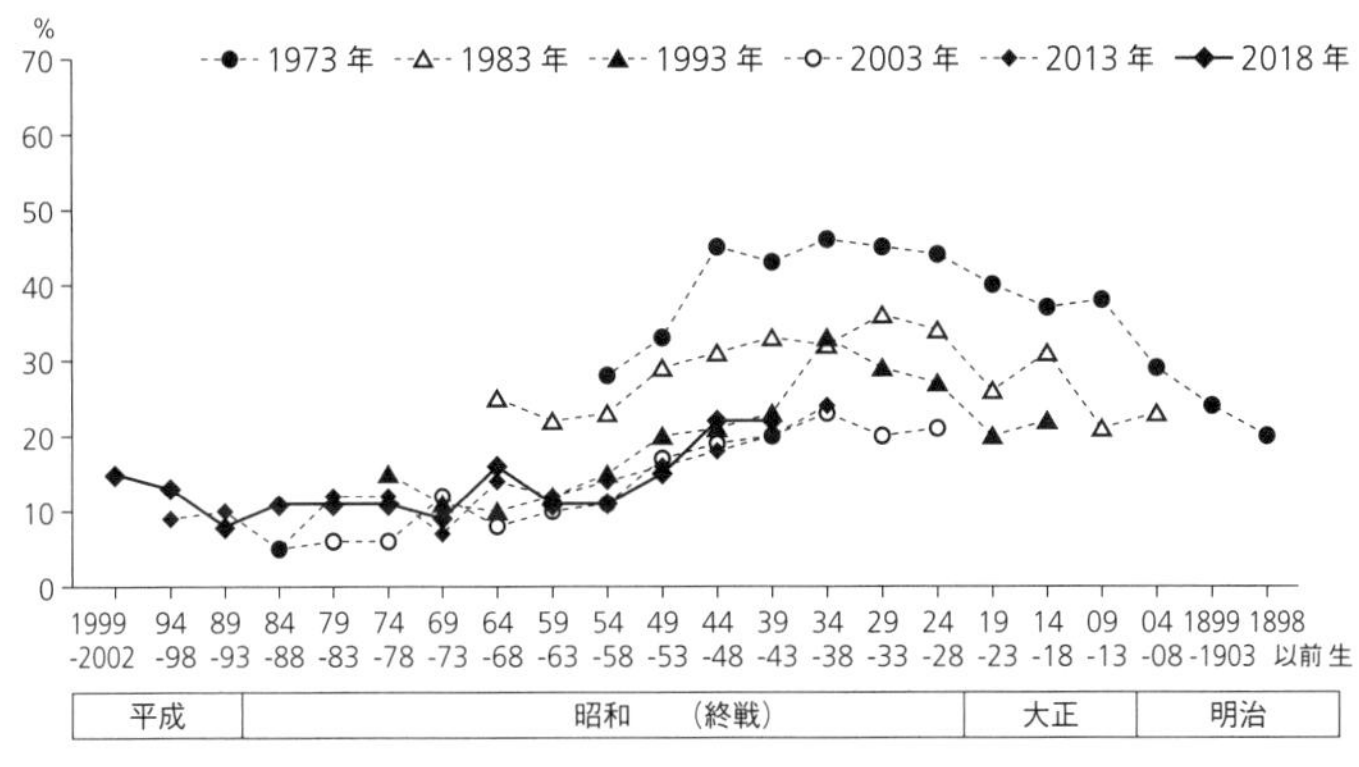

図Ⅱ－14 理想の家庭《性役割分担》〈生年別〉

このように、《家庭内協力》と《性役割分担》は基本的には世代によって支持する人の割合が異なり、若い世代では前者は多く、後者は少ない。このため、世代交代によって前者は増え、後者は減った。さらに、時代の影響でも前者は増え、後者は減ったため、四五年間では《家庭内協力》が二七ポイント増えたのに対し、《性役割分担》は二四ポイント減って、多数派が入れ替わることになった。

男女平等の意識と女性も社会進出すべきだという考えの拡大により、高度経済成長期には当たり前だった「夫は働き、妻は家庭を守る」という考えが大きく後退し、夫婦がお互いに協力し合う家庭を理想とする人が増えて半数を占めるまでに至ったのである。

6　家庭と仕事――増加が続く「両立したほうがよい」

育児優先から両立志向へ

結婚した女性が職業をもち続けるべきかどうかについて、次の中から一つを選んでもらっている（第12問）。

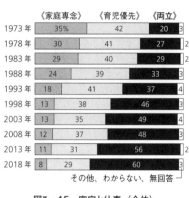

	《家庭専念》	《育児優先》	《両立》	その他、わからない、無回答
1973年	35%	42	20	3
1978年	30	41	27	2
1983年	29	40	29	2
1988年	24	39	33	3
1993年	18	41	37	4
1998年	13	38	46	3
2003年	13	35	49	4
2008年	12	37	48	3
2013年	11	31	56	2
2018年	8	29	60	3

図Ⅱ－15　家庭と仕事〈全体〉

1. 結婚したら、家庭を守ることに専念したほうがよい　《家庭専念》
2. 結婚しても子どもができるまでは、職業をもっていたほうがよい　《育児優先》
3. 結婚して子どもが生まれても、できるだけ職業をもち続けたほうがよい　《両立》

一九七三年に最も多かったのは《育児優先》の四二％、次いで《家庭専念》の三五％で、《両立》がよいという人は二〇％と少なかった（図Ⅱ―15）。当時は、結婚か出産を機に仕事を辞めて家庭に入るべきだというのが一般的な考えだった。しかし、その後《両立》が増え続け、九八年には四六％となって《育児優先》を上回り、三つの中で最も多くなった。現在は半数を超える六〇％の人が《両立》を支持している。《両立》が望ましいという人は、四五年間で四〇ポイントも増えたが、これは、婚前交渉は《不可》という人が四一ポイント減ったことに次ぐ大きな変化である。七三年には最も多かった《育児優先》がよいという人は、四五年間で四二％から二九％へと大きく減少し、《家庭専念》がよいという人も三五％から八％へと著しく減少した。

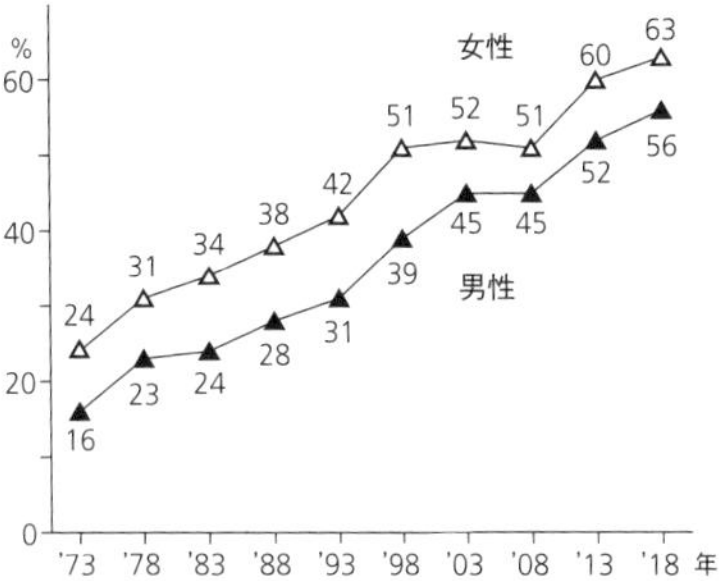

図Ⅱ－16　家庭と仕事《両立》〈男女別〉

「両立」がすべての年層で大きく増加

《両立》が望ましいという人は、四五年間で男性では一六％から五六％に、女性では二四％から六三％になり、男女とも大きく増加した（図Ⅱ―16）。男性も女性も同じような増加の動きを示しているが、男女で比べると、いつの時代も男性は女性より一〇ポイント前後少ない。

さらに、男女年層別にみても、すべての年層で四五年の間に大きく増加している（図Ⅱ―17）。また、一〇年ごとにみると、いずれの層も減少したことはなく、「結婚して子どもが生まれても、できるだけ職業をもち続けたほうが

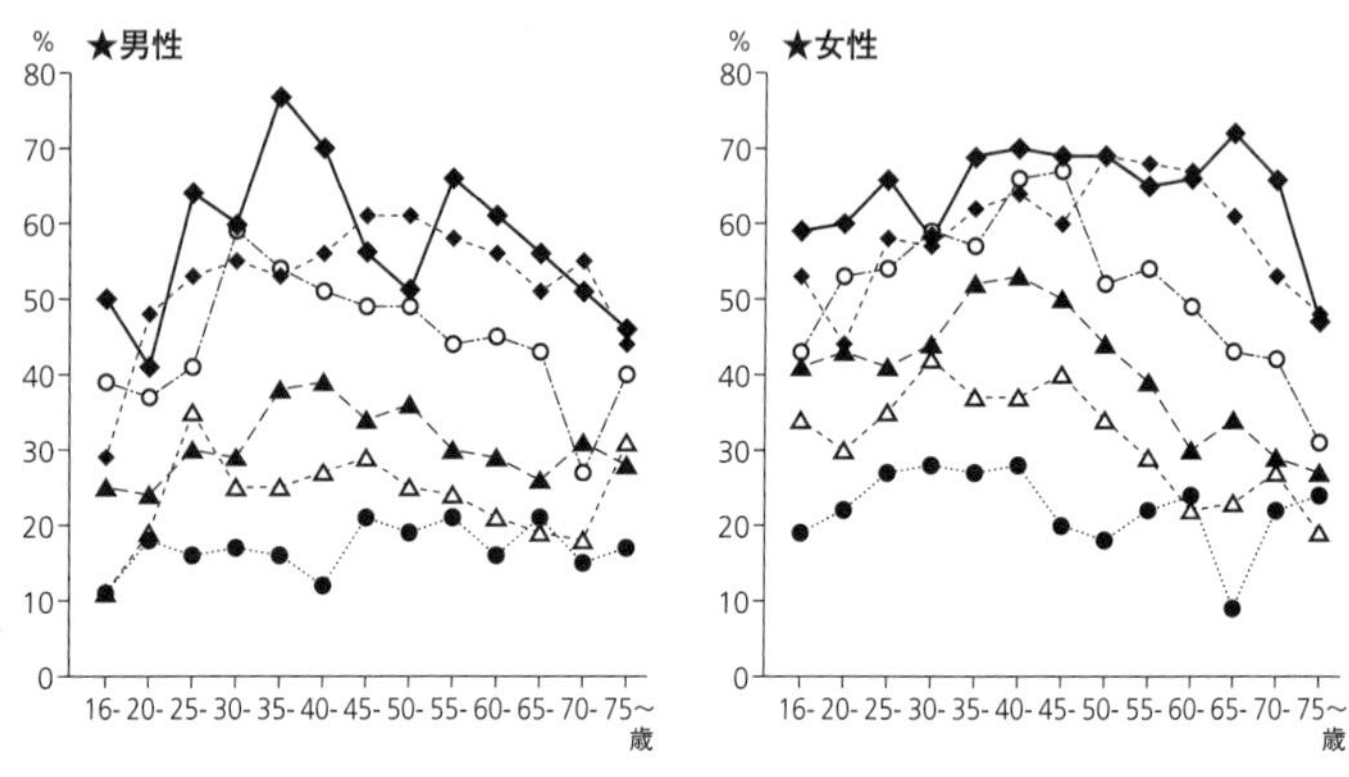

図Ⅱ－17　家庭と仕事《両立》〈男女年層別〉

よい」という考えが全般に拡大してきた。現在は多くの層でこの考えが半数を超えている。ただ、七三年には、女性の二〇代後半から四〇代前半で《両立》が多かったが、二〇一八年は男性の三〇代後半と女性の四〇代と五〇代前半、それに六〇代後半で多くなっており、中年層で《両立》を支持する人が多い傾向が現れている。

なお、内閣府が行っている調査にも同様の質問がある。「一旦仕事を辞め、その後復帰する」という考えの選択肢が含まれているという違いはあるが、その結果をみると、女性の職業について、九二年には男女ともに多かった「子どもが大きくなったら再び職業をもつ方がよい」という人が減少する一方で、「子どもができても、ずっと職業を続ける方がよい」という人が増加し、一九年の調査では男女ともにおよそ六割になっている〔9〕。

実際のデータをみても、結婚・出産後に仕事を続ける女性の割合は増加している。八〇年代には「共働き世帯」が増加し、九七年以降は「専業主婦世帯」を上回るようになった[10]。子ども（一八歳未満）がいる母親の就業率も上昇傾向にあり、一七年は七一％と七割に達した。子どもが〇歳の場合でも四二％、一歳の場合では五四％の母親が「仕事あり」（育児休業中の人を含む）となっている[11]。女性の就業率が上昇した背景には、女性と職業に対する人びとの意識の変化や、育児休業制度が整備されたことがあると考えられる。また、九七年以降は、男性も含めて労働者の実質賃金が減少していることや、離婚の増加とともに「母子世帯」、いわゆる「シングルマザー」が増えていることから、経済的な理由で働かなければならない事情もある。

7 夫の家事──「するのは当然」でも「中心は妻」が多数

九割が「するのは当然」

次に、夫の家事や育児についての意識をみていく。調査では、夫が台所の手伝いや子どものおもりをすることについて次の二つの意見を示し、どちらに賛成するかを尋ねている（第13問）。

1．台所の手伝いや子どものおもりは、一家の主人である男子のすることではない
《すべきでない》

2．夫婦は互いにたすけ合うべきものだから、夫が台所の手伝いや子どものおもりをするのは当然だ　《するのは当然》

結果は四五年間で大きく変化し、《するのは当然》という人が大半を占めるようになった（図Ⅱ―18）。

すでに一九七三年の時点で《するのは当然》という人が過半数の五三％であったが、その後、二〇〇三年までは調査のたびに増加し、〇八年と一八年は変化がなかったものの、今では八九％

	《すべきでない》	《するのは当然》	どちらともいえない、わからない、無回答
1973年	38%	53	9
1978年	33	60	7
1983年	28	67	5
1988年	22	72	6
1993年	18	77	6
1998年	12	84	4
2003年	10	86	4
2008年	10	86	4
2013年	8	89	2
2018年	8	89	3

図Ⅱ－18　夫の家事〈全体〉

年	'73	'78	'83	'88	'93	'98	'03	'08	'13	'18
女性 (%)	51	60	68	75	80	87	89	87	90	90
男性 (%)	56	59	67	69	72	81	82	85	88	88

図Ⅱ－19　夫の家事《するのは当然》〈男女別〉

の人が、夫が家事や育児をすることを当然と考えている。

《するのは当然》という人が増えてきた過程は、男女でやや異なる（図Ⅱ―19）。七三年は男性の五六％に対し、女性は五一％と、《するのは当然》という人は男性に多かった。しかし、女性で大きく増えた結果、八八年から〇三年にかけては女性が男性を上回っている。その後は、〇八年に男性が増えて男女が並び、現在に至るまで男女の差はなくなっている。

なお、男女年層別にみると、多くの層で《するのは当然》という人が九〇％以上を占めるが、男性の七〇代前半が八一％、七五歳以上が七九％、女性の七五歳以上が七五％と、男女とも高年層でやや少なくなっている。

表Ⅱ－２　家事・育児の分担〈全体、男女別〉

（「現代の生活意識調査」から）	全体 2,547人	男性 1,200人		女性 1,347人
妻ができるだけ一人でする	2%	2		2
妻が中心で、夫も協力する	63	64		61
夫も妻も同じくらいする	33	31	<	35
夫が中心で、妻も協力する	2	2		2
夫ができるだけ一人でする	0	0		0

※数字の間の不等号は両側の数字を比較した検定結果（信頼度95%）で、「>」は男性が多いことを、「<」は女性が多いことを示す

「家事は妻が中心」が多数

この質問では、「台所の手伝いや子どものおもり」について聞いているが、手伝いではなく、夫も家事や育児を主体的に行うべきではないかという意見がある。そこで、一三年に行った別の調査において、夫と妻が同じ程度仕事をしているとして、家事や育児をどう

するのがよいと思うかを尋ねた〔12〕。

結果は、「妻が中心で、夫も協力する」のがよいという人が六三％で最も多く、次いで「夫も妻も同じくらいする」が三三％で、その他の意見の人はほとんどいなかった（表Ⅱ―2）。「家事は妻が中心」という人は、女性でも六一％に上り、男性の六四％とあまり差がない。同じように働いていても、家事や育児は妻が中心になったほうがよいという人は、男女ともに多い。

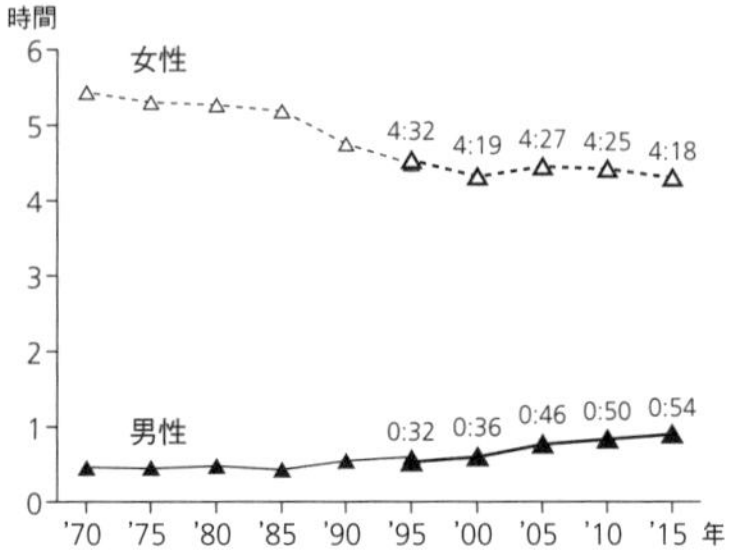

※ 1995 年に調査方式を変更したため、その前後は直接比較できない（「国民生活時間調査」から）

図Ⅱ－20　家事時間（平日）〈20 歳以上、男女別〉

依然として大きい家事時間の男女差

では、夫は実際にどの程度家事をしているのだろうか。ＮＨＫ放送文化研究所の「国民生活時間調査」の結果をみると、男女の家事時間には、かなりの差があることがわかる。一五年の結果では、二〇歳以上の女性が平日に家事〔13〕をする時間は四時間一八分であるのに対し、男性では五四分しかなく、大きな開きがある（図Ⅱ―20）。比較が可能な九五年以降の推移をみると、男性の家事時間は九五年には平日で三二分だったのが、二〇年後の一五年では五四分と二〇分あまり増加している。しかし、女性は同じ二〇年間で一四分しか減っておらず、依然として男女の家事時間の差は大きい。これは土曜や日曜についても同じで、平日、土曜、日曜とも男女で三時間以上の差がある[14]。

夫が家事や育児をするのは当然という時代になっても、主体となるのは妻で、夫は協力すればよいと考える人が男女ともに多いことが、夫の家事時間が増えない背景にある。

8　子どもの教育——女の子も「大学まで」がさらに増加

大学への進学率は、一九七〇年には男子が二七・三%、女子が六・五%だったが、高学歴化が進み、二〇一八年には男子が五六・三%、女子が五〇・一%になっている[15]。日本人は自分の子どもに、どこまで教育を受けさせたいと考えているのだろうか。

高学歴志向がさらに進む

「日本人の意識」調査では、仮に中学生の男の子と女の子がいたとして、それぞれにどこまでの教育を受けさせたいと思うかを尋ねている（第24問、第25問）。

男子の場合は、すでに七三年に六四％と多くの人が「大学まで」教育を受けさせたいと考えていた（図Ⅱ―21）。七八年以降は、七〇％前後で推移し、一八年は七二％の人が男子には「大学まで」の教育を受けさせたいと考えている。また一八年の結果では、「高校まで」という人は一〇％、「短大・高専まで」は八％、「大学院まで」は七％であった。

これに対し、女子の場合は、七三年は「高校まで」の教育を受けさせたいと考えている人が四二％で最も多く、次いで「短大・高専まで」が三〇％で、「大学まで」は二二％と少なかっ

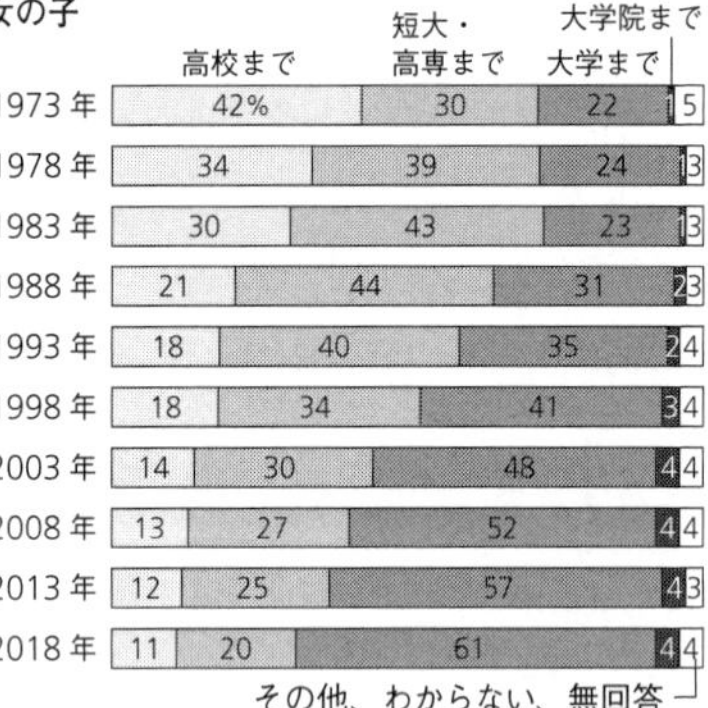

図Ⅱ－21　男子の教育・女子の教育〈全体〉

た。その後、「短大・高専まで」という人が七八年に三九％に増えて最も多くなり、九三年まで四〇％前後でトップだった。しかし、八八年以降、「大学まで」という人が増加して、九八年には四〇％を超えて「短大・高専まで」を上回り、トップとなった。さらに〇八年には五〇％を超え、一八年も増えて六一％になった。その一方で、「短大・高専まで」という人は二〇％まで減り、「高校まで」は一一％、「大学院まで」は四％であった。

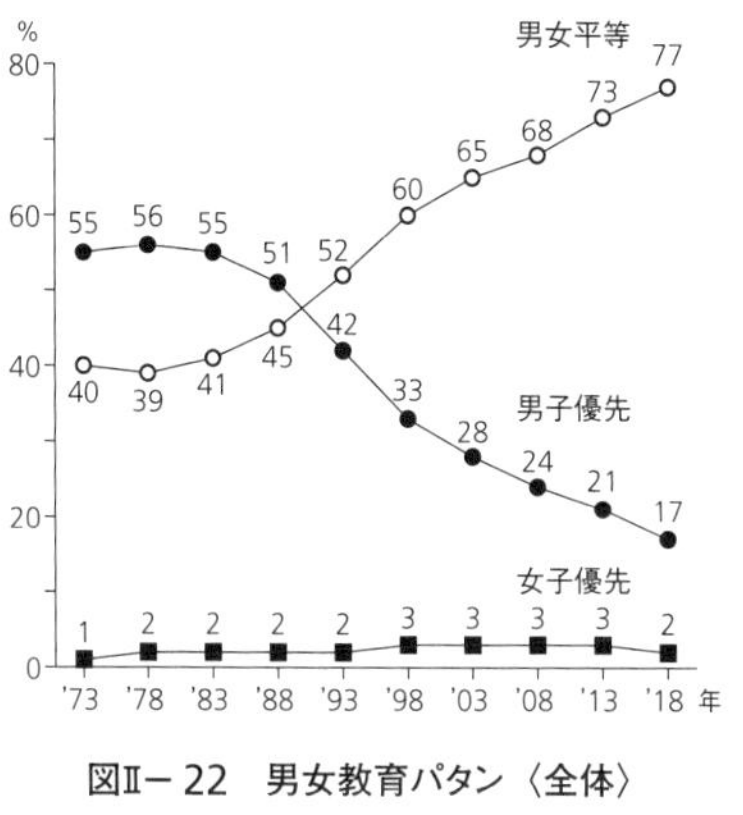

図Ⅱ－22　男女教育パタン〈全体〉

今も残る男子優先の考え

以上のように、女子に「大学まで」の教育を受けさせたいと考える人は、八〇年代後半から大きく増えたが、依然として男子との差がある。そこで、同じ人が男子と女子のどちらに、より高い教育を受けさせたいと考えているかをみてみる。

図Ⅱ－22は、同じ人が女子には「高校まで」、男子には「大学まで」と回答するなど、男子により高い教育を受けさせたいと回答した場合は「男子優先」とし、反対の場合は「女子優先」、男子と女子に同じ回答をした場合は「男女平等」として示したものである。

七三年には、男子により高い教育を受けさせたいという「男子優先」の人が五五%で最も多く、「男女平等」は四〇%、「女子優先」はわずか一%であった。その後、八〇年代前半までは変化がなかったが、八八年になって「男子優先」が減り、「男女平等」が増えた。そして、九三年には、「男女平等」が過半数にまで増え、「男子優先」を上回った。その後も「男子優先」が減り続けた一方で、「男女平等」は増え続けて、現在では七七%を占めている。一方、「女子優先」という人はほとんどおらず、現在でも二%しかいない。

このように、人々の男女平等の意識は着実に広がってきたが、それでも男子を優先する人は、いまだ六人に一人いる。

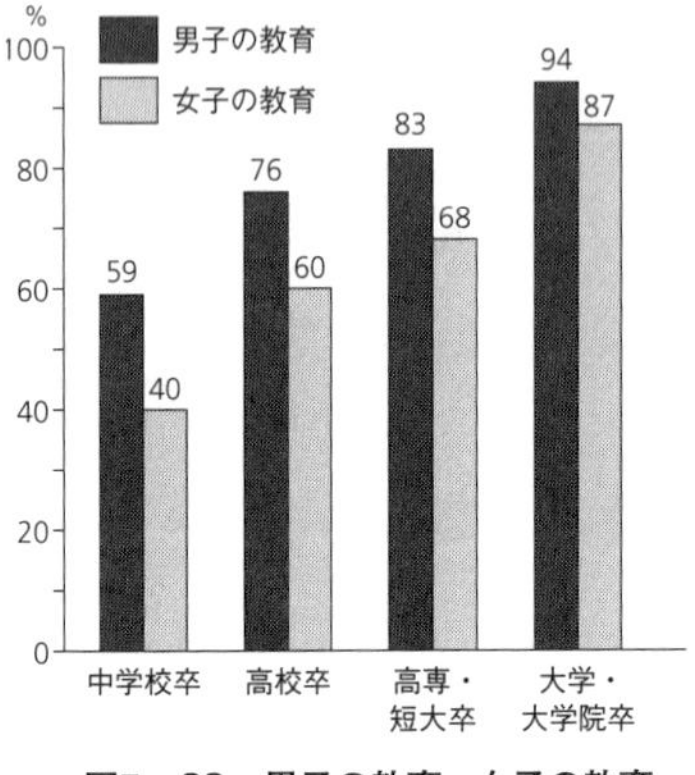

高学歴の人ほど高い教育を望む

子どもに高い教育を望むかどうかは、男女別や年層別にみてもあまり差がないが、回答者の学歴によって違いがある。図Ⅱ―23は男子と女子のそれぞれについて、「大学まで」または「大学院まで」

図Ⅱ－23　男子の教育・女子の教育
「大学まで」＋「大学院まで」
〈2018年、学歴別〉

の教育を望む人の割合を回答者の学歴別にみたものである。学歴が高くなるにしたがって、男子か女子かにかかわらず、子どもには大学や大学院までの教育を受けさせたいと考える人が多くなっている。また、回答者の学歴が高くなるほど、男子と女子との差が小さくなっている。大学や大学院を卒業している人では八七％もの人が女子にも自分と同じ大学や大学院までの教育を受けさせたいと考えているのである。

9 父親のあり方――「忠告」型に迫る「不干渉」型

「信頼して干渉しない」が増加

この調査を始めた頃の高度経済成長期の父親世代は、それまでの権威主義的で厳しい父親像に代わる新しい父親像を模索していた。同時に、「モーレツ社員」という言葉に象徴される働き詰めの父親が増え、家庭は「父親不在」になっていた。こうした中で、どのような父親像が理想とされるのかを尋ねている。

具体的には、ことし学校を卒業して社会に出た男の子に対して、父親はどのような態度をとるのがいちばんよいのか、次の選択肢の中から一つを選んでもらっている（第14問）。

1．みずから模範を示し、見習わせる《模範》

	《模範》	《忠告》	《仲間》	《不干渉》	その他、わからない、無回答
1973年	8	41%	32	15	4
1978年	10	44	30	14	3
1983年	9	45	27	16	2
1988年	7	43	28	20	2
1993年	7	42	28	22	2
1998年	6	41	29	22	2
2003年	5	45	26	22	3
2008年	6	48	22	22	3
2013年	5	47	23	23	2
2018年	5	40	24	30	2

図Ⅱ－24　父親のあり方〈全体〉

2. より多く人生の経験を積んだ者として、忠告や助言を与える　《忠告》
3. ひとりの同じ人間として、親しい仲間のようにつきあう　《仲間》
4. 子どもを信頼して、干渉しない　《不干渉》

四五年を通して最も多いのは《忠告》である。一九七三年には四一％で、七八年と二〇〇〇年代に増加したが、二〇一八年は減少し、七三年とほぼ同じ四〇％となった（図Ⅱ―24）。

《不干渉》は、八〇年代から九〇年代前半にかけて増加し、その後の二〇年間は二〇％あまりで変化がなかった。しかし、一八年は三〇％に増加して、《忠告》に次いで多くなっている。

その一方で、七三年には二番目に多かった《仲間》は、四五年間で三二％から二四％に減った。また、家父長型の父親像である《模範》は、七三年も八％で最も少なかったが、八八年以降、徐々に減って、現在では五％しかいない。

父親は男の子に対し、「より多く人生の経験を積んだ者として、忠告や助言を与える」のがよいという人が最も多いのは変わらないが、「子どもを信頼して、干渉しない」のがよいという人も増えてきている。

どの年層も「不干渉」が増加 高年層は「忠告」に並ぶ

この四五年の変化を男女別でみると、《忠告》は男女ともあまり変化していない（図Ⅱ―25）。《不干渉》は、男性が一八％から二九％に、女性が一三％から三〇％にそれぞれ増加し、女性のほうが変化が大きい。《仲間》は男性が三〇％から二三％、女性が三四％から二四％に減少し、やはり女性のほうが変化が大きい。その結果、現在では《模範》も含めて男女で差がなくなった。

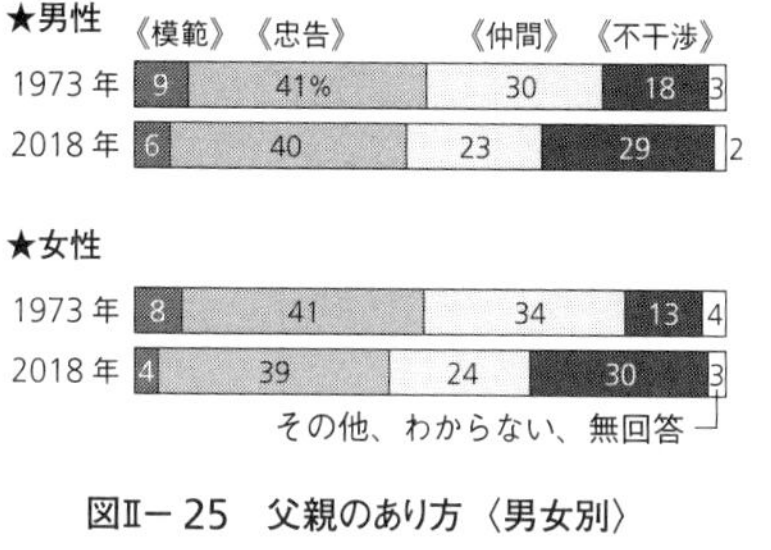

図Ⅱ－25　父親のあり方〈男女別〉

さらに、男女それぞれを年層別でみてみる（図Ⅱ―26）。《忠告》は、年層ごとにみた場合でも七三年と一八年であまり変化していない。一八年の結果では、男女とも若年層と中年層では四〇％台の人が、父親は「忠告や助言を与える」のがよいと考えているが、こうした考えは高年層では少ない傾向がある。

一方、《不干渉》は、この四五年間で、男性では中年層と高年層で増加し、女性ではすべての年層で増加した。その結果、男女の若年層と中年層では《忠告》がよいという人が《不干渉》がよ

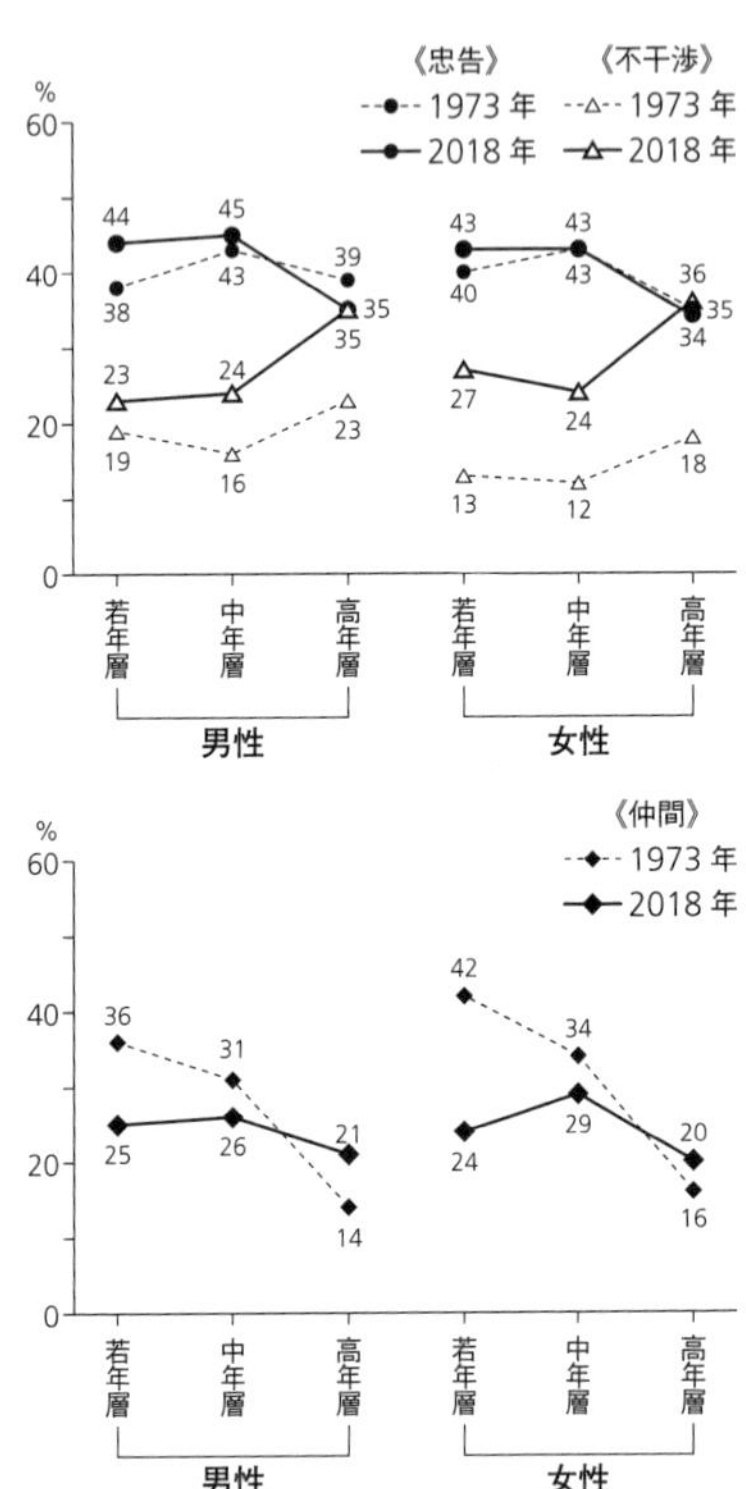

※若年層：16～29歳、中年層：30～59歳、
高年層：60歳以上

図Ⅱ－26　父親のあり方〈男女年層別〉

いという人を上回っているが、高年層では両者が同じ程度で並んでいる。

《仲間》は、七三年は男性の若年層や女性の若年層と中年層で多かったが、これらは、いずれも一八年には減少し、逆に男性の高年層では増加した。現在は、女性の中年層でやや多いが、どの層も二〇%台である。

《模範》は、図には示さなかったが、男女とも高年層で大きく減少した。

10　老後の生き方──さらに子ども離れが進む

「趣味をもちのんびり」と「夫婦でむつまじく」が増える

日本では平均寿命が延びたことと少子化の進行によって急速に高齢化が進み、六五歳以上の人口は一九七〇年の七・一％から二〇一五年には二六・六％まで増えている（付録Ⅲ　表1参照）。人々の老後の過ごし方に対する考えは、どう変化しているのだろうか。

調査では、老後の生き方について次の六つの中から一つを選んでもらっている（第15問）。

1. 子どもや孫といっしょに、なごやかに暮らす　《子どもや孫》
2. 夫婦二人で、むつまじく暮らす　《夫婦》
3. 自分の趣味をもち、のんびりと余生を送る　《趣味》
4. 多くの老人仲間と、にぎやかに過ごす　《老人仲間》
5. 若い人たちとつきあって、ふけこまないようにする　《若者》
6. できるだけ、自分の仕事をもち続ける　《仕事》

七三年に三八％と最も多かった《子どもや孫》は、八〇年代後半から九〇年代にかけて大きく減り、〇八年に増えたものの、長期的にみれば減少傾向にある。最近の五年間も減少して、一八年は二三％になった（図Ⅱ─27）。

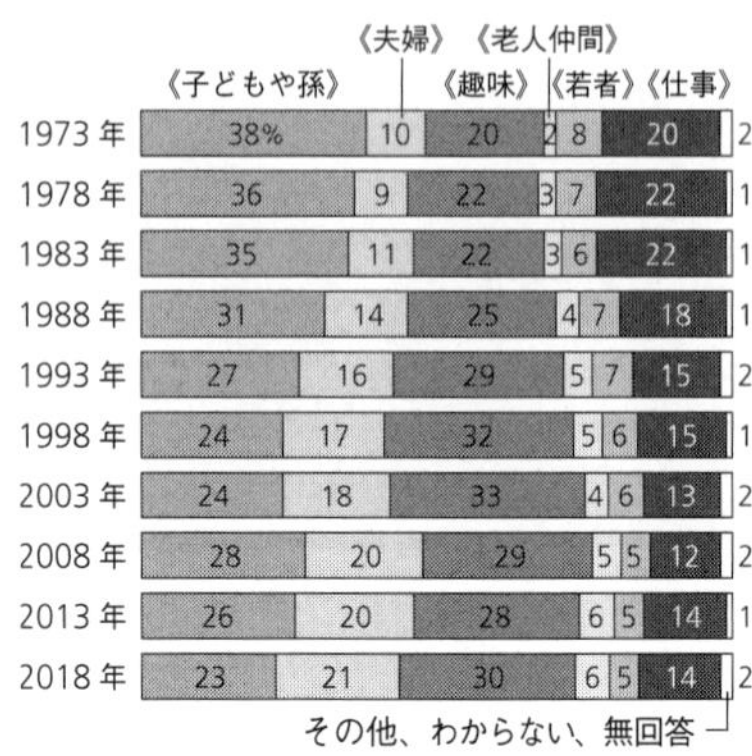

図Ⅱ－27　老後の生き方〈全体〉

七三年にともに二〇％で二番目に多かった《趣味》と《仕事》は、変化の方向が異なっている。《趣味》は、七〇年代後半から九〇年代にかけて増え、〇八年にはやや減少したが、現在では三〇％と《子どもや孫》に代わって最も多くなっている。一方、《仕事》は、八八年、九三年と続けて減り、〇三年にも減って、現在は一四％である。

このほか、《夫婦》は、四五年間で一〇％から二一％に増え、《老人仲間》も二％から六％に増えた。一方、《若者》は八％から五％に減少した。

詳しくは第Ⅴ章の「仕事と余暇」で述べるが、余暇より仕事を優先する人は、八〇年代から九〇年代前半にかけて減っている。老後の生き方についての質問で、「できるだけ、自分の仕事をもち続ける」が減ったのもほぼ同じ時期で、仕事に対する意識の変化が影響したと考えられる。また、この四五年間で、「子どもや孫といっしょに、なごやかに暮らす」が減った一方で、「自分の趣味をもち、のんびりと余生を送る」や「夫婦二人で、むつまじく暮らす」が増えたのは、少子化が進み、子どもや孫の数が減っていることや、寿命が延びて老後が長くなったことが影響していると考えられる。

「子どもや孫といっしょに」は六〇歳以上で大きく減少

男女を若年・中年・高年の三つの年層に分け、四五年間の変化をみてみる（図Ⅱ―28）。

まず、四五年間で最も減少した《子どもや孫》についてみると、六〇歳以上の高年層では、老後は「子どもや孫といっしょに、なごやかに暮らす」のがよいと考える人は、七三年には男性は

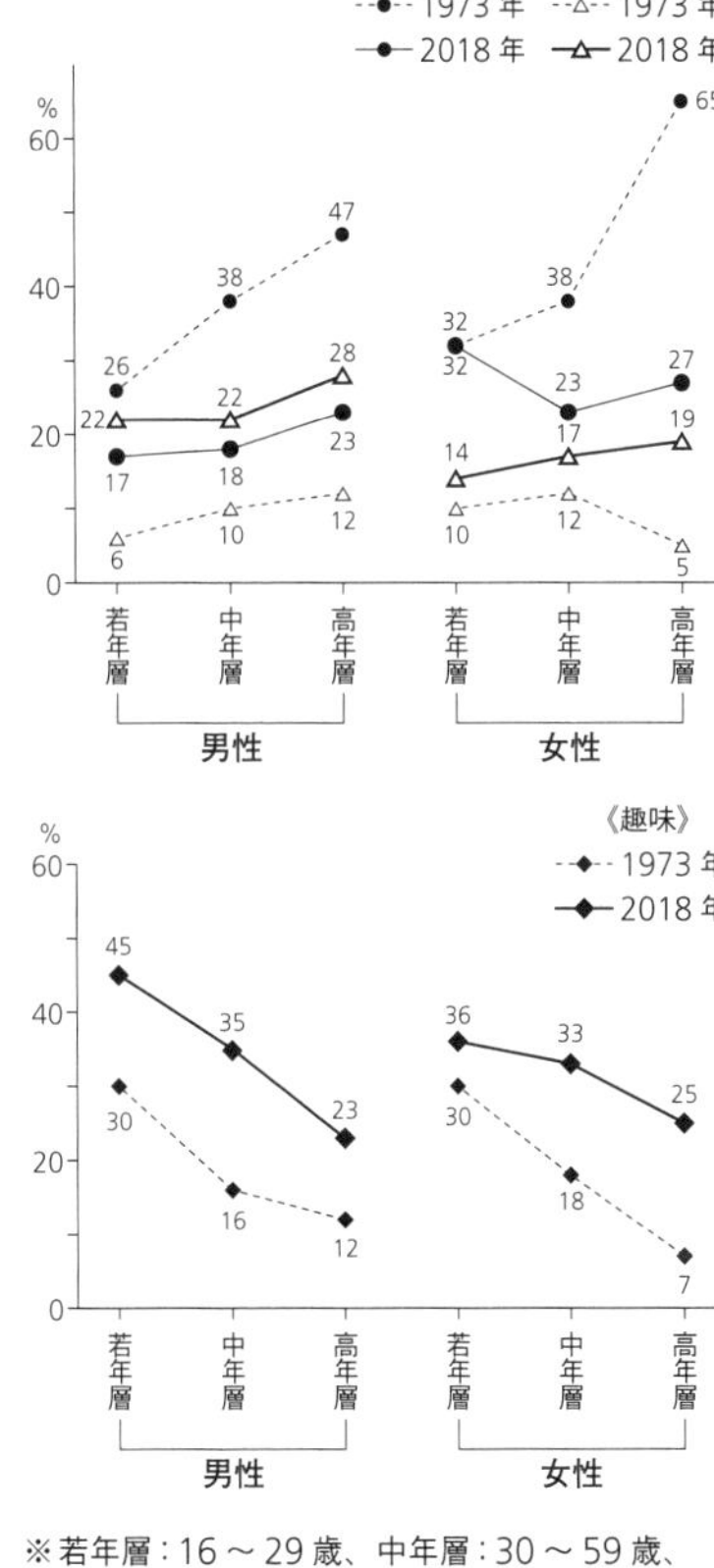

図Ⅱ－28　老後の生き方〈男女年層別〉

二人に一人、女性は三人に二人に上っていたが、一八年には男女とも大きく減少している。特に女性の減少が激しく、今では二七％となり、男性の二三％に近づいた。三〇歳から五九歳までの中年層は、男女とも同じくらい減少したが、それより若い年層は、男性のみ減少しており、女性は変わっていない。その結果、男女とも年層による違いは、四五年前と比べるとかなり小さくなった。

一方、四五年間で増加した《夫婦》は、女性の若年層を除くすべての年層で増えた。《趣味》は、女性の若年層を除くすべての年層で大きく増加した。しかし、若年層ほど多いという傾向は変わっていない。

減少した《子どもや孫》について、男女生年別に示したのが図Ⅱ—29である。男性は、「一九一九〜二三年」以降に生まれた世代ではグラフの線がほぼ重なっていて、右側の高年世代ほど多くなっている。つまり男性での変化は、世代の入れ替わりによるところが大きい。女性は、高年世代で多い点は男性と同じだが、調査した年によって線が多少ばらつき、世代の入れ替わりに加えて、時代状況も影響したと考えられる。また、一八年の結果では、「六四〜七三年」生まれで少なくなっており、より若い世代のほうが多くなる傾向を示している。

ここまで、家庭や男女関係についての人々の考えの変化をみてきた。この章の冒頭で述べたように、家庭や男女関係についての意識は「日本人の意識」調査の中でも最も変化の大きい領域だ

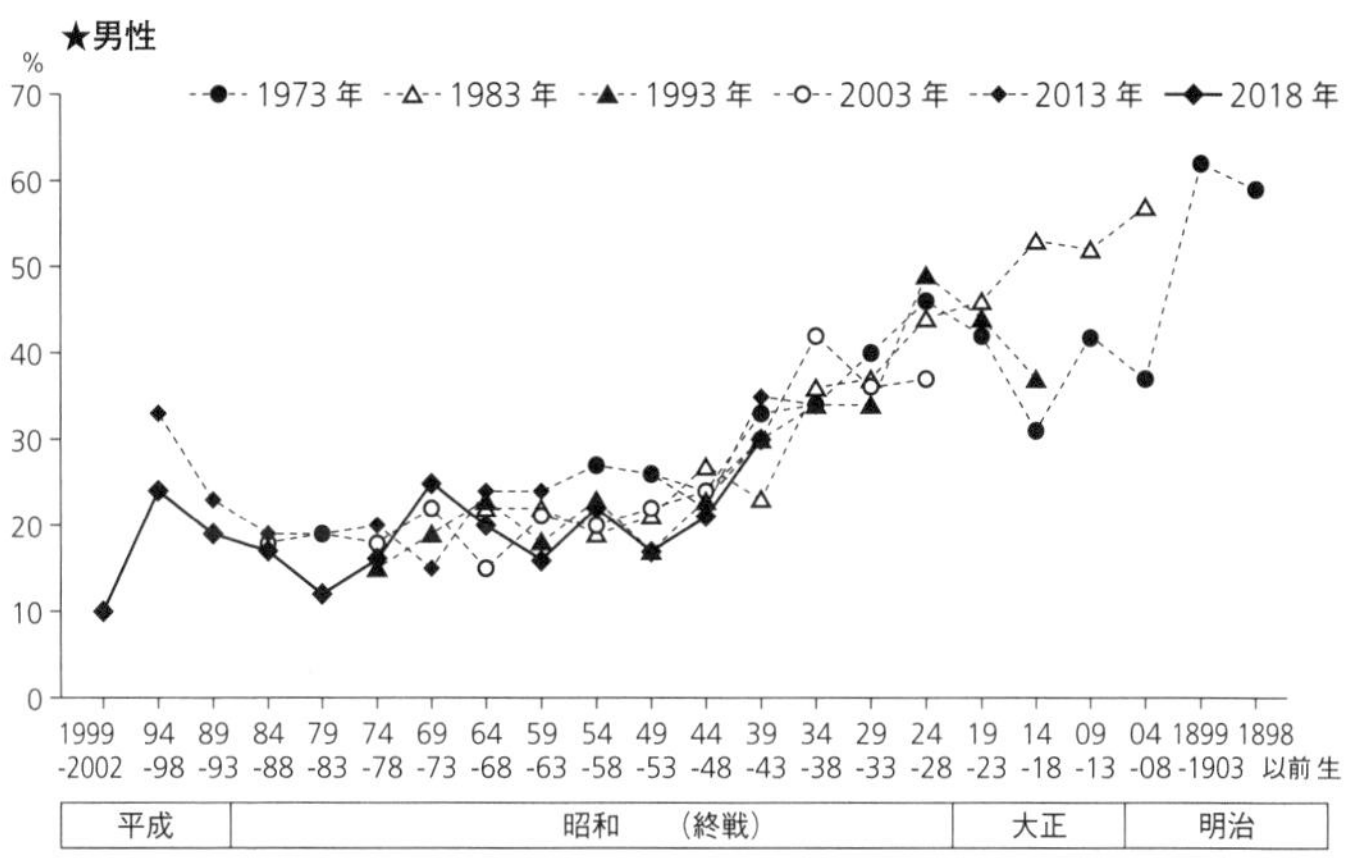

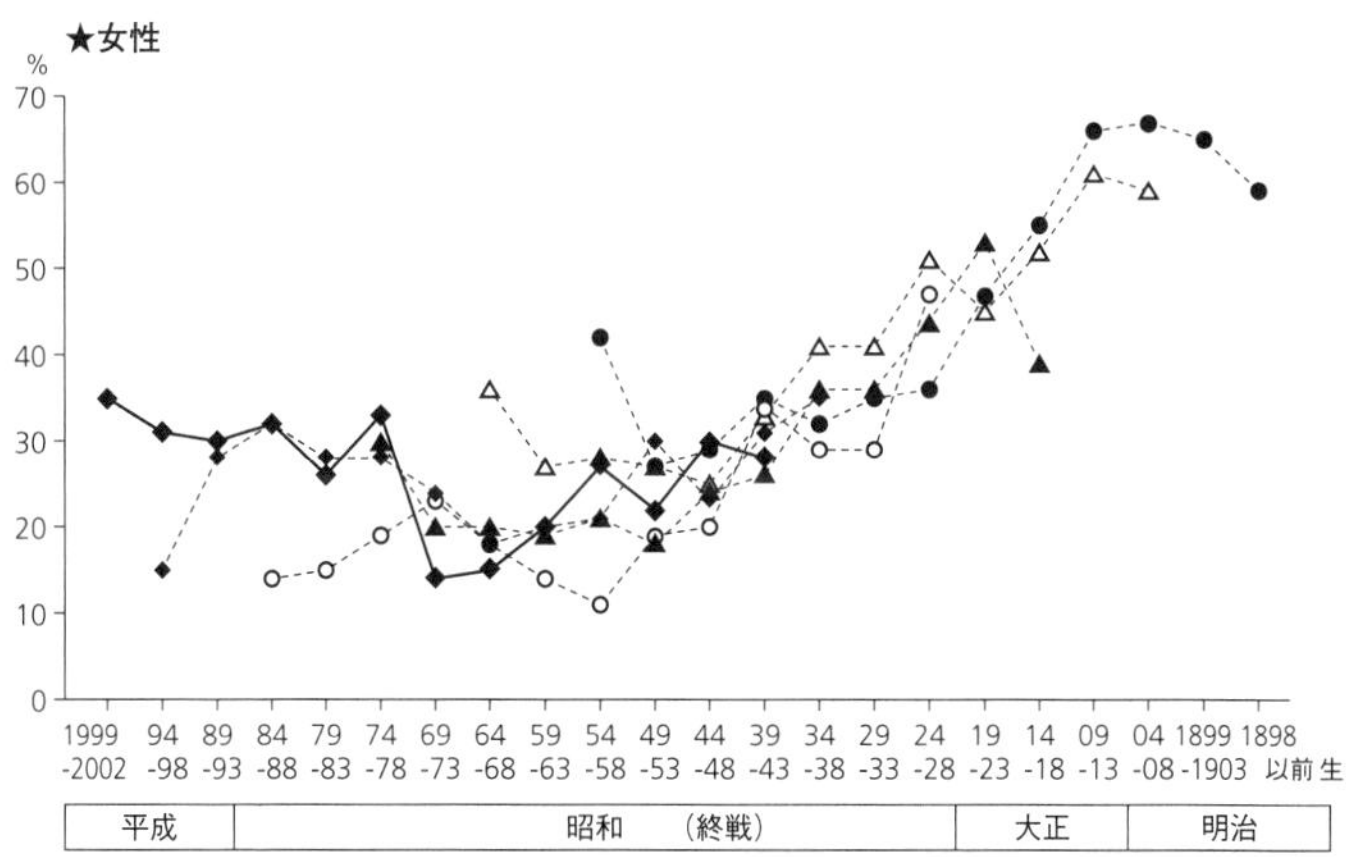

図Ⅱ－29 老後の生き方《子どもや孫》〈男女生年別〉

が、その変化については、次のような特徴をあげることができる。まず、大きな流れとしては、男女の平等や個人の自由、多様性を認める方向へ徐々に意識が変化している。社会学者の見田宗介は、「日本人の意識」調査のこの領域での変化を、「『近代家父長制家族』のシステムとこれを支えるジェンダー関係の意識の解体」[16]だとしている。一方で、夫の家事についての質問のように、意識は大きく変わっても、実態としてはあまり変わっていないものもある。また、この領域では、増えるものは増え続け、減るものは減り続けるというように、一方向への変化が続いている項目が多い。そしてそのことが、四五年間を通してみた場合の大きな変化につながっている。

さらに、意識変化の構造をみると、結婚観や婚前交渉の質問でみたように、世代間で差が大きく、世代交代によって全体の意識が変化しているものもあれば、女性の職業や女子の教育の質問のように、世代間の差はそれほどなく、時代が変わることによって人々の意識が大きく変化しているものもある。また、世代交代と時代の両方が影響しているものも多く、一見同じような方向への変化にみえても、その要因は一様ではない。

注

〔1〕《 》内は各選択肢の略称で、調査相手が見る「回答項目リスト」には表示されていない（付録Ⅰ「単純集計結果」参照）

〔2〕内閣府『令和元年版　少子化社会対策白書』二〇一九年

〔3〕「現代の生活意識」調査（二〇一三年）

〔4〕出典は高橋幸市・荒牧央「時系列調査『日本人の意識』調査の変遷」『ＮＨＫ放送文化研究所年報』五八号、二〇一四年
〔5〕国立社会保障・人口問題研究所『現代日本の結婚と出産—第15回出生動向基本調査報告書』二〇一七年
〔6〕厚生労働省「平成二八年度 人口動態統計特殊報告「婚姻に関する統計」の概況」二〇一七年
〔7〕児島和人「生活意識の特質と動向」日本放送協会放送世論調査所編『日本人の意識—ＮＨＫ世論調査』至誠堂、一九七五年
〔8〕「社会と生活に関する意識」調査（二〇一八年）
https://www.nhk.or.jp/bunken/research/yoron/pdf/20181026_1.pdf
〔9〕井上輝子「女性意識の諸相—男性との比較分析」日本放送協会放送世論調査所編『日本人の意識—ＮＨＫ世論調査』至誠堂、一九七五年
〔10〕内閣府『令和元年版　男女共同参画白書』二〇一九年、および内閣府『男女共同参画社会に関する世論調査』二〇一九年
〔11〕内閣府『令和元年版　男女共同参画白書』二〇一九年
〔12〕厚生労働省『平成二九年　国民生活基礎調査の概況』二〇一八年
〔13〕〔3〕と同じ調査
〔14〕炊事・掃除・洗濯、買い物、子どもの世話、家庭雑事の四つの合計
〔15〕関根智江・渡辺洋子・林田将来「日本人の生活時間・二〇一五」『放送研究と調査』二〇一六年五月号、および渡辺洋子「男女の家事時間の差はなぜ大きいままなのか」『放送研究と調査』二〇一六年一二月号
〔16〕文部科学省『学校基本調査』
〔17〕見田宗介『現代社会はどこに向かうか』岩波書店、二〇一八年

Ⅲ　政治

1　政治に対する態度――有効性感覚が長期的に低下

二〇〇〇年頃と同じ低さに

「日本人の意識」調査では、「政治的有効性感覚」と「権利に関する知識」、および「政治活動」の三つの側面から、人々の基本的な政治的態度をとらえようとしている。政治的有効性感覚とは、政治的、社会的決定に対して、自分個人または他の人々との共同の行動や努力が効果があるという感覚・信念のことを指している(1)。この政治的有効性感覚について、調査では、国民が投票すること（以下「選挙」）とデモや陳情、請願をすること（以下「デモなど」）が国の政治に、それぞれ、どの程度影響を及ぼしていると思うか、そして、国の政治が、国民の意見や希望（以下

「世論」）をどの程度反映していると思うかの三つを尋ねている（第37問、第38問、第39問）。

「選挙」と「デモなど」では、次の中から一つを選んでもらっている。

1. 非常に大きな影響を及ぼしている《強い》
2. かなり影響を及ぼしている《やや強い》
3. 少しは影響を及ぼしている《やや弱い》
4. まったく影響を及ぼしていない《弱い》

また、「世論」では、次の中から一つを選んでもらっている。

1. 十分反映している《強い》
2. かなり反映している《やや強い》
3. 少しは反映している《やや弱い》
4. まったく反映していない《弱い》

国民の行動が政治に影響を及ぼし、また、意見が反映されていると考える人は、長期的にみれば減少傾向にある。最も多かったのは調査を始めた一九七三年で、その後は、「選挙」「デモなど」「世論」の三つの項目がそろって減少を続けてきた。二〇〇八年には「選挙」と「デモなど」が増加し、減少に歯止めがかかるかと思われたが、その後はいずれも減少し、一八年は、九八年や〇三年に近い水準に戻っている（図Ⅲ―1）。

まず、「選挙」については、「非常に大きな影響を及ぼしている《強い》」と考える人が八八年まで減り続け、九三年から九八年にかけては、《強い》と《やや強い》がいずれも減少した。○八年は《強い》と《やや強い》がともに増加し、一三年も同じ程度だったが、一八年には、いずれも減少した。

「デモなど」についても、《強い》と考える人と《やや強い》と考える人が九八年まで、ほぼ毎回減少していた。○八年に初めて増加したが、一三年には再び減少した。

「世論」は、七三年の時点でも《強い》と《やや強い》を合わせて二割しかなく、その後もさ

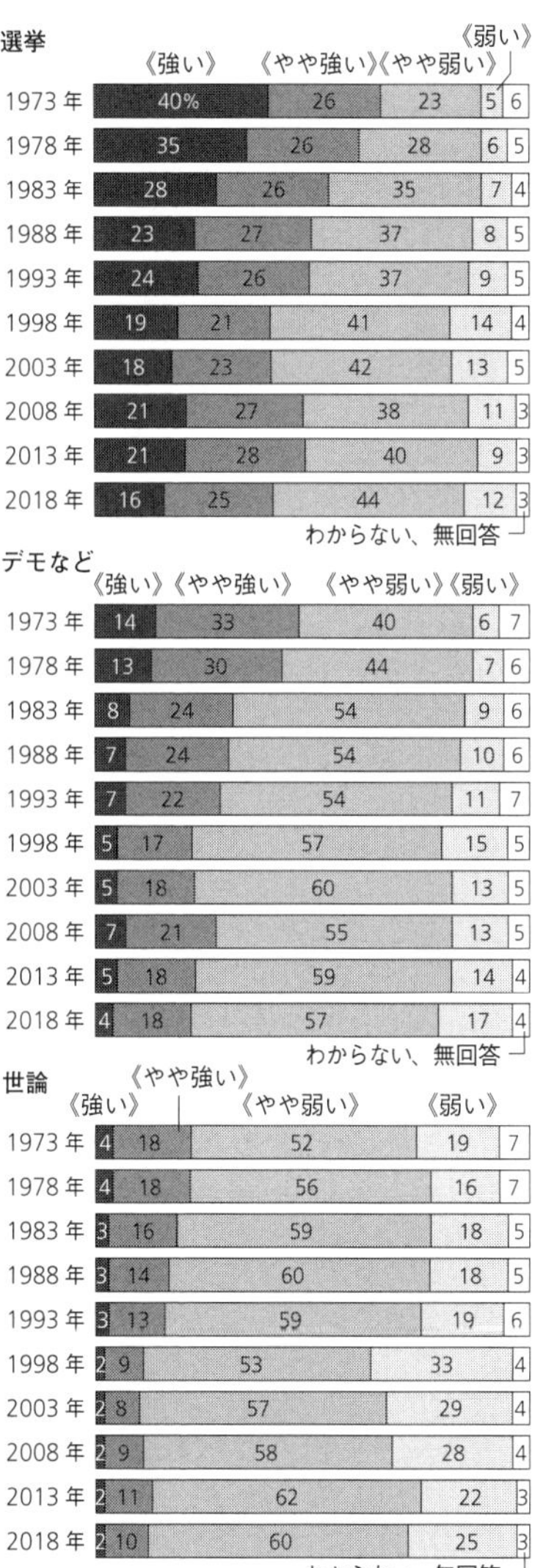

図Ⅲ－１　政治的有効性感覚〈全体〉

らに減少した。一三年は《やや強い》が初めて増加したが、九八年以降は大きな変化はない。そのほか、「世論」では、「まったく反映していない《弱い》」という人が九八年には三三%に急増し、その後は減少傾向にあったが、一八年は増加した。一八年は「世論」だけでなく、「選挙」「デモなど」でも《弱い》が増加している。

このように、〇八年と一三年は、項目によっては《強い》や《やや強い》が回復する動きがみられ、減少傾向が続いていた九〇年代までとは異なる様相を示していた。しかし、一八年には三つの項目とも、これまで最も低い水準にあった九八年から〇三年の数値に近くなっている。政治的有効性感覚は、調査を始めた七〇年代からみれば大きく低下しており、今では、政治に影響を及ぼしていると考える人が最も多い「選挙」でも、《強い》と《やや強い》を合わせて四割にとどまっている。「デモなど」は二割で、「世論」が政治に反映していると考える人に至っては一割程度に過ぎない。

「選挙」は、七三年から八八年にかけて《強い》が大きく減少した。この期間は七〇年安保闘争が終わり、七二年には沖縄返還、日中国交回復が実現して自民党が政権基盤を固めた時代である。長期政権の下では、ロッキード事件など政界を揺るがす汚職事件も相次いだが、投票しても政治は変わらないという諦めムードからか、選挙への関心は低下し続けた。九三年には、この減少傾向がいったん止まるが、リクルート事件や初の消費税導入で逆風が吹く中で行われた八九年の参議院選挙で社会党が「マドンナ旋風」を巻き起こして躍進したことや、その後の「新党ブーム」で自民党からの離党者が相次ぎ、九三年に行われた衆議院選挙で自民党が敗北して野党に転落し「五五年体制」が崩壊するなど、政治体制の大きな変化が影響したのだろう。その後、九三年から九八年にかけては、細川連立内閣が退陣した後、選挙を経ずに短期間で内閣の交代が繰り返された。このような状況の中で実施した九八年の調査では《強い》《やや強い》がともに減少し、支持する政党をもたない人、いわゆる「無党派層」が大きく増えた。

その後、〇八年には《強い》と《やや強い》が増え、その傾向は一三年も変わっていない。これは郵政民営化の是非をめぐって小泉首相が衆議院を解散した〇五年のいわゆる郵政選挙が「小泉劇場」と呼ばれメディアが盛んに取り上げたことや、〇七年の参院選から一二年の衆院選まで、四回の国政選挙すべてで時の与党が敗北したことが影響していると考えられる。

この五年間では選挙によって自民党から民主党へ、そしてまた自民党へと二度の政権交代が起きただけでなく、衆議院では与党が過半数を占め、参議院では野党が過半数を占める「ねじれ国会」の状態も発生した。しかし、一八年は、《強い》と《やや強い》が減少した。一三年の参議院選挙以降、五回の国政選挙では、自民党と公明党の与党が勝利し、内閣も一二年から安倍内閣が続いていることが選挙への関心を弱めていると考えられる。

一方、「デモなど」で《強い》《やや強い》が大きく減少したのは、七八年から八三年にかけてである。七五年には、国鉄などの労働組合が、公務員に認められていないストライキ権を求める大規模な「スト権スト」を決行したが、労働側の敗北に終わった。また、ベトナム戦争の終結や成田空港の開港によって、これらに対する反対運動が下火になるなど、政治に直接異議を唱える形での運動が七〇年代の終わりごろから低調になっていった。「デモなど」の減少はこの時期と重なっている。

一八年は高年層で低下

選挙での投票が政治に影響を及ぼしているという感覚が「強い」人（《強い》と《やや強い》の合計）について、最近五年間の変化を年層別にみたのが図Ⅲ—2である。一三年と比べると、一八年は四〇代後半と五〇代前半、それに六〇代以上で減っており、これまで有効感が強かった高年層を中心に減少がみられた。なお、一〇代後半では「強い」が増加している。一〇代は二〇代や三〇代に比べてもともと有効感が高い傾向があるが、一八年の増加は、一六年に選挙権年齢が引き下げられた「一八歳選挙権」の影響が考えられよう。

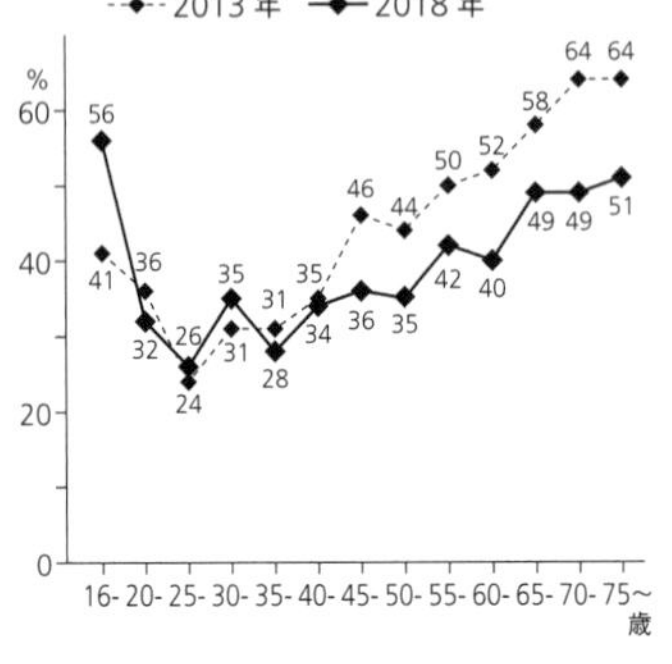

図Ⅲ－２　政治的有効性感覚（選挙）「強い」〈年層別〉

「デモなど」と「世論」でも、「選挙」ほどではないが、高年層で有効感の「強い」人が減少した。「デモなど」

は七〇代以上、「世論」は六〇代後半以上で減少している。現在も年齢が高いほど「強い」が多い傾向は変わらないが、年層による差は小さくなっている。

次に、政治的有効性感覚を総合的にみるために、「選挙」「デモなど」「世論」の回答をそれぞれ次のように点数化し、三つの項目の点数を合計した。

《強い》・・・・・三点
《やや強い》・・・・二点
《やや弱い》・・・・一点
《弱い》・・・・・〇点（「わからない、無回答」も〇点）

三つを合計した点数は〇点から最高が九点で、点数が高い人ほど「国民の行動が国の政治に影響を及ぼしている」という感覚が強いことを意味している。五年ごとの全体の平均得点は表Ⅲ―1のようになっている。最も高いのは七三年で、九八年まで下がり続け、その後はゆるやかな回復傾向にあったが、一八年は、再び減少した。

さらに、生年別の平均得点について、一〇年ごとの変化をみた。調査各回の線は同じような形をしており、「一九二四～二八年」生まれをピークとして、そこから若い世代になるにしたがって点数が低くなっている（図Ⅲ―3）。政治に対する行動が有効だと感じるかどうかは世代による影響が大きく、新しい世代ほど有効だという感覚が弱くなっていることがわかる。

ただし、各調査の線は完全に重なっているわけではない。調査の時期によって上下方向にずれ

表Ⅲ－1　政治的有効性感覚スコア〈全体〉

'73年	'78年	'83年	'88年	'93年	'98年	'03年	'08年	'13年	'18年
4.41	4.29	3.94	3.77	3.73	3.24	3.31	3.51	3.57	3.32

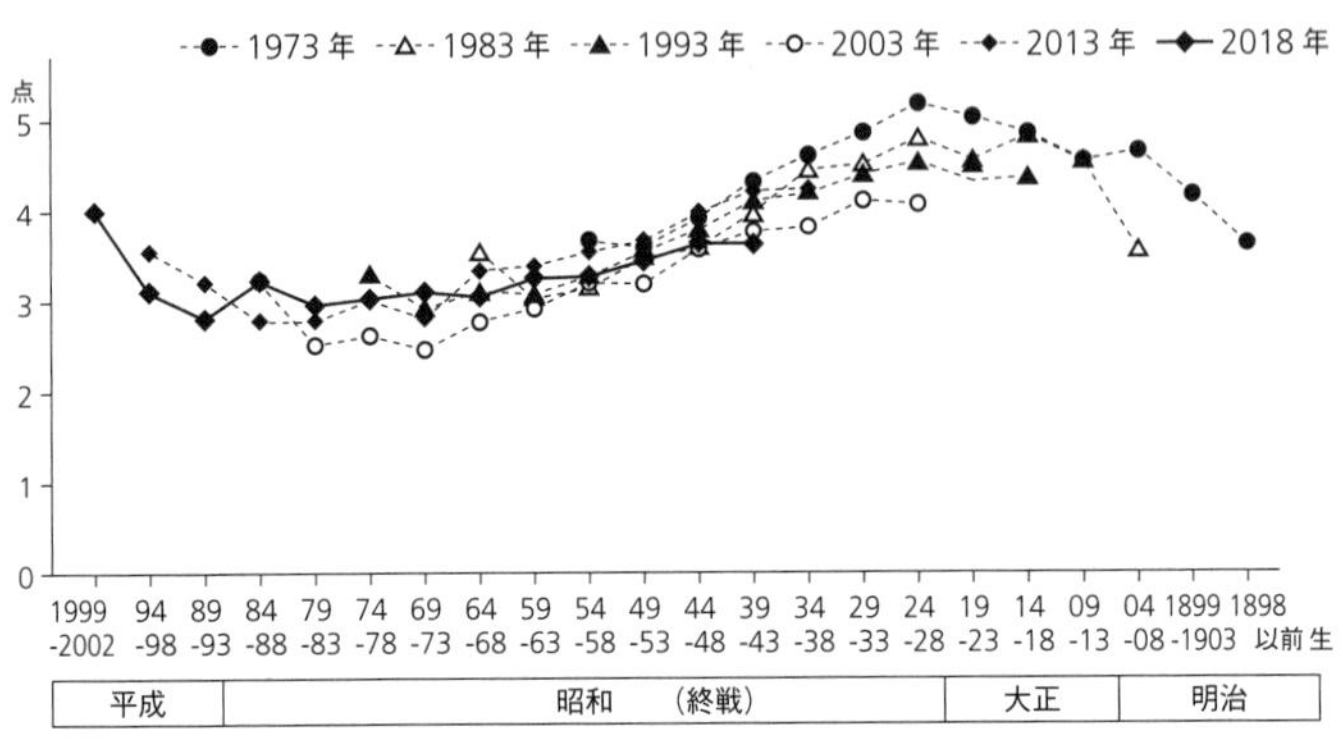

図Ⅲ－3　政治的有効性感覚スコア〈生年別〉

ており、これは、時代の影響も受けていることを表している。〇三年から一三年にかけては線が上へ移動し、全体的に有効性感覚が高まっているが、一八年は「六四～六八年」生まれから上の世代で線が下に下がっており、そのことが全体での有効性感覚の低下につながったと考えられる。

なお、最近の傾向として、「一九六九～七三年」生まれ以降の世代になると、各線の左端（年齢では一〇代の頃）を除いて、どの世代も点数が三点前後になっており、新しい世代ほど有効感が低いという傾向はなくなってきている。

低下した政治への関心

ここで、ＮＨＫ放送文化研究所が行って

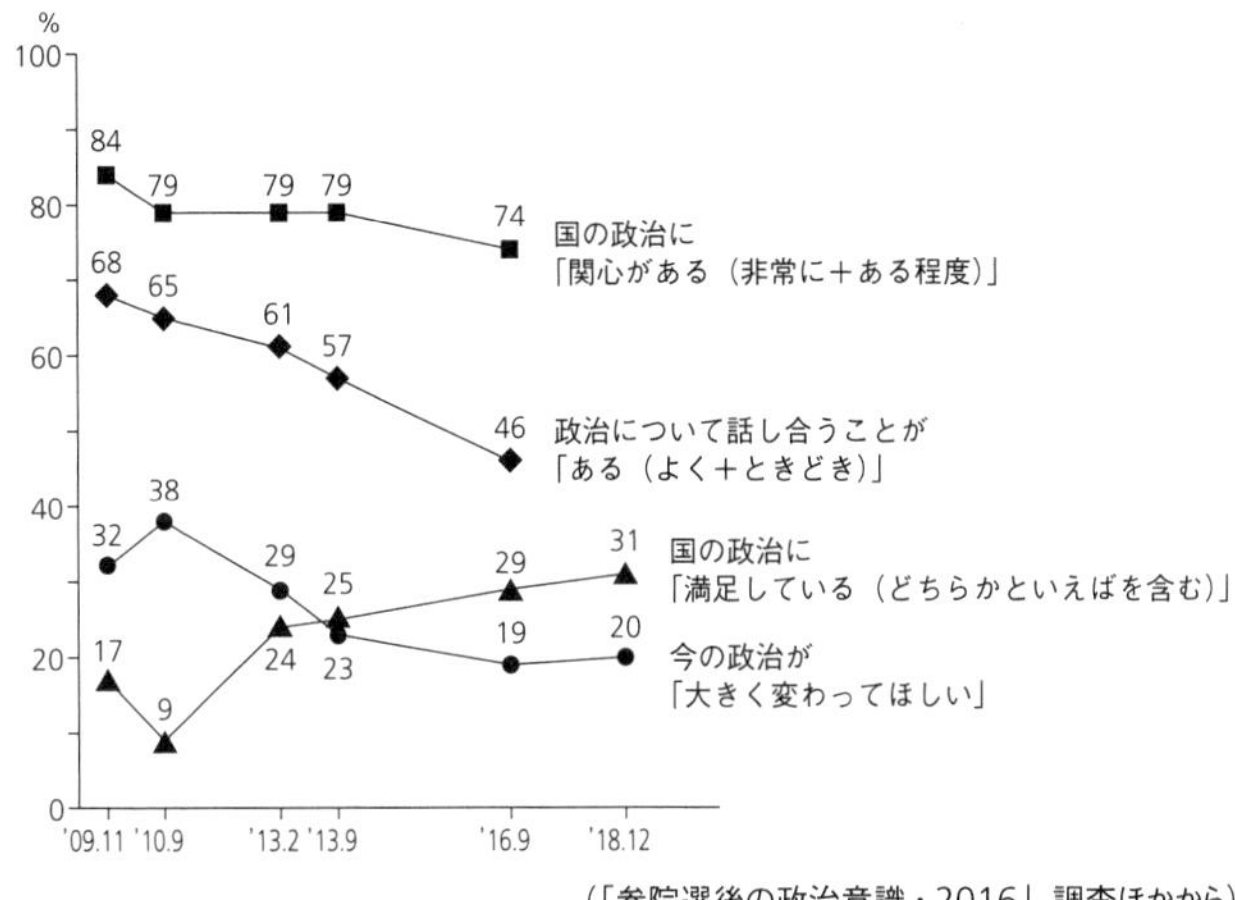

図Ⅲ－4　政治への関心・満足度・変化期待

いる政治意識調査から、政治への関心や満足度について最近の動向をみておきたい。図Ⅲ－4に、〇九年以降、継続して尋ねているいくつかの質問の結果を掲載した[2]。まず、国の政治に「関心がある」（「非常に関心がある」と「ある程度関心がある」の合計）という人は、〇九年は八四％だったが、一六年は七四％に減少した。政治について周りの人と「話し合うことがある」（「よくある」と「ときどきある」の合計）という人も、六八％から四六％に大きく減少した。

一方、今の国の政治に「満足している」（「どちらかといえば満足している」を含む）という人は、民主党政権だった一〇年の九％から、一八年には三一％に増えた。現在も「不満だ」という人のほうが多いものの、満足度が上昇している。それとともに、今の政治が「大きく変わってほしい」という人は一〇年の三八％から二〇％に減少した。この一〇年近くの間に、政治に対する関心は低下したが、政治に満足という人は増加している。

「表現の自由」と「団結権」の認知度が低下

「権利に関する知識」については、憲法によって、国民の義務ではなく権利とされていると思うものを、次の六つの選択肢の中からいくつでも選んでもらっている（第36問）。

ア．思っていることを世間に発表する　《表現の自由》
イ．税金を納める　《納税の義務》
ウ．目上の人に従う　《目上に従順》
エ．道路の右側を歩く　《右側通行》
オ．人間らしい暮らしをする　《生存権》
カ．労働組合をつくる　《団結権》

六つの中で正しい答え、すなわち実際に憲法で定められている権利は、《表現の自由》《生存権》《団結権》の三つである。これらの権利を知っている人の割合は、いずれも最近の五年間で減少し、《表現の自由》と《団結権》は、長期的にみても減少する傾向にある（図Ⅲ―5）。認知度が最も高いのは《生存権》で、当初から七〇％と高く、八三年以降は七五％前

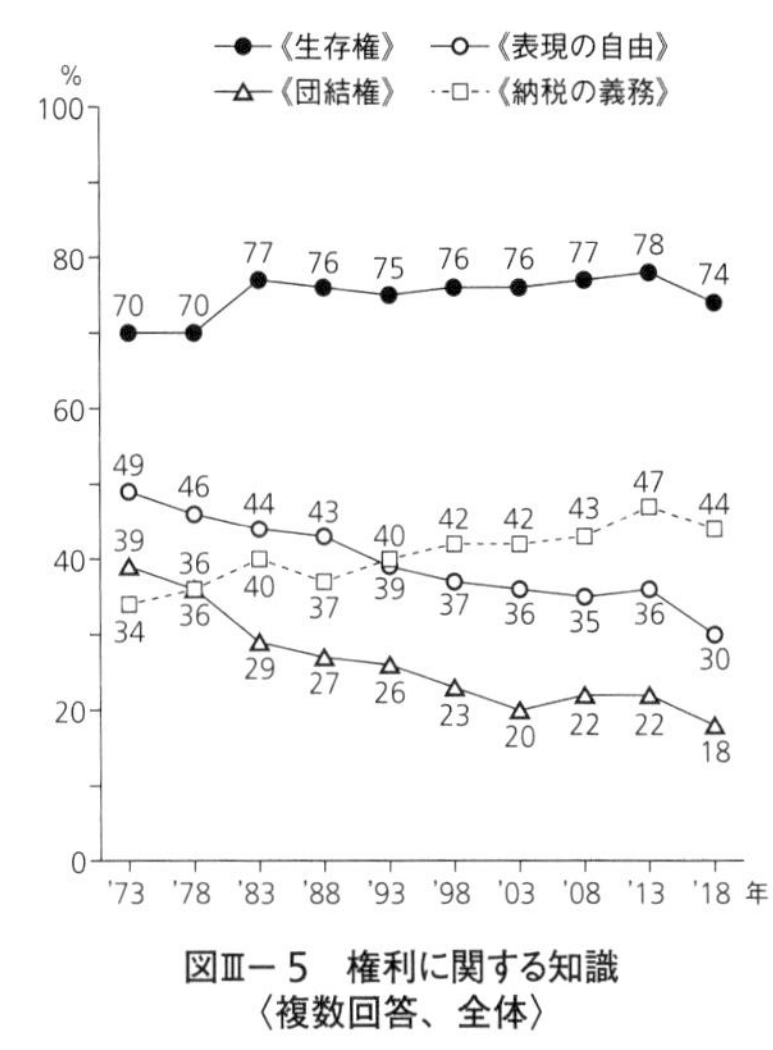

図Ⅲ－5　権利に関する知識
〈複数回答、全体〉

後の人が正しく認識している。《表現の自由》は、七三年の時点でも四九%と半数にとどまっていたが、その後は徐々に減り、一八年は三〇%になっている。《団結権》はさらに少なく、七三年の三九%から一八年には一八%と二割程度にまで減少している。反対に、「税金を納める《納税の義務》」を権利と誤解している人は、四五年間で三四%から四四%に増加し、《表現の自由》や《団結権》を上回るようになった。

年層別の結果を四五年前と比べると、《生存権》は、四〇代から七〇代前半で知っている人が増加した（図Ⅲ－6）。一八年の結果では、七五歳以上がやや少ないものの、ほとんどの層で七〇%を超えており、「人間らしい暮らしをする」ことが国民の権利として、人々の間に広く浸透したといえる。《表現の自由》と《団結権》は、七三年も一八年も、若い人のほうが知っている人が多い。ただし、《表現の自由》は、三〇代後半以上の中年層や高年層で減少しているのに対して、《団結権》は、すべての層で減少している。また、《団結権》は、職業別にみてもすべての職業で減少している。そのほか、図にはないが、《納税の義務》を選ぶ人は二〇代前半と六〇代以上で増加している。

付録Ⅲの表1にあげたように、労働組合への加入率（推定組織率）は七〇年代半ばから急激に低下し、七〇年に三五・四％あった加入率は、一五年には一七・四％まで減った。労働争議も同様で、半日以上のストライキは、最も多かった七四年には、年間で五一九七件に上っていたが、一〇年後には五九四件に減り、最近では、年に三〇件程度と、四五年で一〇〇分の一以下に減少した〔3〕。実際に組合活動に参加したり、メディアなどでこうした活動を見聞きしたりする機会が減少したことが、知識の低下に影響していると思われる。

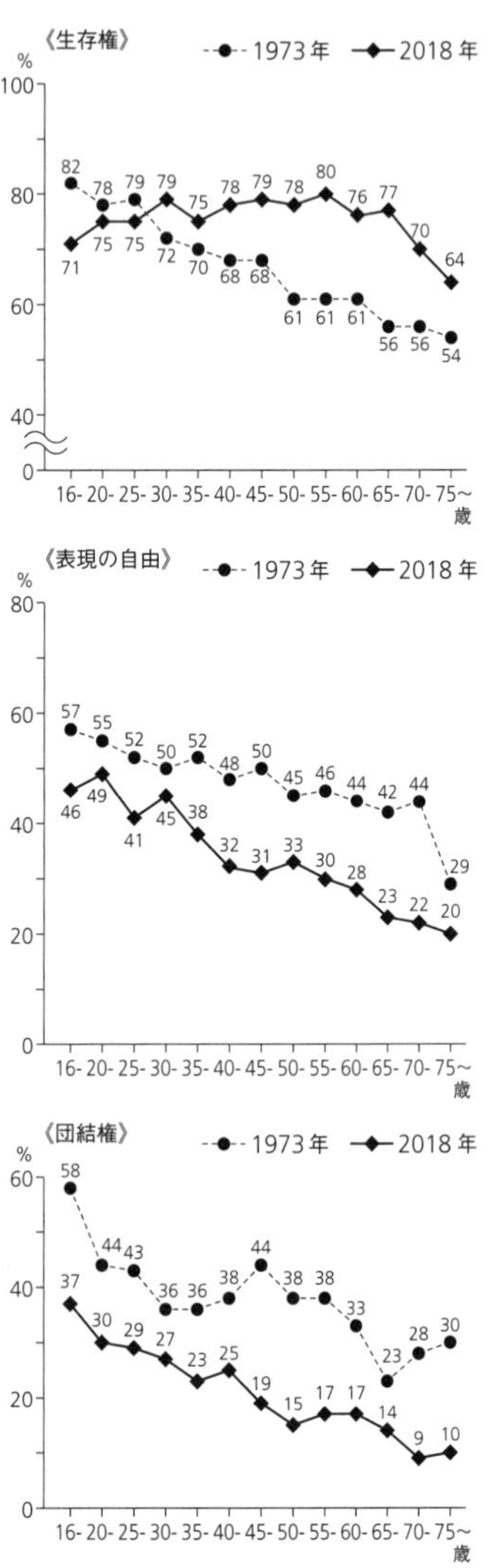

図Ⅲ－6　権利に関する知識
〈複数回答、年層別〉

この質問で《表現の自由》《生存権》《団結権》の三つすべてを正しく選び、それ以外は選ばなかった人の割合は、七三年の時点でも一八％と少なかったが、その後も徐々に減少して九八年には一一％になった。それ以降は一〇％前後で推移しており、一八年の結果も八％と、権利についての知識は低い状態が続いている。

低下し続ける政治活動

政治的態度の最後の項目として、政治活動についてみていく。調査では次のような政治活動を提示して、この一年の間に行ったものをいくつでも答えてもらっている（第44問）。

ア．デモに参加した　《デモ》
イ．署名運動に協力した　《署名》
ウ．マスコミに投書した　《投書》
エ．陳情や抗議、請願した　《陳情》
オ．献金・カンパした　《献金》
カ．集会や会合に出席した　《集会出席》
キ．政党・団体の新聞や雑誌を買って読んだ　《機関紙購読》
ク．政党・団体の一員として活動した　《党員活動》

ケ．特に何もしなかった　　　　　　　　　　　　　《なし》

四五年前と比べると、八つの政治活動のすべてで、一年以内に行った人の割合が減っている（図Ⅲ―7）。一八年は最も多かった《署名》でも一一％で、そのほかは、いずれも一割未満の人しか行っていない。八つの活動のうちどれか一つを行った人も、四五年間で三八％から一八％に減っている。最近の五年間では、《署名》《集会出席》《献金》《機関紙購読》《党員活動》が減少し、特に何も政治活動をしなかった《なし》がさらに増えて八一％になった。

政治活動については増えた時期もある。八三年には《署名》が二五％から三〇％に増えたほか、《集会出席》が一二％から一七％に増え、《党員活動》もわずかに増加した。前年の八二年には、ＮＡＴＯへの中距離核ミサイル配備を機にヨーロッパで広がっていた反核運動が日本でも盛り上がり、国連軍縮特別総会を前に大規模な集会や署名活動が行われた。八三年の《署名》《集会出席》の増加は、こうした動きを反映したものだろう。

また、《署名》は八八年にも増加しているが、八七年には国会に提出された売上税法案に対して各地で反対運動が起きた。結局廃案となったが、八八年の増加は、この売上税反対運動の高まりによるものと考えられる。

このように、何か大きな問題が起きた場合には人々の政治活動が増えることがあるが、九〇年代以降は、こうした動きはあまりみられなくなっており、全体として低下が続いている。

政治活動をどれか一つでも行った人が年層別にどのように分布しているか、四五年前と比較し

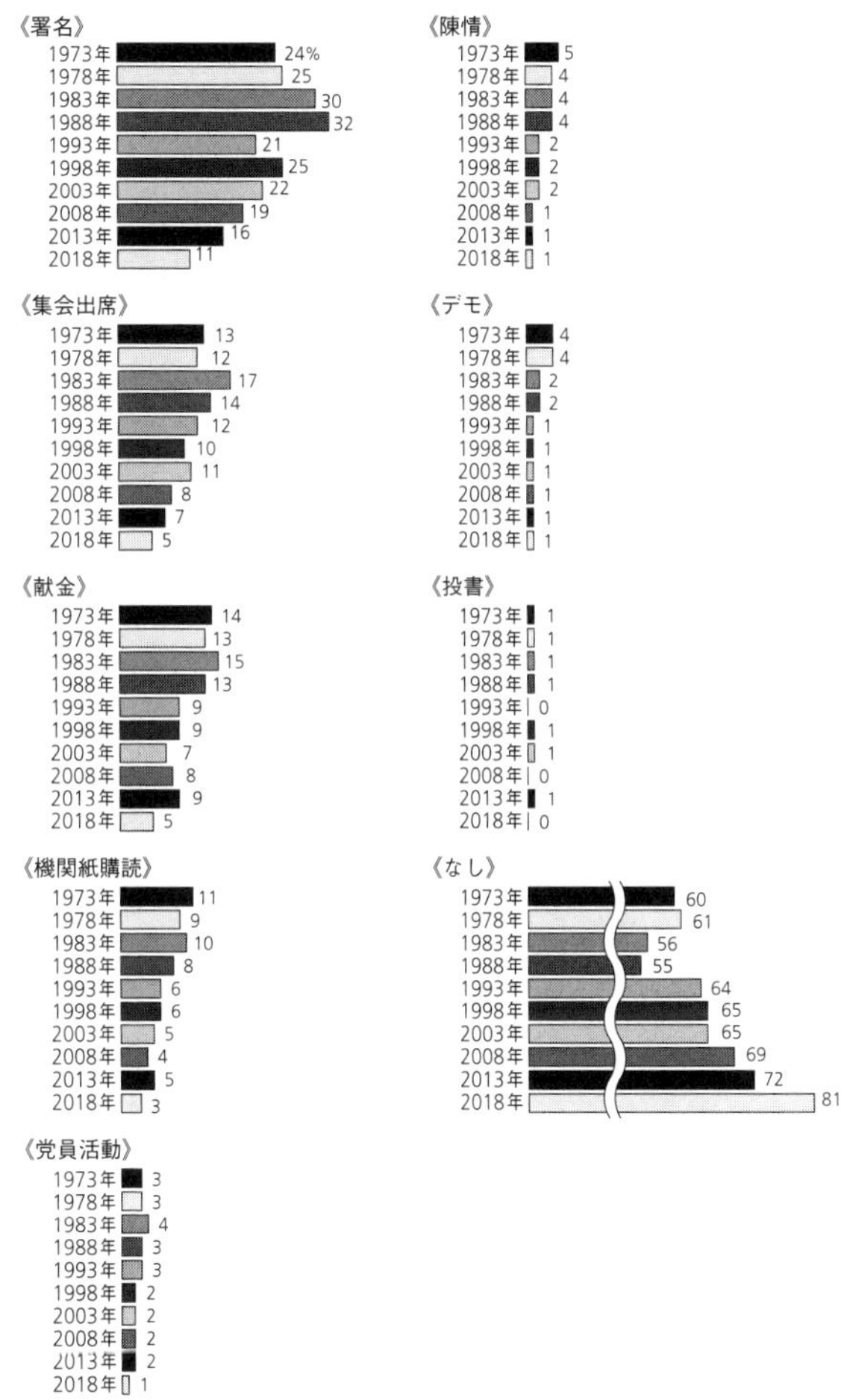

《署名》
1973年 24%
1978年 25
1983年 30
1988年 32
1993年 21
1998年 25
2003年 22
2008年 19
2013年 16
2018年 11
《陳情》
1973年 5
1978年 4
1983年 4
1988年 4
1993年 2
1998年 2
2003年 2
2008年 1
2013年 1
2018年 1
《集会出席》
1973年 13
1978年 12
1983年 17
1988年 14
1993年 12
1998年 10
2003年 11
2008年 8
2013年 7
2018年 5
《デモ》
1973年 4
1978年 4
1983年 2
1988年 2
1993年 1
1998年 1
2003年 1
2008年 1
2013年 1
2018年 1
《献金》
1973年 14
1978年 13
1983年 15
1988年 13
1993年 9
1998年 9
2003年 7
2008年 8
2013年 9
2018年 5
《投書》
1973年 1
1978年 1
1983年 1
1988年 1
1993年 0
1998年 1
2003年 1
2008年 0
2013年 1
2018年 0
《機関紙購読》
1973年 11
1978年 9
1983年 10
1988年 8
1993年 6
1998年 6
2003年 5
2008年 4
2013年 5
2018年 3
《なし》
1973年 60
1978年 61
1983年 56
1988年 55
1993年 64
1998年 65
2003年 65
2008年 69
2013年 72
2018年 81
《党員活動》
1973年 3
1978年 3
1983年 4
1988年 3
1993年 3
1998年 2
2003年 2
2008年 2
2013年 2
2018年 1

図Ⅲ－7　政治活動〈複数回答、全体〉

年層	16-	20-	25-	30-	35-	40-	45-	50-	55-	60-	65-	70-	75~歳
1973年 (%)	28	37	41	43	41	41	42	42	37	29	28	27	19
2018年 (%)	3	13	14	15	13	16	14	20	21	18	25	25	18

図Ⅲ－8　政治活動「政治活動あり」〈年層別〉

たのが図Ⅲ―8である。六〇代後半以上の高年層では変わっていないが、それより若い年層ではすべて減っている。七三年は三〇代前半で「活動あり」が多く、二〇代から五〇代までは四〇%程度あったが、一八年は六〇代後半と七〇代前半で「活動あり」が多い。四〇代までは一〇%台と、活動が停滞している。

2　結社・闘争性——対立を避ける人が増える

「地域」でさらに消極的に

日本人の行動様式の一つの特徴は、問題解決のために人々と協力して対処することには消極的で、正当な理由があっても争うことを嫌って「和」を大切にするという「非結社性・反闘争性」にあると指摘されてきた〔4〕。調査では、身のまわりに問題が発生したとき、解決のために積極的に活動しようとするのか、それとも他人に依頼して解決を図ろうとしたり、事態を静観したりするのかをとらえるため、次のように「職場」「地域」「政治」の三つの場を設定し、それぞれ用意した選択肢の中から一つを選んでもらっている。

「職場」については、新しくできた会社に雇われ、労働条件に強い不満が起きた場合の対応を聞いている（第18問）。

1．できたばかりの会社で、労働条件はしだいによくなっていくと思うから、しばらく事態を見守る 《静観》
2．上役に頼んで、みんなの労働条件がよくなるように、取りはからってもらう 《依頼》
3．みんなで労働組合をつくり、労働条件がよくなるように活動する 《活動》

「地域」については、住民の生活を脅かす公害問題が発生した場合の対応を聞いている（第33問）。

1．あまり波風を立てずに解決されることが望ましいから、しばらく事態を見守る 《静観》
2．この地域の有力者、議員や役所に頼んで、解決をはかってもらう 《依頼》
3．みんなで住民運動を起こし、問題を解決するために活動する 《活動》

「政治」については、国民の政治活動のあり方で一番望ましいものを聞いている（第41問）。

1．選挙を通じてすぐれた政治家を選び、自分たちの代表として活躍してもらう 《静観》
2．問題が起きたときは、支持する政治家に働きかけて、自分たちの意見を政治に反映させる 《依頼》

3．ふだんから支持する政党や団体をもりたてて活動を続け、自分たちの意向の実現をはかる《活動》

三つの場に共通しているのは、長期的には《活動》が減り、《依頼》が増えていることである（図Ⅲ—9）。また、《静観》は「政治」でやや減少したが、「職場」と「地域」では増加している。最近の五年間では、「地域」で《活動》が減少しただけで、「職場」と「政治」の二つには変化がなかった。

次に、それぞれの場について詳しくみてみよう。まず、「職場」では、一九七三年の時点ですでに「しばらく事態を見守る」という《静観》が最も多く、七八年と八三年にも増えてほぼ半数になった。それ以降あまり変化はなく、四五年間では三七％から五一％に増えている。「上役に頼んで、取りはからってもらう」という《依頼》は、七三年から七八年にかけて減ったが、その後はやや増え、四五年間では二四％から二九％に増えた。七三年に《依頼》より多かった「みんなで労働組合をつくり、労働条件がよくなるように活動する」という《活動》は、徐々に減少し、四五年間では三二％から一六％に半減した。

次に、「地域」で問題が発生した場合についてみると、七三年には最も少なかった《静観》は、七八年にかけて増加した。その後、二〇〇三年にいったん減少するが、〇八年と一三年に再び増加して、四五年間では二三％から三八％に増えた。《依頼》は、四五年間で三六％から四六％に増加して、現在では最も多くなっている。《活動》は、七八年に減少した後、九八年に増加し、〇三年以降は毎回減少している。四五年間では三六%から一三%へと大きく減少し、最も少なくなった。

「政治」については、他の二つの場に比べて変化が小さい。《静観》は、七三年から常に六〇%程度で多数を占めている。四五年間では六三%から六〇%に減ったが、それでも《活動》や《依頼》より多い。また、七三年には《活動》が《依頼》を上回っていたが、その後は両者が逆転し、一八年は《依頼》が二〇%、《活動》が一三%で、《依頼》のほうが多くなっている。

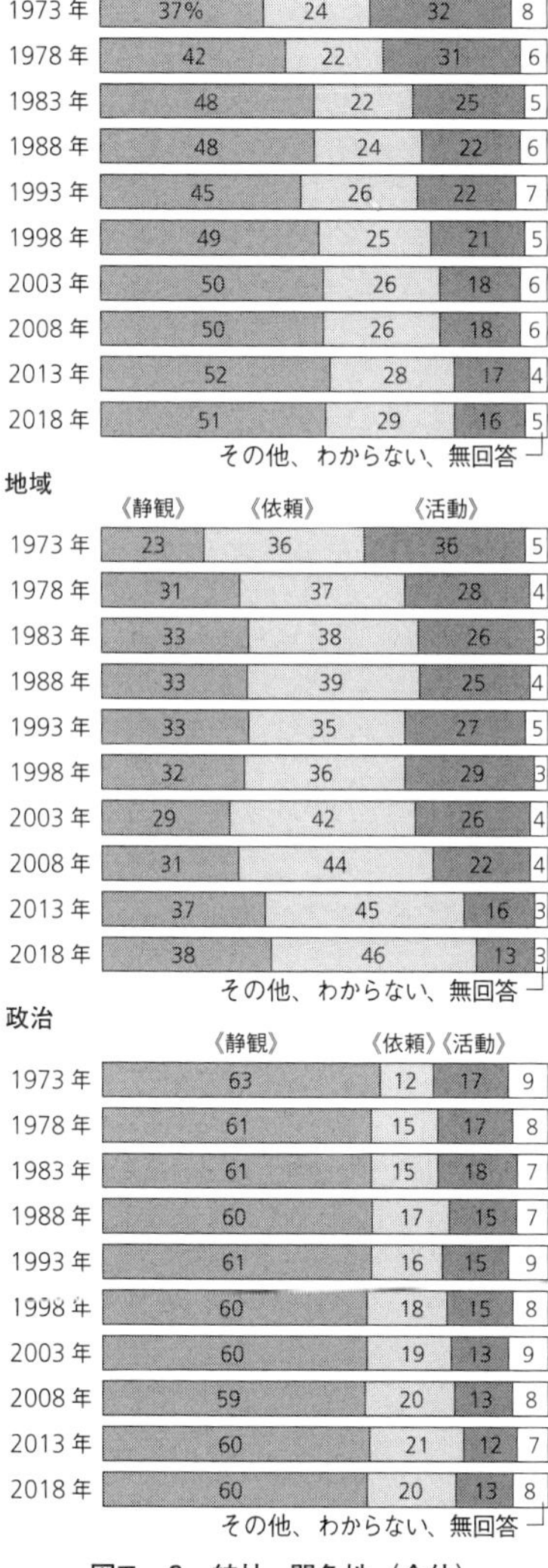

図Ⅲ－９　結社・闘争性〈全体〉

これまでに《活動》が増加したのは「地域」の九八年だけで、環境保護運動などとの関連が考えられるが、それ以外は増加したことはない。長期的には三つの場ともみずから行動するという積極的な人が減り、他人に依頼して問題の解決をはかるという人や、しばらく事態を見守るという消極的な人が増えている。

多くの年層で積極的な人が減少

「事態を見守る」という《静観》の人が大きく増えた「職場」について、《静観》とその対極にある《活動》が、四五年間でどう変化したかを年層別に示したのが図Ⅲ―10である。

《静観》するという人は、三〇代前半までは変わっていないが、それより上の年層では、四〇代後半を除いて増加した。一方、《活動》するという人は、二〇代後半と七〇代以上の高年層では変わっていないが、その他のすべての年層で減少した。その結果、一八年では、三〇代以上で《静観》するという消極的な人が《活動》よりかなり多くなっている。なお、職業別にみた場合、農林漁業者、経営者・管理者、専門職・自由業以外のすべての職業で《活動》するという人が減っている。

この節の冒頭で示したように、和を大切にすることが日本人の特質と言われてきたが、調査結果をみると、現代人はますます対立を避けようとする傾向を強めている。その長期的な要因としては、第Ⅶ章で分析している人間関係に対する考えの変化、つまり、「なにかにつけ相談したり、たすけ合えるようなつきあい」を望む人が減少したことが影響していると考えられる。何らかの活動をするためには、他人と積極的に交流し、考えの異なる人とも話し合う必要がある。しかし、密着した人間関係を嫌うため、自分の周囲で問題が発生しても、その解決に取り組まなくなったのではないだろうか。

さらに、七〇年代後半から八〇年代前半まではオイルショックの影響も考えられる。七三年の調査の直後に第一次オイルショックが起こり、人々の意識に保守化の傾向がみられるようになった。「生活保守主義」と言われ、日本経済が大きな不況に見舞われて生活が脅かされたことで、生活の向上や変革よりも、今の生活水準を維持することを優先するようになったのである。労働者の意識も変わり、前節で触れたように、労働組合への加入率や労働争議は七〇年代半ばから減少している。こうしたことによって、「職場」や「地域」で問題解決に取り組む姿勢も消極的になったと考えられる。

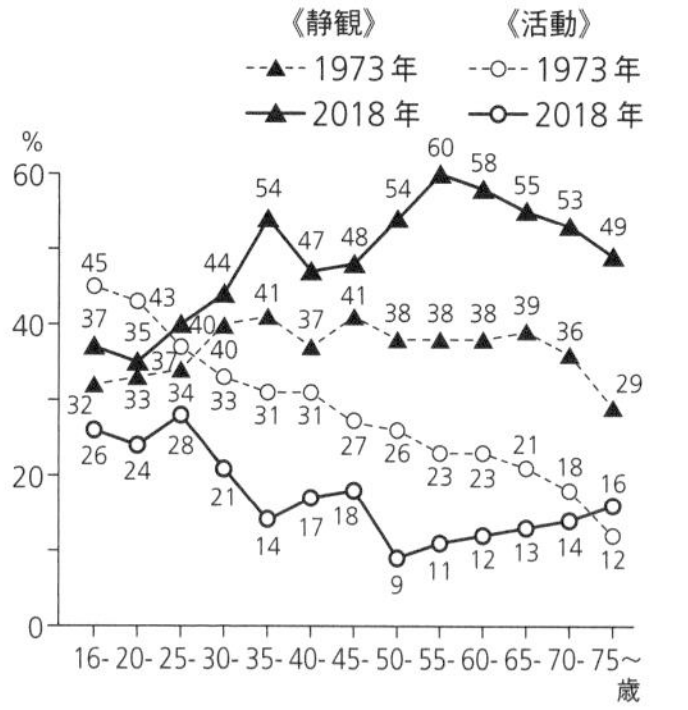

図Ⅲ－10　結社・闘争性（職場）〈年層別〉

3 政治課題――経済発展か 福祉の向上か

時代によって大きく増減

人々が政治に求める重要課題は、時代や状況に応じて大きく変化している。この調査では次の七つの選択肢から、日本の政治が取り組まなければならない、いちばん重要なことを一つだけ選んでもらっている（第40問）。

1. 国内の治安や秩序を維持する　《秩序の維持》
2. 日本の経済を発展させる　《経済の発展》
3. 国民の福祉を向上させる　《福祉の向上》
4. 国民の権利を守る　《権利の擁護》
5. 学問や文化の向上をはかる　《文化の向上》
6. 国民が政治に参加する機会をふやす　《参加の増大》
7. 外国との友好を深める　《友好の促進》

主な結果は図Ⅲ―11に示したとおりで、人々が考える政治の重要課題は時代によって大きく変化している。最近の五年間では《経済の発展》が減り、《福祉の向上》が増えて両者が同程度となった。また、《秩序の維持》と《権利の擁護》も、この五年間で増え、《福祉の向上》から《権利の擁護》まで上位四つの回答が分散している。

四五年間を通してみると、どの時代も《経済の発展》と《福祉の向上》のどちらかが最も多く、この二つで全体のおよそ半分から三分の二を占めている。高度経済成長末期の一九七三年は、福祉関連の政府予算が拡充されて「福祉元年」と位置づけられた年で、調査でも《福祉の向上》が四九％に上った。七八年にかけては大きく減少したが、それでも九三年までは《福祉の向上》を挙げる人が最も多かった。

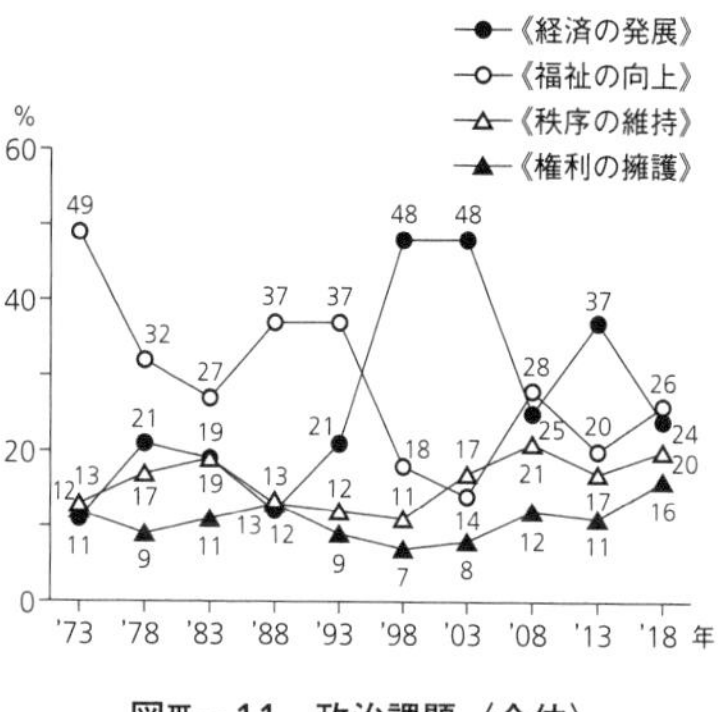

図Ⅲ－11　政治課題〈全体〉

バブル経済崩壊後の九三年には、《経済の発展》が二一％へ増加した後、九八年にはさらに大きく増えて四八％になり、《福祉の向上》を抜いて最も多くなった。この二七ポイントの増加は、五年間の変化量としては「日本人の意識」調査の中で最大のものである。その後、二〇〇八年には《福祉の向上》が《経済の発展》をやや上回ったが、一三年は再び《経済の発展》が上回り、一八年は《経済の発展》と《福祉の向上》が並んだ。九〇年代以降の平成の時代は、《経済の発展》と《福祉の向上》が増えたり減ったりを繰り返し、《経済の発展》が《福祉の向上》を上回ることが多くなった。

景気との関連でみると、不況の時期には《経済の発展》を望む人が増える傾向があり、第一次オイルショックの後の七八年や、バブル崩壊後の九〇年代に増加している。〇八年は「いざなみ景気」の時期で《経済の発展》は減少したが、〇八年の調査の直後にはリーマンショックが起きて世界的な金融危機が発生した。また、〇九年四月から一二年四月までは景気拡大の時期とされるものの、実際にはデフレが続き、一般の人々にとって好景気の実感は乏しかったと言われている。一三年の《経済の発展》への期待も、このような経済状況を反映していると考えられる。そして、一八年は失業率が低下し、平均給与もやや回復していたため、《経済の発展》の減少につながった可能性がある。

三番目に多い《秩序の維持》は、二〇〇〇年代に入ってからは二〇%前後で推移している。犯罪件数は二〇一〇年代前半から減っているが、《秩序の維持》を重視する傾向は変わっていない。最近の内閣府の世論調査によれば、不安を感じる犯罪として「インターネットを利用した犯罪」や「振り込め詐欺や悪質商法などの詐欺」を挙げる人が多くなっており[5]、こうした新しい犯罪への取り組みを政治の重要課題と考える人が増えたのであろう。

《権利の擁護》は、過去の調査では一〇%程度であることが多かったが、一八年は一六%で、これまでで最も多くなっている。

図で示した以外の項目では、《参加の増大》は、九三年までは増加傾向にあったが、その後は減少し、〇三年以降は五%程度になっている。《文化の向上》は、あまり変化がなく、多いときでも三%である。《友好の促進》は、八〇年代は比較的多かったが、その後は減少して一八年は二%にとどまっている。

図Ⅲ—12は、《秩序の維持》と《権利の擁護》について、七三年と一八年の年層別の結果を比較したものである。

《秩序の維持》は、全体では四五年間で一三%から二〇%に増えているが、年層別にみると、一〇代後半と、二〇代後半から三〇代後半の若年層で増加している。七三年は、四〇代から六〇代で《秩序の維持》を挙げる人が多く、年齢が若くなるほど少ない傾向があったが、一八年は、そうした傾向はなくなった。《権利の擁護》は、全体では一二%から一六%に増えており、年層別では五〇代後半以上の高年層を中心に増加している。

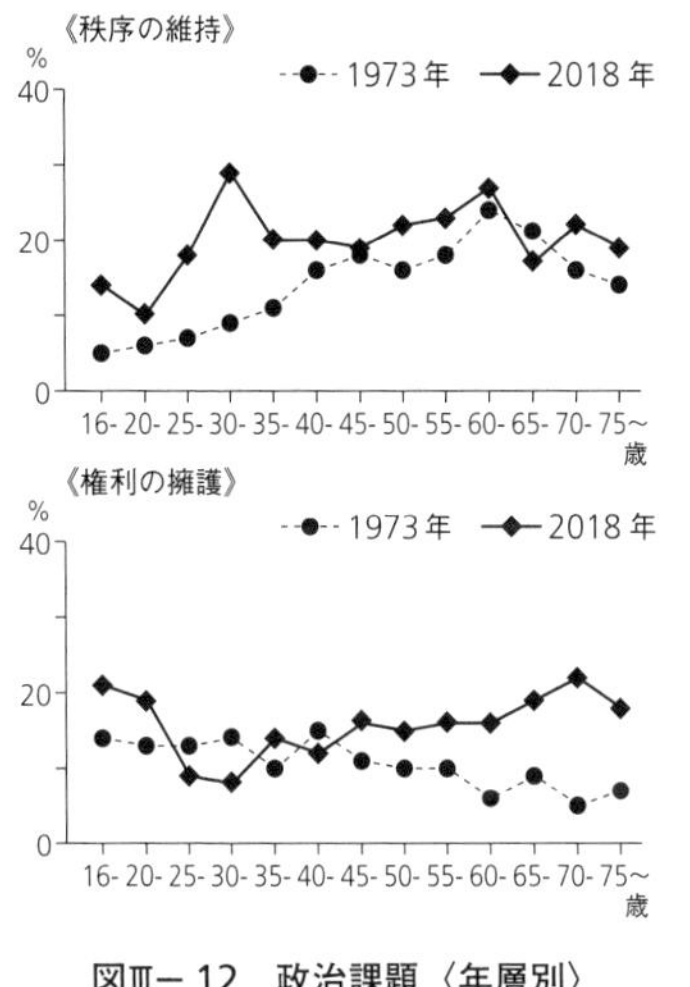

図Ⅲ－12　政治課題〈年層別〉

4　政党支持態度——自民党一強の状態が続く

「支持政党なし」が増加

「日本人の意識」調査では、ふだん支持している政党を、選択肢を提示せずに自由に挙げてもらっている（第42問）。

最近の五年間では、自民党の支持率が三四％から二七％に減少した（表Ⅲ—2）。自民党以外では、立憲民主党が四％、公明党と共産党が二％などとなっており、自民党以外の政党の合計も一四％から一〇％に減少し、これまでで最も低くなっている。その一方で、「特に支持している政党はない」という支持なし層は、四七％から六〇％に増加している。この五年間では、自民党と自民党以外の政党がいずれも減少したが、自民党とそれ以外の政党の支持率に大きな開きがあるという点は二〇一三年と変わっていない。

四五年間の変化を大まかにみると、「五五年体制」下の一九七〇年代から八〇年代にかけては、自民党の支持率が高い（図Ⅲ—13）。また、自民党と支持なし層がやや増加したのに対し、自民党以外は減少した。この間、社会党の支持率は二〇％から一一％に半減している。非自民の細川連立内閣が成立した九三年には、自民党が減って自民党以外が増え、支持なし層も増加を続けた。その後、〇三年までは、支持なし層がさらに増えて半数を超えるなど政党離れが進んだ。民主党

表Ⅲ－２　支持政党〈全体〉

	'73年	'78年	'83年	'88年	'93年	'98年	'03年	'08年	'13年	'18年
自民党	34%	38	41	39	28	24	25	26	34	27
立憲民主党	－	－	－	－	－	－	－	－	－	4
国民民主党	－	－	－	－	－	－	－	－	－	1
公明党	4	4	4	4	3	2	4	4	3	2
共産党	4	2	3	2	2	3	1	2	2	2
日本維新の会	－	－	－	－	－	－	－	－	1	0
自由党	－	－	－	－	－	－	－	－	－	0
希望の党	－	－	－	－	－	－	－	－	－	0
社民党（社会党）	20	14	13	11	8	4	2	1	1	1
みんなの党	－	－	－	－	－	－	－	－	1	－
民主党	－	－	－	－	－	8	5	15	5	－
無所属の会	－	－	－	－	－	－	1	－	－	－
自由党	－	－	－	－	－	2	1	－	－	－
新党さきがけ	－	－	－	－	1	－	－	－	－	－
新生党	－	－	－	－	5	－	－	－	－	－
日本新党	－	－	－	－	6	－	－	－	－	－
民社党	3	3	4	2	1	－	－	－	－	－
新自由クラブ	－	1	1	－	－	－	－	－	－	－
その他の政治団体	0	0	1	0	1	1	1	1	0	0
（自民党以外の政党計）	31	25	25	20	27	20	14	23	14	10
特に支持している政党はない	32	34	32	38	41	52	57	46	47	60

※'13年以前は1%以上になったことがある政党を表示した
※公明党の'98年は公明の結果、社民党の'73～'93年は社会党の結果である

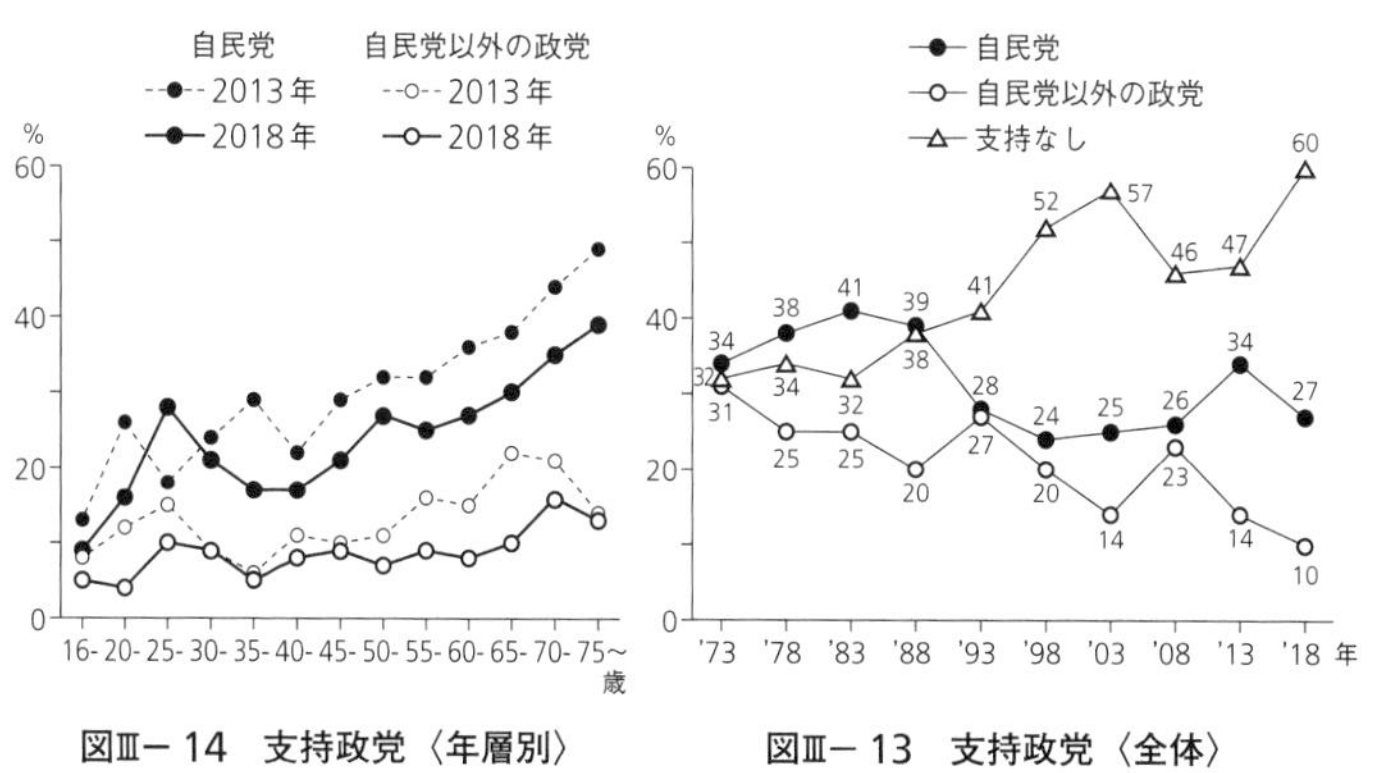

図Ⅲ－14　支持政党〈年層別〉

図Ⅲ－13　支持政党〈全体〉

中心の政権が成立する前年の〇八年には、自民党以外が増え、支持なし層が減ったが、自民党が政権に復帰した一三年には自民党が増加し、自民党以外が減少した。一八年は自民党と自民党以外が減って支持なし層が増えている。長期的には、支持なし層が増えて自民党以外が減る傾向にあり、自民党も八〇年代までと比べると減少している。

一三年と一八年の結果を年層別に比較すると、自民党は中年層から高年層にかけて全体的に減っており、三〇代後半と六〇代以上で有意に減少した（図Ⅲ―14）。一方、自民党以外は、二〇代前半と五〇代後半、六〇代で減少している。また、一八年の結果では、一〇代後半を除くすべての年層で、自民党が自民党以外の合計を上回っている。この点は一三年からほぼ変わっておらず、ほとんどの年層で自民党が優位に立つ状況が続いている。

図Ⅲ―15は、自民党支持と支持なし層について、生まれた年別の結果を一〇年ごと示したものである。自民党は高年の世代ほど支持する人が多く、反対に、支持なし層は若い世代ほど多いという特徴があり、どちらも世代の影響が大きい。したがって、長期的には世代交代によって、自民党は減少、支持なし層は増加の方向へとしだいに変化してきており、今後も基本的にこの傾向が続くと考えられる。

ただし、グラフの線が上下していることから、どの世代も調査の時期によって自民党の支持率や支持なし層の割合がかなり変化していることがわかる。つまり、世代交代に加え、時代の影響も強く受けているのである。自民党は八三年や一三年にほとんどの世代で増加しており、それが

自民党

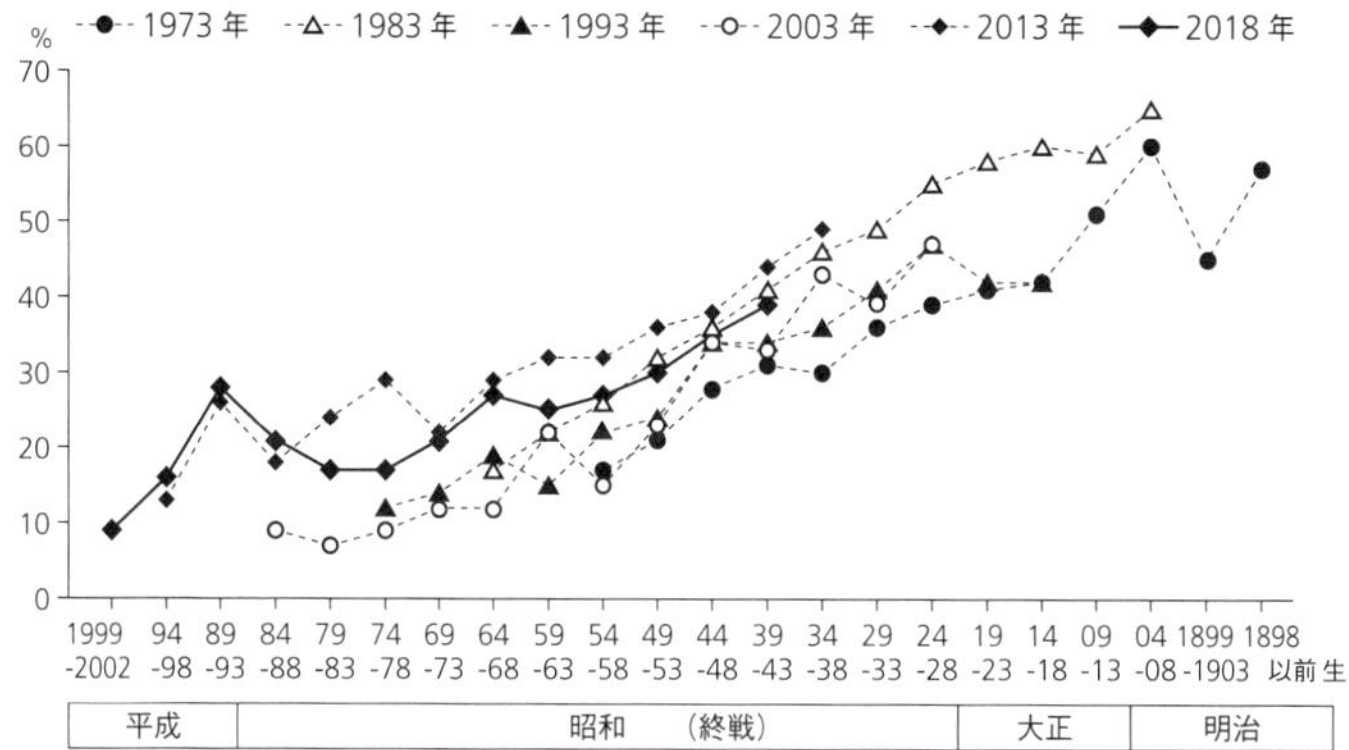

支持なし

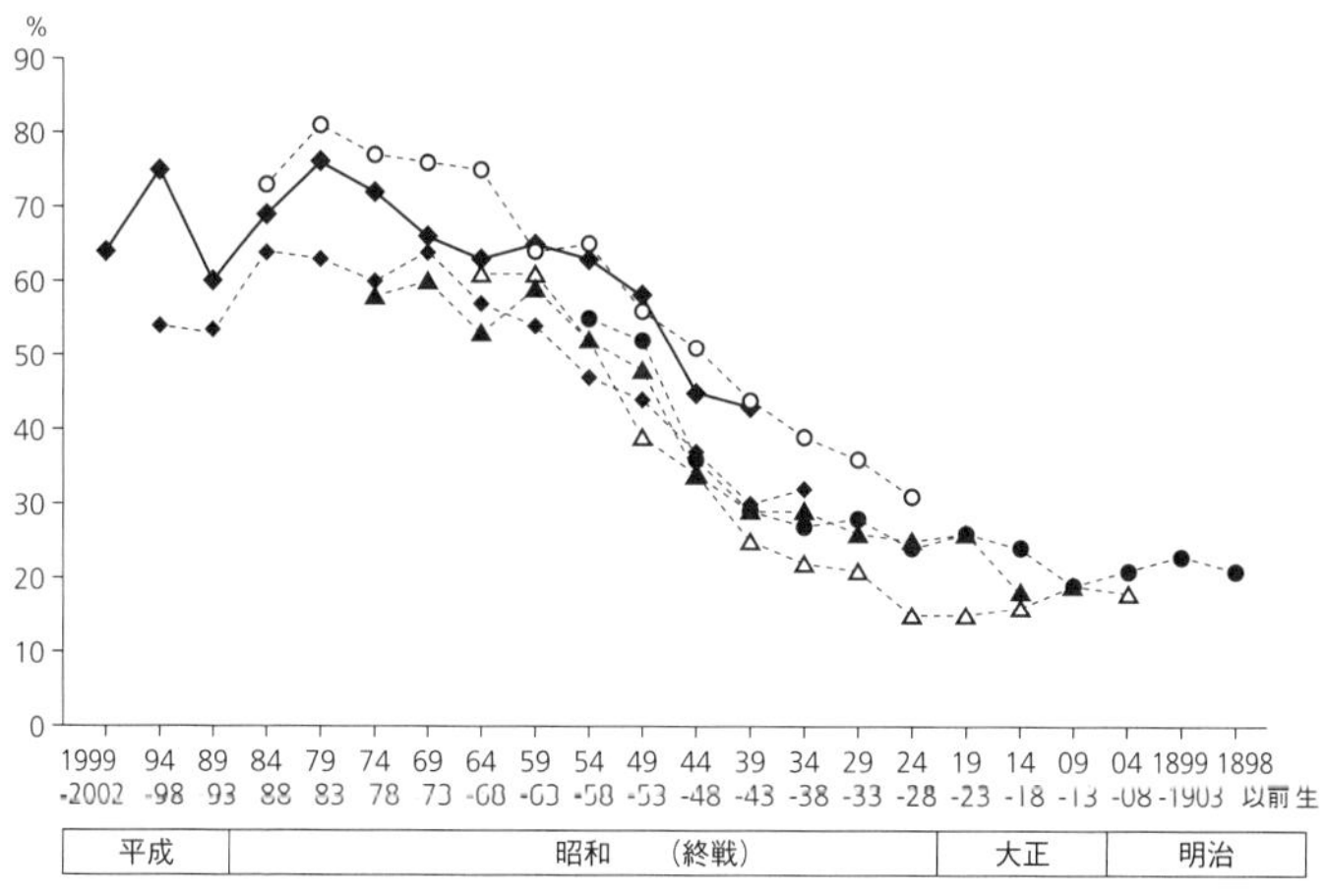

図Ⅲ－15　支持政党　自民党、支持なし〈生年別〉

全体の支持率の増加をもたらした。同様に、支持なし層は幅広い世代で〇三年に増加、一三年に減少、一八年に増加と変化している。

注

〔1〕大学教育社編『現代政治学事典』ブレーン出版、一九九一年
〔2〕河野啓・荒牧央「参院選における有権者の意識」『放送研究と調査』二〇一七年二月号、および渡辺洋子・政木みき・河野啓「ニュースメディアの多様化は政治的態度に違いをもたらすのか」『放送研究と調査』二〇一九年六月号
〔3〕厚生労働省「労働争議統計調査」
〔4〕京極純一『政治意識の分析』東京大学出版会、一九六八年
〔5〕内閣府「治安に関する世論調査」(二〇一七年)

Ⅳ 国際化・ナショナリズム・宗教

1 国際化の現状と意識——外国人との接触は増えるも交流意欲は低下

外国人との接触は増加傾向

一九七八年に成田国際空港が開港したのを機に、日本と海外との間で人の動きが活発になった。日本に入国する外国人は八〇年から九〇年までの一〇年間で年間一三〇万人から三五〇万人に増加し（付録Ⅲ　表1参照）、同じ期間に、海外へ出国する日本人も三九一万人から一一〇〇万人に大きく増加した。こうした状況を受けて、「日本人の意識」調査では、九三年の調査から国際化に関連する質問をいくつか追加している。一つは外国人とのつきあい方に関するもので、日本国内で外国人とどのようなつきあいをしたことがあるのか、次の八つの中から、該当するものをいくつでも選んでもらっている（第47問）。

ア．近くに住んでいる外国人とあいさつをかわしたことがある　《あいさつ》
イ．一緒に働いたことがある　《職場》
ウ．学校で一緒に勉強したことがある　《学校》
エ．サークルや地域で一緒に活動したことがある　《活動》
オ．食事に招待したり、されたりしたことがある　《食事》
カ．自分の家に泊めたり、泊まりにいったことがある　《宿泊》
キ．自分または家族や親せきが外国人と結婚している　《結婚》
ク．つきあったことはない　《ない》

日本に在留する外国人は、二〇一八年末の時点で約二七三万人となり、統計を取り始めてから最も多くなっている〔1〕。この質問が追加された九三年には約一三二万人だったので、二五年間で倍増したことになる〔2〕。一九年四月には、人手不足の業種を対象に外国人材の受け入れを拡大する改正出入国管理法が施行され、今後、在留外国人がさらに増えることが見込まれる。

それでは調査からも、外国人との接触が増えている様子がみられるだろうか。九三年からの二五年間で、外国人とのつきあいは増加傾向にある（図Ⅳ―1）。一八年の結果で最も多い《職場》についてみると、九三年の一二％から徐々に増え、今回は二一％である。ただし、《あいさつ》のような比較的軽いつきあいでも、最新の一八年で経験のある人は二割に満たない。また、《ない》という人も、いまだ半数程度いる。

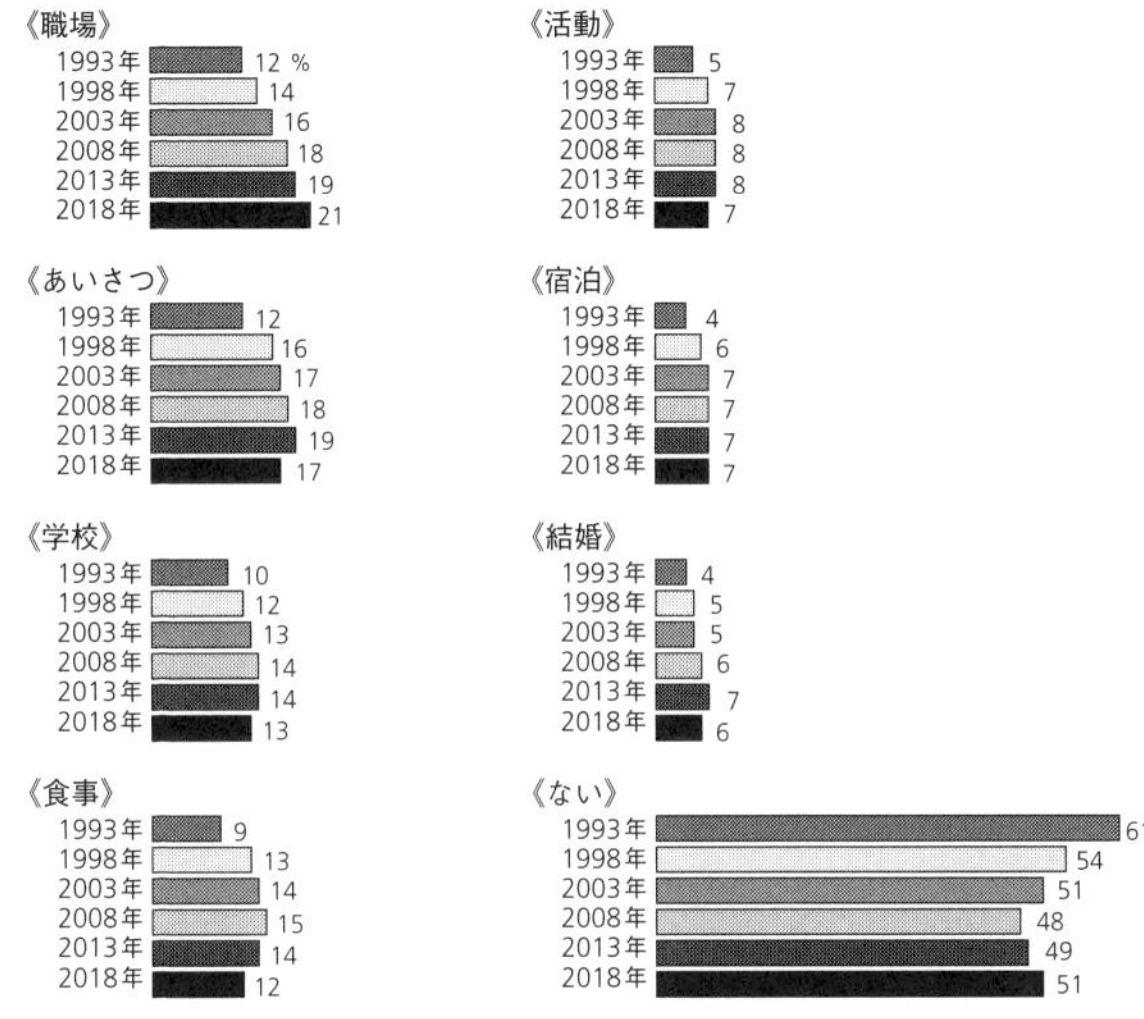

《職場》
1993年 12 %
1998年 14
2003年 16
2008年 18
2013年 19
2018年 21
《あいさつ》
1993年 12
1998年 16
2003年 17
2008年 18
2013年 19
2018年 17
《学校》
1993年 10
1998年 12
2003年 13
2008年 14
2013年 14
2018年 13
《食事》
1993年 9
1998年 13
2003年 14
2008年 15
2013年 14
2018年 12
《活動》
1993年 5
1998年 7
2003年 8
2008年 8
2013年 8
2018年 7
《宿泊》
1993年 4
1998年 6
2003年 7
2008年 7
2013年 7
2018年 7
《結婚》
1993年 4
1998年 5
2003年 5
2008年 6
2013年 7
2018年 6
《ない》
1993年 61
1998年 54
2003年 51
2008年 48
2013年 49
2018年 51

図Ⅳ－1　外国人との接触経験〈複数回答、全体〉

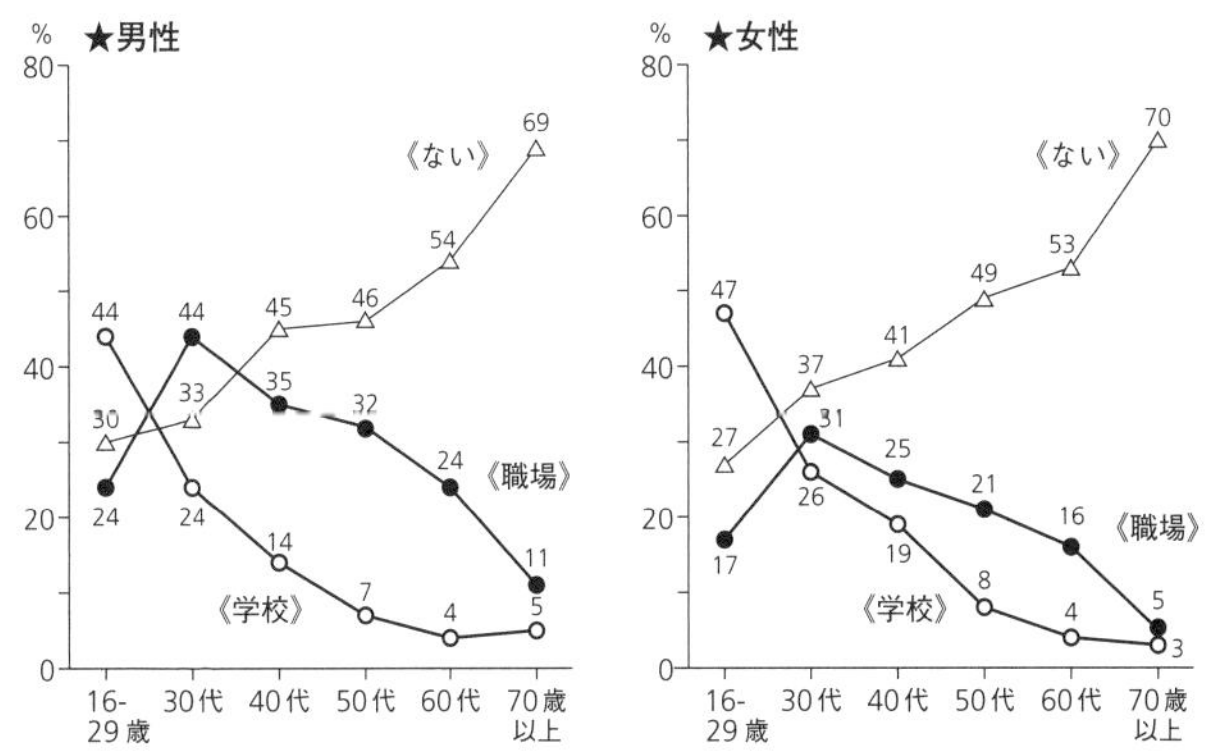

%
★男性
80
60
40
20
0
《ない》
30 33 45 46 54 69
《職場》
24 44 35 32 24 11
《学校》
44 24 14 7 4 5
16-
29歳
30代
40代
50代
60代
70歳
以上
%
★女性
80
60
40
20
0
《ない》
27 37 41 49 53 70
《職場》
17 31 25 21 16 5
《学校》
47 26 19 8 4 3
16-
29歳
30代
40代
50代
60代
70歳
以上

図Ⅳ－2　外国人との接触経験〈複数回答、2018 年、男女年層別〉

図Ⅳ―2は、年層によって特徴がある《職場》《学校》および《ない》について、一八年の結果を男女年層別にみたものである。《職場》が特に多いのは男性三〇代で、四四%である。また、一六歳から二九歳を除き、男女ともに高年層ほど少ない傾向がある。《学校》は若い年層で多く、一六歳から二九歳までは四〇%を超えているが、五〇代からはかなり少なくなり、多くても一割に満たない。《ない》は高齢の人ほど多い。

職業別では、事務職・技術職、経営者・管理者、生徒・学生で、全体に比べ《ない》が少なく、何らかの形で外国人とつきあった経験のある人が多い。

	1993年	2018年
経営者・管理者	25%	35
技能職・熟練職	20	35
事務職・技術職	19	33
一般作業職	17	32
販売職・サービス職	7	21
自営業者	8	19
主婦	5	12
無職	8	10
農林漁業者	4	9
生徒・学生	3	3

※ 2018年の農林漁業者はサンプル数が少ない（64人）ため参考値。専門職、自由業は両年ともサンプル数が極めて少ないため掲載していない。

図Ⅳ－3　外国人との接触経験（職場）〈複数回答、職業別〉

職業別に《職場》の結果を九三年と比べると、ほとんどの職業で外国人との接触経験が増えている（図Ⅳ―3）。経営者・管理者、技能職・熟練職、事務職・技術職、一般作業職では、九三年の二〇%前後から三〇%台まで増えている。その背景には、機械・金属、建設、食品製造関係などに従事する技能実習生や、留学生の著しい増加がある。技能実習が在留資格となった二〇一〇年の法務省の統計〔3〕では、技能実習生は一〇万人だったが、一八年末には三三万人近くと、三倍に増えている〔4〕。アルバイトに従事することの多い留学生も、一八年末現在、三四万人近くになっており、統計を取り始めてから最も多くなっている〔5〕。

また、都市規模別では、人口が一〇〇万人以上の大都市で、つきあいの経験がある人が多いなど、職業だけでなく、生活環境によっても違いがみられる。

低下する外国との交流意欲

国際的な交流に対する意欲についても調べている。この質問は〇三年から新たに加えたもので、具体的には次の三つについて、「そう思う」か「そうは思わない」かを答えてもらっている（第48問）。

1. いろいろな国の人と友達になりたい（友達）
2. 貧しい国の人たちへの支援活動に協力したい（支援活動）
3. 機会があれば、海外で仕事や勉強をしてみたい（仕事・勉強）

一八年の結果をみると、「そう思う」という人の割合は、多い順に「支援活動」「友達」、そして「仕事・勉強」となっているが、この順番は一五年間変わっていない（図Ⅳ―4）。ただ、三つとも〇三年に比べると減少しており、外国との交流に意欲的な人が減ってきている。特に、この五年間は、いずれの項目も減少している。

一八年の結果を年層別にみると、「支援活動」は二〇代後半から五〇代前半までが、いずれも七〇%台となるなど、年層による違いは小さい（図Ⅳ－5）。「友達」と「仕事・勉強」は若い人で多く、いずれも五〇代前半までで全体に比べて多い層が目立つ。このように外国との交流については、若い人のほうが意欲的なことがうかがえる。

この一五年間で「そう思う」という人が大きく減少した「仕事・勉強」について、年層別に〇三年と一八年の結果をみると、いずれも高年層ほど少ない傾向があることがわかる（図Ⅳ－6）。

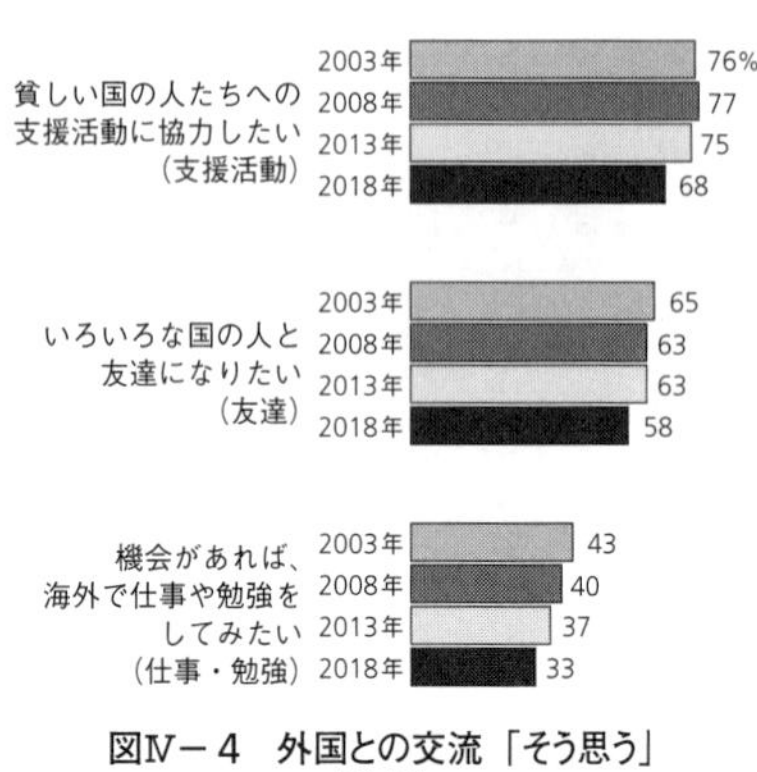

図Ⅳ－4　外国との交流「そう思う」〈全体〉

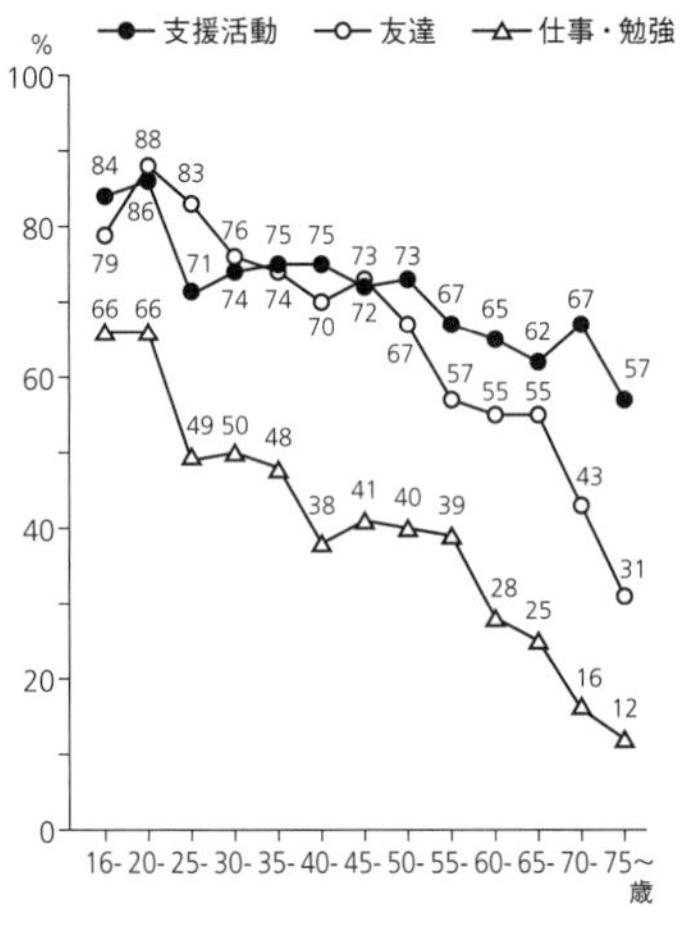

図Ⅳ－5　外国との交流「そう思う」〈2018年、年層別〉

時系列の変化をみると、二〇代後半と三〇代後半から四〇代後半で「そう思う」が一五年前より減少している。若者の「内向き」志向が指摘されるようになって久しいが、この結果をみる限り、海外に目が向かなくなっているのは中年層を中心とした年層のようである。

外国人材の受け入れ拡大とともに、今後、在留外国人はさらに増えることが見込まれるが、日本人の外国との交流意欲は低下しているのである。

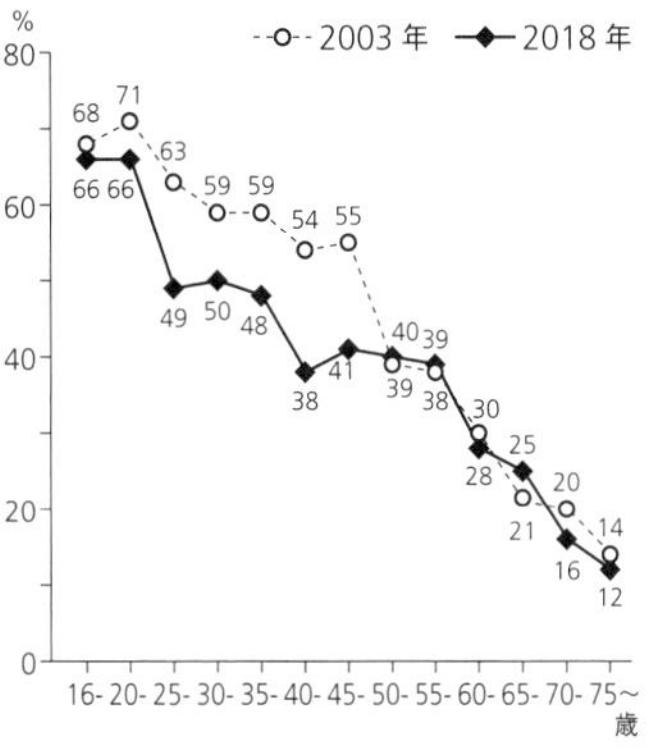

図Ⅳ－6　外国との交流（仕事・勉強）「そう思う」（年層別）

外国人材の受け入れについて、どのような意識を持っているのかを調べた一九年の調査〔6〕でも、やや気がかりな結果が出ている。外国人が増えることに「賛成」という人は、「どちらかといえば」を合わせて六割近くに上っている。外国人が増えることで「人手不足の解消につながる」という人も六割超を占め、外国人材の受け入れが歓迎されているようにみえる。しかし、外国人労働者が家族を伴って暮らすことを今より広く認めるべきかどうかを尋ねた結果をみると、「今のままでよい」が五四％、「今より条件を厳しくすべき」が一五％で、外国人労働者の家族帯同については、慎重な人が七割近くを占めている。在留外国人を同じ社会で共に暮らす住民として迎え入れるというよりは、人手不足を解消するための臨時の助っ人としてみている人が多いことがうかがえる。

2 日本に対する愛着――変わらぬ高い水準

若い世代で高まった愛着心

前節では、外国人とのつきあい方や、外国との交流意欲についてみたが、自分の国や国民について、日本人はどう考えているのだろうか。調査では、国に対する意識を「日本への愛着」と「日本への自信」という二つの側面から尋ねている。

このうち「日本への愛着」は、国あるいは文化や伝統に対する態度であり、国への情緒的な一体感といえる。調査では、日本への愛着心をとらえるために、次の三つについて「そう思う」か「そうは思わない」かを答えてもらっている（第34問）。

1．日本に生まれてよかった
2．日本の古い寺や民家をみると、非常に親しみを感じる（寺や民家に親しみを感じる）
3．自分なりに日本のために役にたちたい（日本のために役立ちたい）

「そう思う」と答えた人の割合は、いずれも高い水準にあり、しかも四五年の間、大きな変化はみられない（図Ⅳ―7）。特に「日本に生まれてよかった」は、調査開始当初から九〇%を超え、一九八三年以降は九五～九七%と一〇〇%に近い割合で推移している。また、「寺や民家に親しみを感じる」も「日本に生まれてよかった」ほどではないが、常に八〇%以上を占めている。この二つは、社会や経済の状況が変わる中でも、多くの日本人に共有されている意識だといえよう。

「日本のために役立ちたい」は、時代によってやや動きがある。九〇年代まで増減を繰り返した後、二〇〇八年と一三年に続けて増加したが、一八年には減少した。他の二つの愛着心に比べると割合は低いが、それでも七〇%前後を常に維持している。

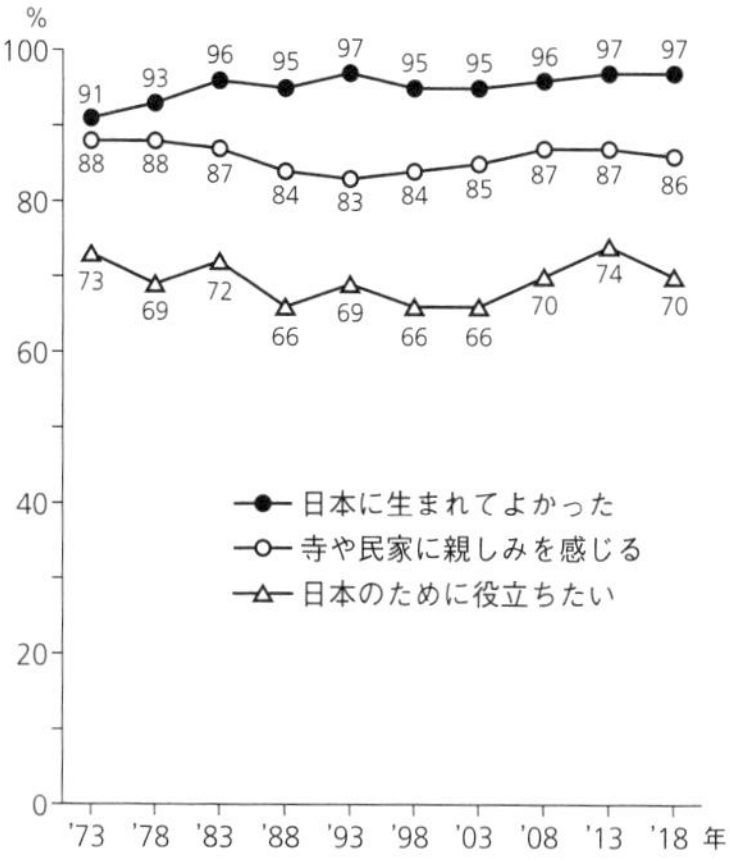

図Ⅳ－7　日本に対する愛着「そう思う」〈全体〉

　NHK放送文化研究所が参加している国際比較調査プログラムISSPが実施した調査[7]でも、自国に愛着を感じている日本人が多い。「他のどんな国の国民であるより、この国の国民でいたい」と回答した日本人は、九五年、〇三年、そして一三年の調査でも八割台を占め、各国と比べて多くなっている。日本人の自国への愛着は、国際的にみても高い水準にある。

　次に、「日本に生まれてよかった」「寺や民家に親しみを感じる」「日本のために役立ちたい」のそれぞれについて、「そう思う」の割合を生年別にみてみた（図Ⅳ—8）。

「日本に生まれてよかった」という人は、七三年には若い世代で少ない傾向があったが、当時一〇代後半から三〇代だった「一九三四〜五八年」生まれを中心に、八三年にかけて増加した。その結果、八三年にはどの層も九割を超えるようになり、それ以降は、世代間の差がほとんどなくなっている。

「寺や民家に親しみを感じる」という人は、五八年以前に生まれた世代では、四五年間常に八割台から九割台を維持し続けており、ほとんど変わっていない。また、五九年以降に生まれた世代でも、「そう思う」という人が増えてきており、世代間の差が小さくなっている。

「日本のために役立ちたい」については、〇三年までは各世代でそれほど大きな変化がなかった。しかし、〇三年から一三年にかけて、「一九五四〜八三年」生まれの世代で「そう思う」という人が増加したことで、やはり世代の差が小さくなっている。

日本への愛着については、当初は、いずれも若い世代で「そう思う」という人が少なく、世代交代によって愛着がしだいに薄れていくのではないかと予想された。しかし、その後、若い世代で「そう思う」が増え、上の世代との差が小さくなった結果、今も高い水準で維持されており、今後もしばらくは、このまま変化することがないと考えられる。

1973年　1983年　1993年　2003年　2013年　2018年

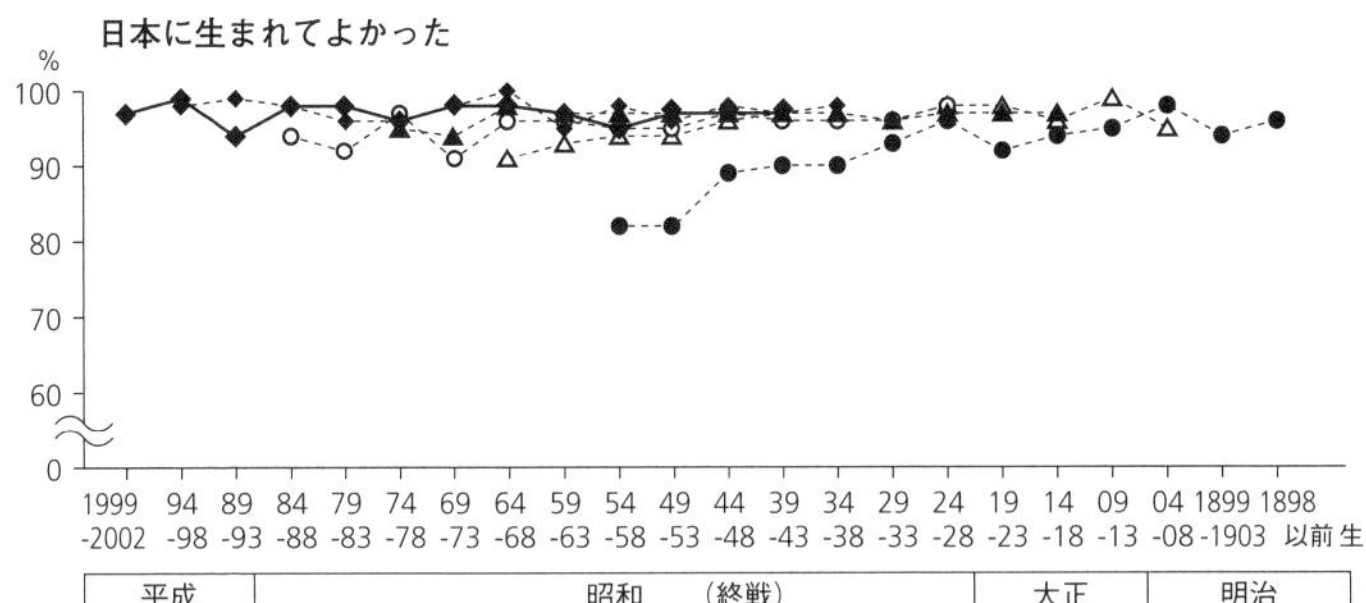

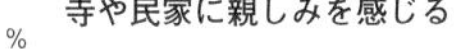

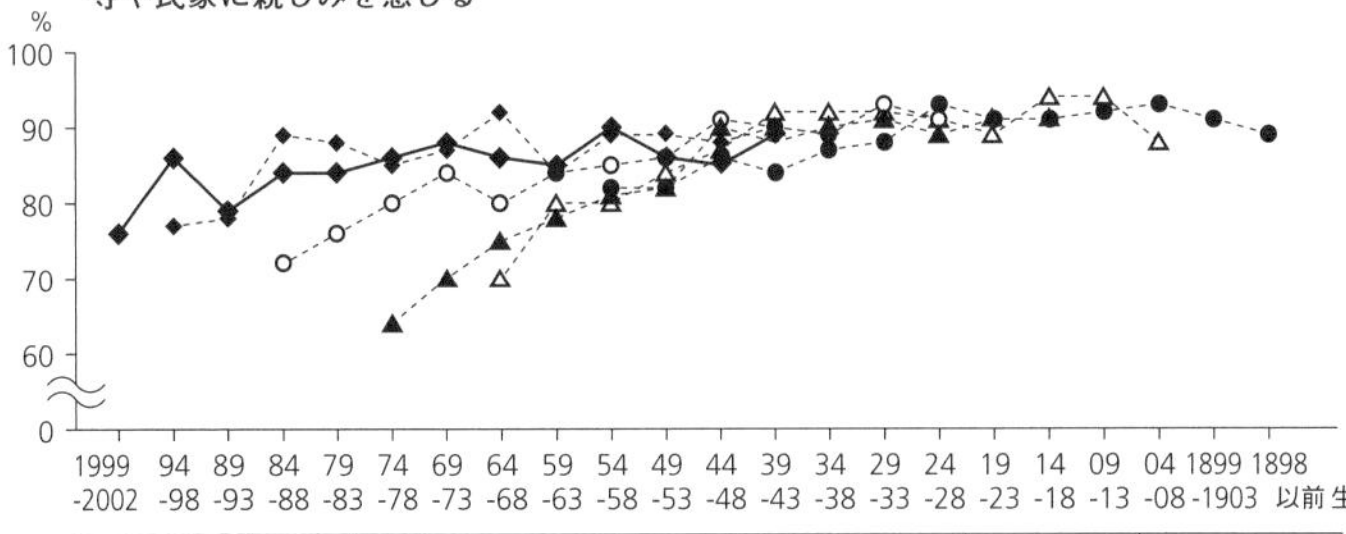

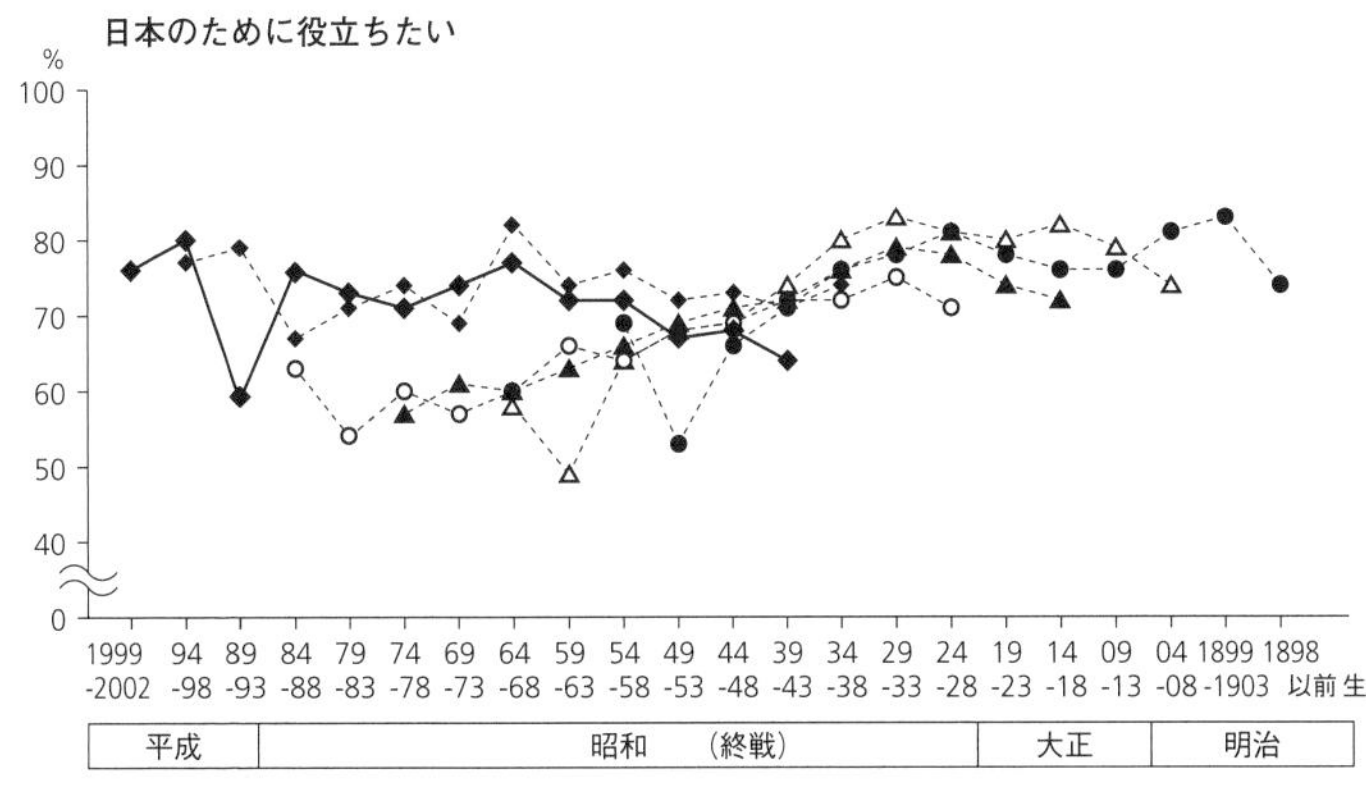

図Ⅳ－8　日本に対する愛着「そう思う」〈生年別〉

自民党支持層で高い日本への愛着心

第一次安倍内閣のもとで二〇〇六年に改正された教育基本法では、教育の目標の一つとして「伝統と文化を尊重し、それらをはぐくんできた我が国と郷土を愛する」という理念が盛り込まれた。この方針は、第二次安倍内閣にも引き継がれ、安全保障政策の指針となる「国家安全保障戦略」に「我が国と郷土を愛する心を養う」必要性を掲げるなど、郷土や日本を愛する気持ちを育む施策を打ち出している。自民党を支持する人々は、こうした指針に賛同し、国への愛着心も非自民党支持層や無党派層と比べて強いのだろうか。

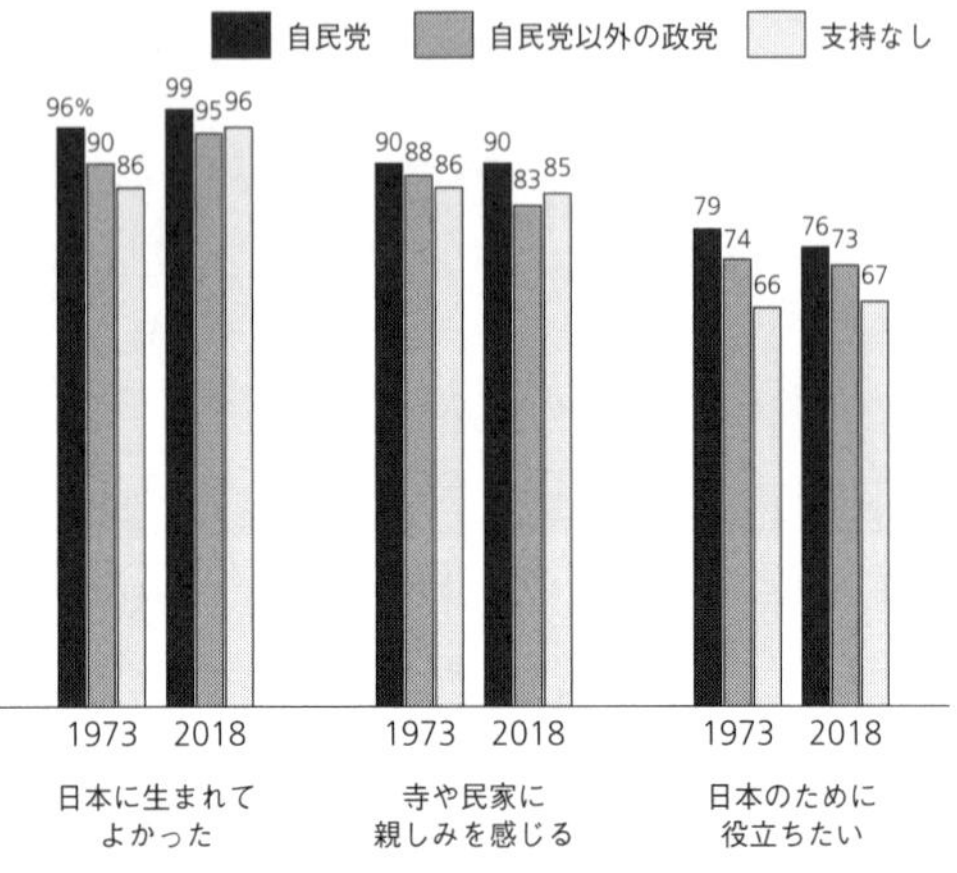

図Ⅳ－9　日本に対する愛着「そう思う」
〈支持政党別〉

まず、「日本に生まれてよかった」について、支持政党別に一八年の結果をみると、自民党支持層では九九％の大多数を占めており、自民党以外の政党を支持する人の九五％や、特に支持政党がない人の九六％より多くなっている（図

Ⅳ―9)。ただ、自民党支持層で「日本に生まれてよかった」が多い傾向は、七三年の調査でも同様である。むしろ、非自民党支持層や支持なし層との差は、一八年よりも大きかった。また、四五年間を通してみても、自民党支持層で多い傾向は一貫して変わらない。「寺や民家に親しみを感じる」「日本のために役立ちたい」についても自民党支持層で多く、七三年の調査から傾向は変わっていない。年層ごとに支持政党別の結果をみても、自民党支持層で日本への愛着心が高い傾向がみられる。

こうした結果をみる限り、自民党支持層は日本への愛着心が他の層よりも高いが、これは調査開始当初から変わらない特徴で、安倍内閣の施策を契機に高まったわけではないようである。

3　日本に対する自信――時代によって変化する意識

増加傾向が止まった日本に対する自信

日本に対する意識のもう一つの側面である「国への自信」では、日本や日本人を他の国や国民と比べて評価してもらっている。具体的には、次の三つについて「そう思う」か「そうは思わない」かを聞いている(第34問)。

1．日本は一流国だ

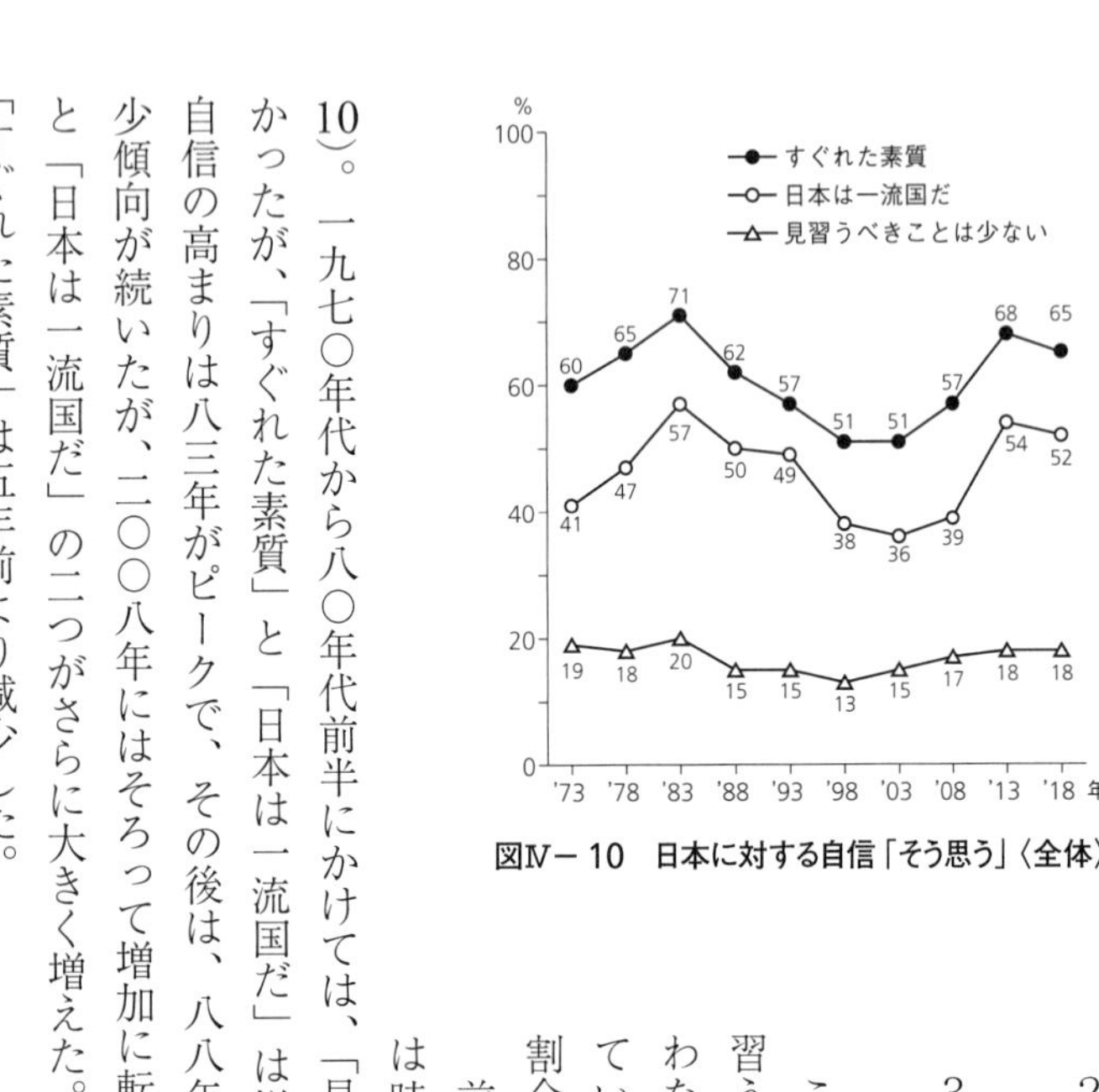

図Ⅳ－10　日本に対する自信「そう思う」〈全体〉

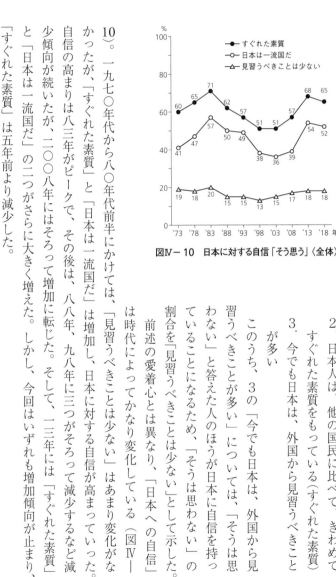

2．日本人は、他の国民に比べて、きわめてすぐれた素質をもっている（すぐれた素質）
3．今でも日本は、外国から見習うべきことが多い

このうち、3の「今でも日本は、外国から見習うべきことが多い」については、「そうは思わない」と答えた人のほうが日本に自信を持っていることになるため、「そうは思わない」の割合を「見習うべきことは少ない」として示した。

前述の愛着心とは異なり、「日本への自信」は時代によってかなり変化している（図Ⅳ－10）。一九七〇年代から八〇年代前半にかけては、「見習うべきことは少ない」はあまり変化がなかったが、「すぐれた素質」と「日本は一流国だ」は増加し、日本に対する自信が高まっていった。自信の高まりは八三年がピークで、その後は、八八年、九八年に三つがそろって減少するなど減少傾向が続いたが、二〇〇八年にはそろって増加に転じた。そして、一三年には「すぐれた素質」と「日本は一流国だ」の二つがさらに大きく増えた。しかし、今回はいずれも増加傾向が止まり、「すぐれた素質」は五年前より減少した。

日本に対する自信を年層別にみると、「すぐれた素質」と「見習うべきことは少ない」については、高年層ほど多い傾向がみられる（図Ⅳ－11）。「すぐれた素質」は、三〇代までは五〇％台なのに対し、四〇代、五〇代では六〇％台、さらに六〇代以上になると七〇％前後に達している。また「見習うべきことは少ない」については、三〇代までは一〇％に満たない年層がほとんどだが、五〇代後半以上では二〇％を超える年層が多い。一方、「日本は一流国だ」は、すべての年層で四〇％台から五〇％台で、年層による差はそれほどみられない。

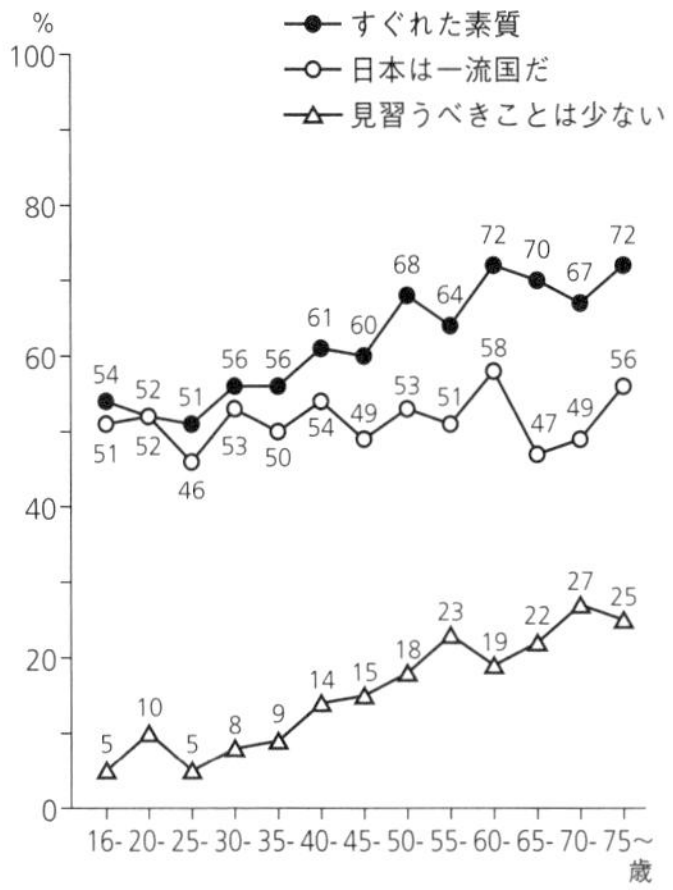

図Ⅳ－11　日本に対する自信「そう思う」〈2018年、年層別〉

七〇年代から八〇年代前半にかけて、日本に対する自信が大きく高まった時期は、日本が二度にわたるオイルショックから立ち直る中で経済の構造転換をはかり、国際競争力を強めていった時期である。七九年には、アメリカの社会学者エズラ・ヴォーゲルによる『ジャパン・アズ・ナンバーワン』が日本でベストセラーとなり、八〇年には自動車生産台数がアメリカを抜いて世界一位となるなど、日本の経済力や技術力、日本的経営システムが世界から注目された。

しかし、八〇年代半ば以降はアメリカとの貿易摩擦、九〇年代に入るとバブル経済の崩壊、九五年には阪神・淡路大震災や地下鉄サリン事件が相次いで発生し、日本に対する人々の自信も減少していった。

日本に対する自信が再び増加に転じるのは〇八年で、一三年にも増加した。〇八年秋にはリーマンショックに端を発する世界金融危機が発生し、日本も深刻な経済危機に見舞われた。さらに一一年には、東日本大震災とそれに続く福島第一原発の事故によって甚大な被害が発生し、社会全体に大きな衝撃を与えた。それにもかかわらず、一三年の結果では、日本に対する自信が前回を上回る上昇を示し、八〇年代前半に匹敵する高さとなっている。

経済的には低迷が続き、「失われた二〇年」と呼ばれる中で、日本に対する自信はなぜ大きく回復したのだろうか。NHK放送文化研究所が参加している国際比較調査プログラムISSPが、一三年に行った世論調査〔8〕では、日本の民主主義の現状や社会保障制度など一〇の項目について、どの程度誇りに思うかを尋ねている。その中で、「日本の経済的成果」を「とても誇りに思う」という人は一一％と少なかった。これに対して、「とても誇りに思う」という人が多かったのは、「科学技術の分野で日本人が成しとげたこと」が五二％、「スポーツの分野で日本人が成しとげたこと」が四五％、「文学芸術の分野で日本人が成しとげたこと」が四四％であった。内閣府が毎年行っている「社会意識に関する世論調査」をみても、日本の国や国民について誇りに思うこととして、「経済的繁栄」を挙げる人は、バブル景気の頃は約二五％いたのが、九〇年代はじめを境に徐々に減少して、いまは一二%程度にとどまっている[9]。一方、「すぐれた文化や芸術」は二〇〇〇年ごろは三〇%前後だったのが、徐々に増加して、一八年は五割近くになっている。これらの調査結果は、最近の日本に対する自信が、経済力よりも、日本の科学技術や文化に対する自己評価の高まりによるものだということを示唆している。

実際に、二〇〇〇年代に入って、物理学や化学などの分野で日本人のノーベル賞受賞が相次いだほか、オリンピックやサッカーワールドカップなど、スポーツの国際大会で日本人の活躍が目立った。また、日本の文化は、和食のような伝統的なものから、アニメやファッションなどのポップカルチャーに至るまで、海外でも広く受け入れられている。さらには、東日本大震災に際して日本人がとった冷静な行動が海外のメディアで賞賛をもって伝えられたことも、日本人としての自信の回復につながった可能性がある。

それでは、日本に対する自信の増加傾向が一三年から一八年にかけて止まった背景には、どのようなことがあるのだろうか。

まず挙げられるのは、これまでみられた日本礼賛ブームのピークが過ぎたことである。日本の魅力を伝えるテレビや本を通じて、特に〇八年から一三年にかけて日本に対する自信が大きく高まったものの、このブームが落ち着いてきたということが考えられる。

このほか、日本の科学技術への信頼や研究力の低下が挙げられる。一三年には高血圧の治療薬をめぐる臨床研究論文、一四年にはＳＴＡＰ細胞研究で不正が相次いで発覚し、社会に大きな衝撃をもって受け止められた。また、科学技術白書〔10〕では、日本人研究者による論文数や引用される数の低下、若手研究者の減少、新たな研究分野への挑戦の不足など、日本の研究力の低下が指摘されている。前述の内閣府の調査の結果をみても、日本の国や国民について誇りに思うこととして「高い科学技術の水準」を挙げる人は、一三年には三〇%近くを占めていたが、その後は減少傾向をたどり、一八年の調査では二二%となっている。日本に対する自信の減少傾向は、日本の技術力を背景に二〇〇〇年以降高まった自信が揺らいだ結果なのかもしれない。

自民党支持層で強い日本に対する自信

先にみた「日本への愛着」と同様、「日本への自信」についても支持政党別に結果をみておく。「日本は一流国だ」について、一八年の結果をみると、自民党支持層では六四%を占め、非自民党支持層の四四%や支持なし層の四八%を大きく上回っている（図Ⅳ—12）。七三年の調査でも、一八年の調査より低い水準ではあるものの、自民党支持層が非自民党支持層や支持なし層を上回っており、「日本は一流国だ」と考える人が自民党支持層で多い傾向は、四五年間を通じて変わらない。同様に「すぐれた素質」も、自民党支持層で多い傾向は、調査開始以降変わらない。一方、「見習うべきことは少ない」は、支持政党による差があまりなく、この傾向も四五年間変わらずに続いている。

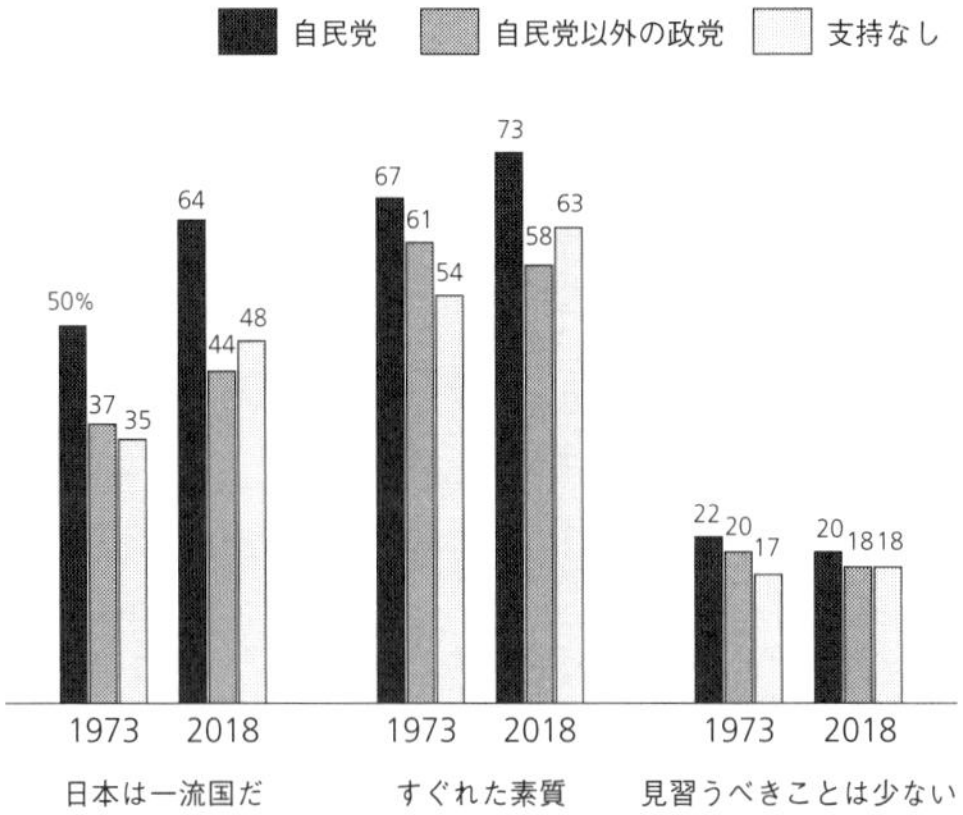

図Ⅳ－12　日本に対する自信「そう思う」
〈支持政党別〉

日本に対する愛着・自信と国際交流意欲との関係

最後に、日本に対する愛着や自信の強さによって、国際交流への意欲が異なるかどうかをみていく。「日本に対する自信」については、図Ⅳ—10で示した「日本は一流国だ」「日本人は、他の国民に比べて、きわめてすぐれた素質をもっている」「日本は、外国から見習うべきことは少ない」の三つの項目について、すべてに該当する人は三点、二つの人は二点、一つの人は一点、どれにも該当しない人は〇点としてスコア化した。つまり、点数が高いほど、日本に対して強い自信をもっていることを表している。このスコアで三点または二点の人を自信が「強い」とし、一点と〇点の人を「弱い」とした。同様に、「日本に対する愛着」も、図Ⅳ—7の三つの項目に該当する数によって三点から〇点までにスコア化した。ただし、愛着については三点の人

表Ⅳ－1　外国との交流「そう思う」〈2018年、年層×日本への愛着・自信別〉

		日本への愛着			日本への自信		
		強い（3点）		弱い（2～0点）	強い（3・2点）		弱い（1・0点）
友達になりたい	若年層	88%	>	76	81		84
	中年層	77	>	53	69		69
	高年層	52	>	30	40	<	47
支援活動に参加	若年層	87	>	71	85		78
	中年層	80	>	56	74		71
	高年層	70	>	48	62		62
海外で仕事・勉強	若年層	63		58	57		63
	中年層	47	>	33	42		43
	高年層	23	>	11	17		20

※若年層：16～29歳、中年層：30～59歳、高年層：60歳以上
※数字の間の不等号は両側の数字を比較した検定結果（信頼度95%）で、左側が高ければ「>」、低ければ「<」で示した

が多いため、三点を愛着が「強い」、二点から〇点を「弱い」とした（表Ⅳ—1）。

その結果、年層にかかわらず、日本に対する愛着が強い人のほうが、「いろいろな国の人と友達になりたい」「貧しい国の人たちへの支援活動に協力したい」で意欲が高くなっている。「海外で仕事や勉強をしてみたい」については、若年層では、日本に対する愛着と関連はみられなかったものの、中年層と高年層では、愛着が強い人で意欲が高い傾向がみられた。一方、日本に対する自信との関係では、違いはあまりみられなかった。

この結果から、日本に対する愛着が強い人は、外国との交流にも意欲的な人が多いことがわかる。日本への愛着心は、他国に対する排他的な考え方を強める方向には働いていないようである。

4　天皇に対する感情——「尊敬」が過去最多

平成になって変わりやすくなった天皇への感情

二〇一九年四月三〇日に天皇が退位、五月一日に新しい天皇が即位され、日本は新元号「令和」の時代を迎えた。

調査では、一九七三年から、「あなたは天皇に対して、現在、どのような感じをもっていますか」と聞いている。選択肢は次の四つである（第35問）。

1. 尊敬の念をもっている　《尊敬》
2. 好感をもっている　《好感》
3. 特に何とも感じていない　《無感情》
4. 反感をもっている　《反感》

図Ⅳ—13に四五年間の推移を示した。途中、時代が昭和から平成に変わっているため、八八年までの結果は昭和天皇に対する感情、九三年以降は前の天皇、つまり現在の上皇に対する感情を表していることになる。

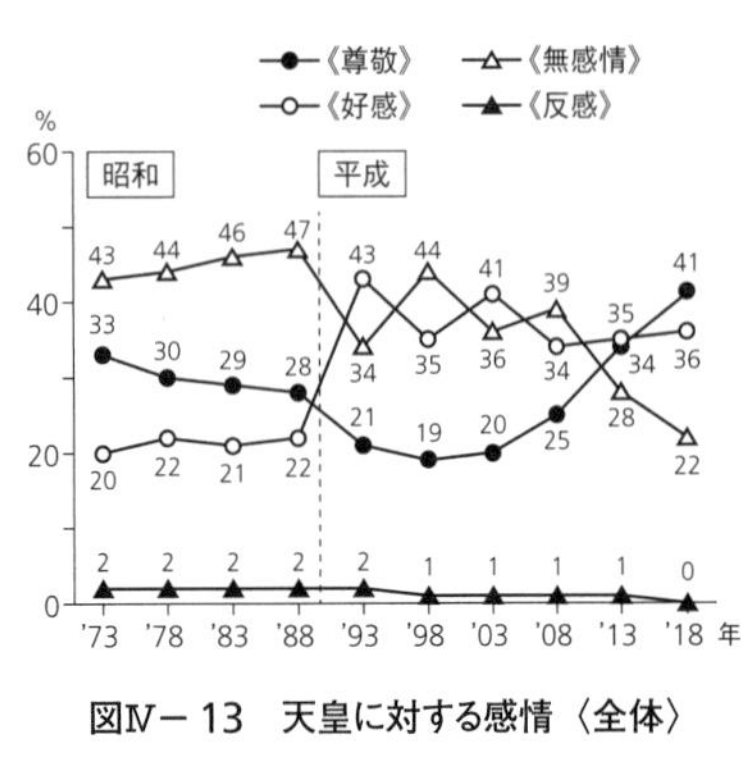

図Ⅳ－13　天皇に対する感情〈全体〉

八八年までの昭和の時代には、《無感情》が一貫して多数であり、四〇%を超えていた。それ以外の《尊敬》《好感》《反感》にも大きな増減はなく、天皇に対する感情は比較的安定していたといえる。

ところが、時代が平成に移った九三年には、それまで二〇%程度だった《好感》が倍増し、《無感情》や《尊敬》を上回って最も多くなった。以降、一三年までは調査のたびに《好感》と《無感情》の間でトップが入れ替わっている。一方、《尊敬》は平成に入って減少し、二〇%前後で推移していたが、〇八年に初めて増加して二五%になった。その後、一三年、一八年と調査のたびに増えた結果、今回は四一%となり、《好感》や《無感情》を上回り、四五年間で最も多くなった。これに対し、《無感情》は一三年と一八年に減少した結果、四五年間で最も少なくなった。

図Ⅳ－14は同じ質問の結果を若年、中年、高年の三つの年層に分けてみたものである。若年層は、依然《無感情》が過半数を占めており、《尊敬》や《好感》を大きく引き離している。中年層は、全体の結果に近い動きをしており、昭和の時代は《無感情》が最も多く、平成になってからは《好感》と《無感情》が入れ替わりながら最多となっていた。しかし、〇八年、一三年、一八年と《尊敬》が三回続けて増加し、一八年は《無感情》を上回った。高年層は、多数を占めていた《尊敬》が減少し、平成に入ってからは《好感》と拮抗していたが、一三年、一八年と続けて《尊敬》が増えたことにより、《好感》との差が再び開いた。

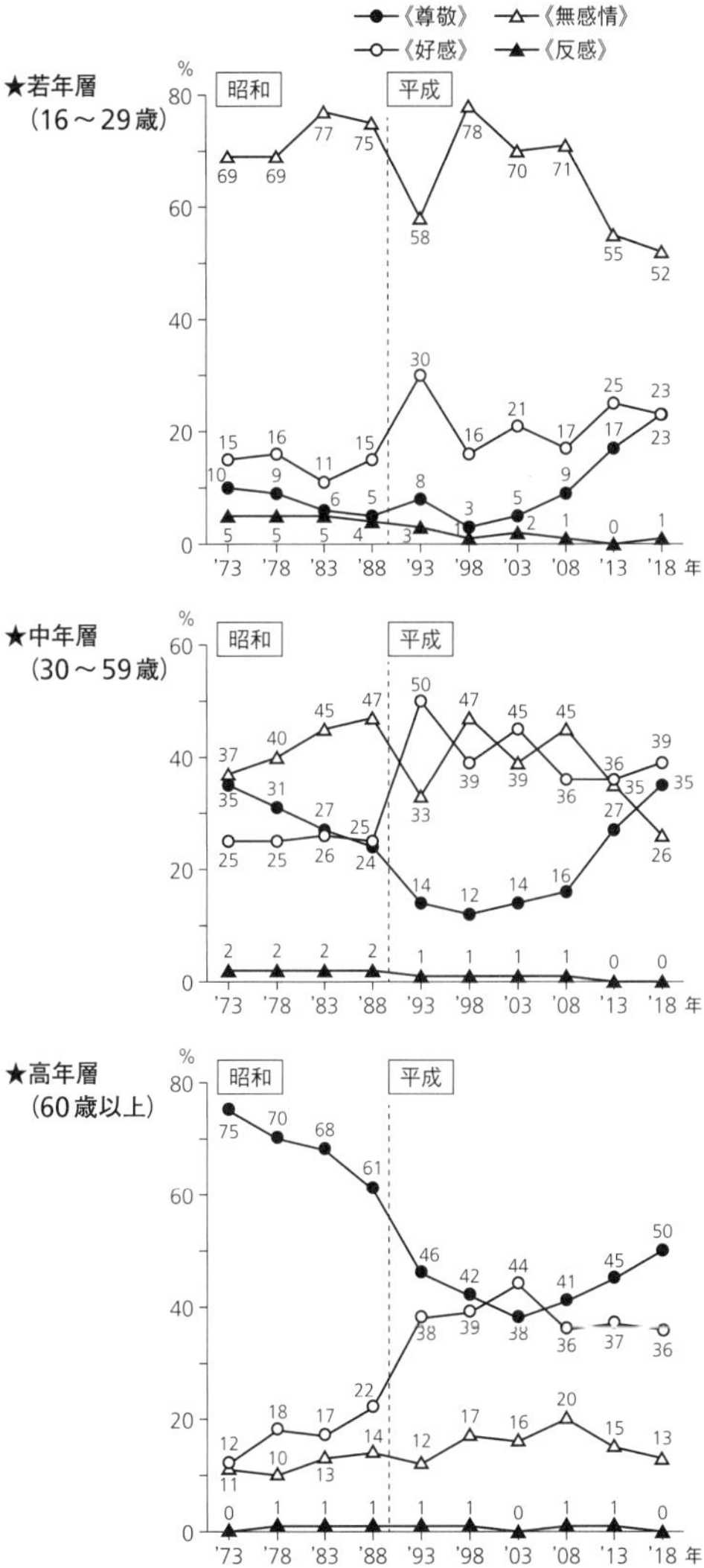

図Ⅳ－14　天皇に対する感情〈年層別〉

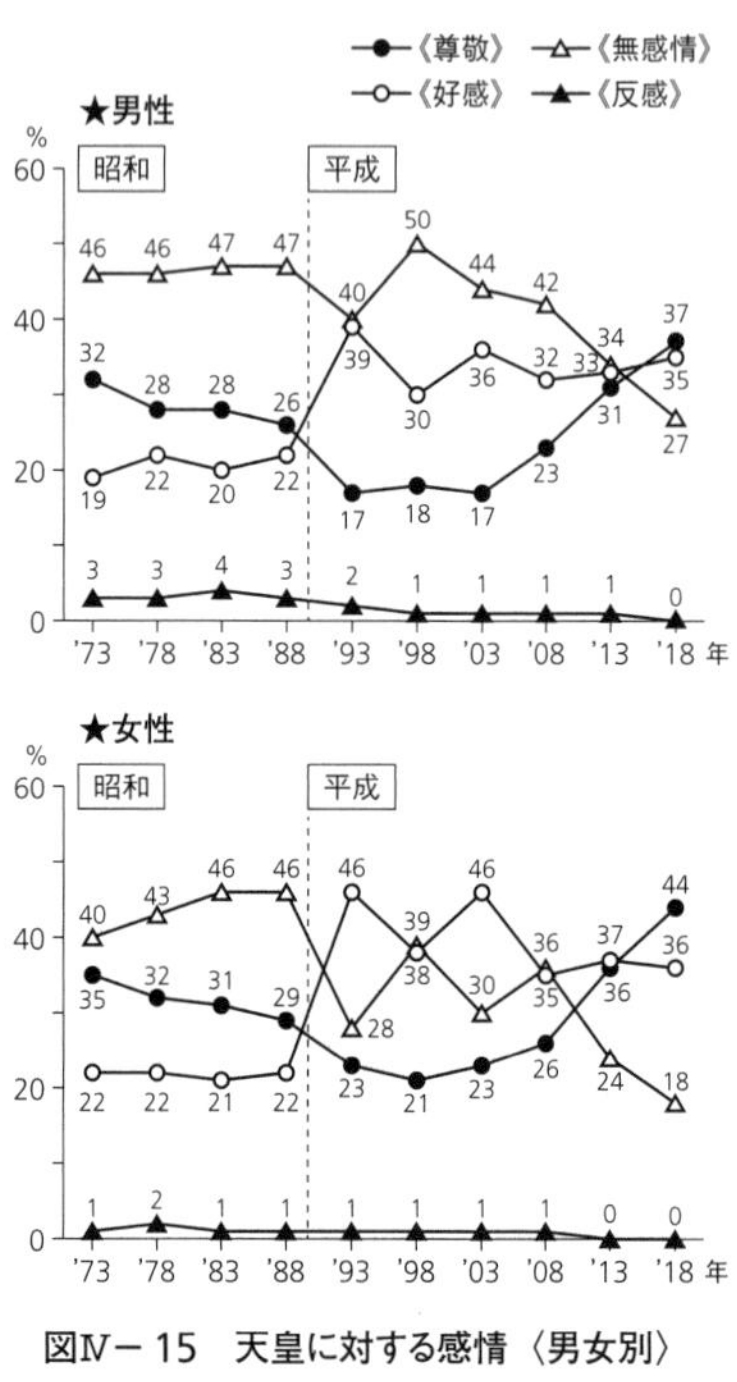

図Ⅳ－15　天皇に対する感情〈男女別〉

《尊敬》は、高年層でいちばん多く、次いで中年層、若年層の順であることは、これまでと変わっていない。

男女別でみると、昭和の時代にはそれほど違いがなかったが、平成になってからは男女の違いが大きくなっている（図Ⅳ―15）。男性は昭和から平成になっても、一三年調査までは《無感情》が多いのに対し、女性は平成以降、《好感》が《無感情》を上回ることがある。また、女性では《好感》と《無感情》の振幅も大きく、全体の結果で《好感》と《無感情》が増減を繰り返しているのは、女性の動きによる影響が大きい。一方、《尊敬》については、調査開始当初から常に男性よりも女性で多くなっている。

これまでみてきたように、平成になってから天皇に対する感情に大きな変化がみられるようになった。九三年に《好感》が大きく増加したのは、質問の対象が昭和天皇から前の天皇に変わったことだけではなく、九三年の調査の直前にあった皇太子（現在の天皇）の「ご成婚」も影響したと考えられる。「ご成婚」を巡っては、皇太子妃の内定から挙式に至るまで、長期にわたってマスメディアに取り上げられたことから、慶賀ムードが醸し出され、《好感》を持つ人の割合が増えたのであろう。質問自体は天皇に対する感情を尋ねるものだが、回答には皇太子などの皇族も含めた皇室に対する意識や感情が大きく影響したと考えられる。《好感》は、〇三年にも増加しているが、その二年前の〇一年には、皇太子夫妻の第一子が誕生し、その成長ぶりや一家の子育ての様子などが折々に伝えられていた。二度にわたる《好感》の増加は、結婚、子育てといった、多くの人々にとって身近なライフイベントを通じて、天皇や皇室に親しみを覚える人が増えたためと考えられる。

一方、〇八年には《好感》は減少し、それまで変化のなかった《尊敬》が増加している。即位から二〇年がたち、天皇の存在感が高まったことが尊敬の増加につながったのではないだろうか。一三年、一八年には《尊敬》がさらに増加したが、これには戦没者慰霊のために各地を訪問されたことや東日本大震災など相次ぐ自然災害の被災地を繰り返し訪れる様子が報じられたことが影

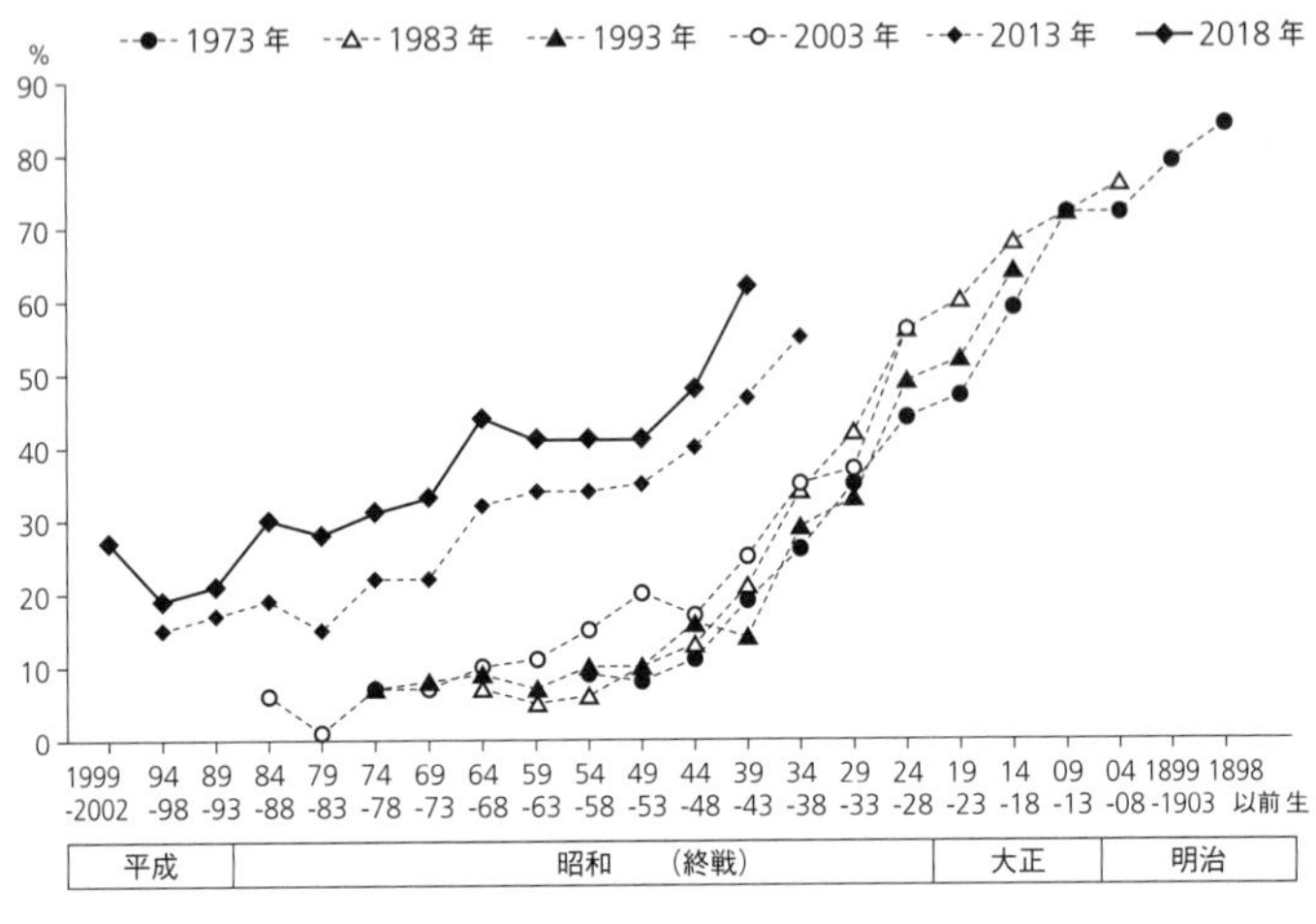

図Ⅳ－16　天皇に対する感情《尊敬》〈生年別〉

響したと考えられる。また、一六年八月に退位の意向をにじませる「お気持ち」を表明されたことを受けて、高齢にもかかわらず、さまざまな公務にあたってこられた天皇に対する人々の尊敬の念がさらに増したとも考えられよう。

どの世代でも増えた「尊敬」

〇八年から調査のたびに増加した《尊敬》について、生まれた年による結果を示したのが図Ⅳ―16である。

グラフをみると、〇三年までは各調査の線がほぼ重なっていて、時代が昭和から平成に変わった八三年から九三年にかけても大きな変化はなかった。世代が若くなるほど《尊敬》の割合は少なくなり、戦後生まれの人では、おおむね一〇％前後である。つまり、天皇に対して尊敬の念をもつかどうかは世代によってほぼ決まっていた。

しかし、一三年、一八年は、線が上のほうへ移動していて、同じ世代でも時代とともに《尊敬》が増えていることがわかる。一三年から一八年にかけては、六四年から八八年生まれと三九年から四三年生まれの世代で《尊敬》が増加している。若い世代で《尊敬》が少なく、上の世代ほど多いという傾向は今も変わらないが、ほとんどの世代で増加しているのは時代の影響を受けたためだといえる。

5　信仰・信心――どの時代にも多い　仏や神を信じる人

「仏」は四割　「神」は三割の人が信じる

宗教的な意識や行動には、神や仏に対する信仰だけでなく、日本人の生活や文化に根づいたものも含まれるが、そうした中には、宗教や信仰ということを意識せずに行っているものも多い。調査では「信仰・信心」と「宗教的行動」の二つの側面に分け、「信じているもの」と「行っていること」を尋ねている。

まず、信仰・信心については、「宗教とか信仰とかに関係すると思われることがらで、あなたが信じているものがありますか」と尋ね、次の八つの選択肢から、いくつでも選んでもらっている（第28問）。

ア．神　《神》
イ．仏　《仏》
ウ．聖書や経典などの教え　《聖書・経典の教え》
エ．あの世、来世　《あの世》
オ．奇跡　《奇跡》
カ．お守りやおふだなどの力　《お守り・おふだの力》
キ．易や占い　《易・占い》
ク．宗教とか信仰とかに関係していると思われることがらは、何も信じていない　《信じていない》

《仏》と《神》は、どの時代も他を引き離して多い（図Ⅳ―17）。ともに半数には届かないが、四五年間を通して《仏》は四〇％前後、《神》は三〇％以上の人が信じている。ただし、一九八三年以降は、いずれも減少する傾向にある。《仏》または《神》のどちらかを信じている人はあわせて半数前後で推移しており、二〇一八年の調査では四七％だった。

信仰・信心に関わる意識については、これまでに二度、多くの項目が一斉に変化した時期がある。一度目は七三年から七八年にかけてで、《信じていない》が大幅に減少し、《聖書・経典の教え》を除く残りの六項目がそろって増加した。

七〇年代には、終末論を説いた『ノストラダムスの大予言』や『日本沈没』がベストセラーになったほか、スプーン曲げに代表される超能力ブームや映画「エクソシスト」に代表されるオカルトブームなどが起きた。超能力や霊能ブームが浸透した背景には、高度経済成長が終わり、オイルショックや公害問題などによる社会不安が増したことがある。

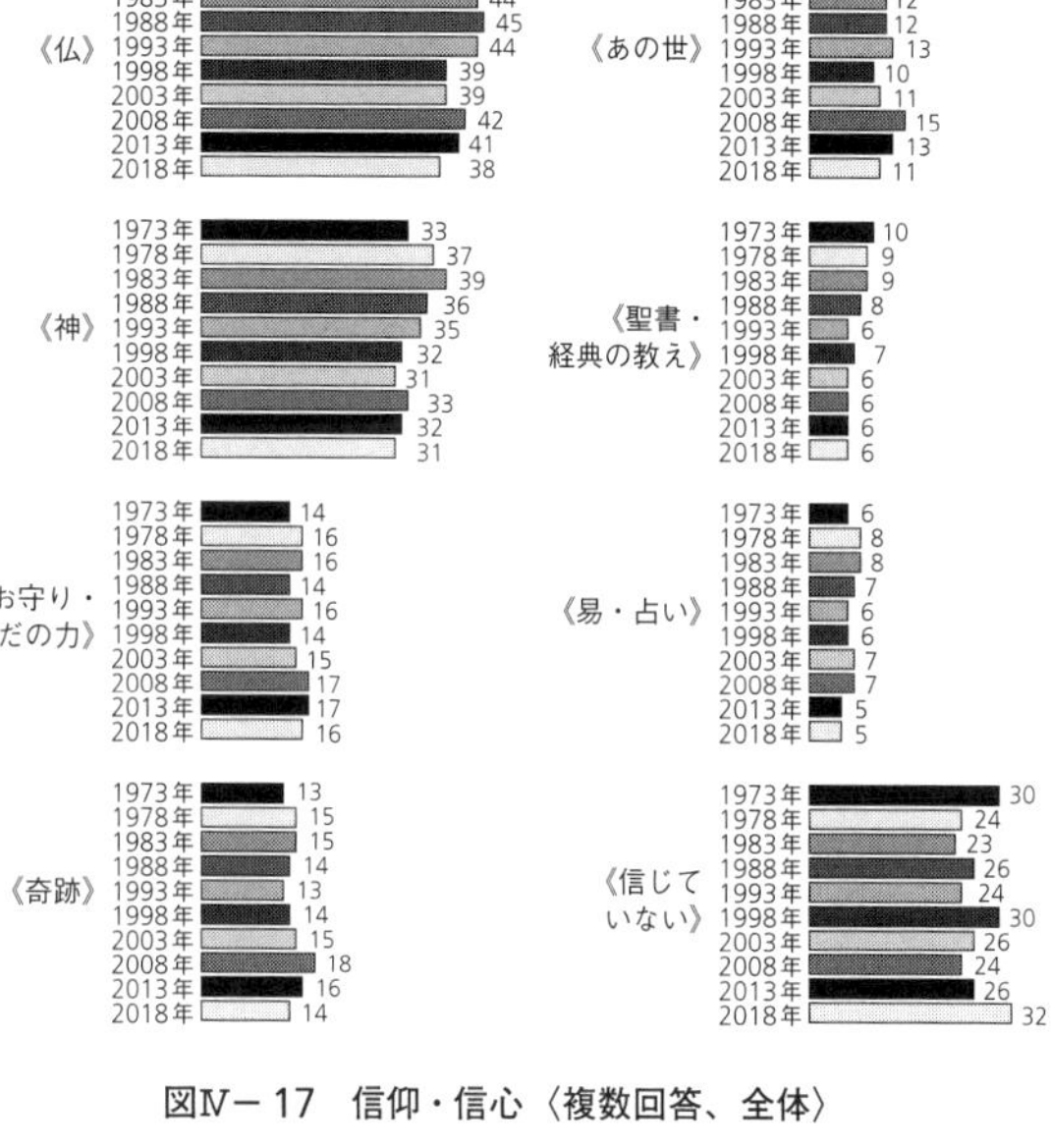

図Ⅳ－17　信仰・信心〈複数回答、全体〉

二度目は九三年から九八年にかけてで、このときは《信じていない》が増加し、《仏》《神》《お守り・おふだの力》《あの世》が減少した。その背景には、九五年の地下鉄サリン事件を始めとするオウム真理教による一連の事件が発生し、宗教に対する不安感が高まったことが考えられる。

なお、〇三年から〇八年にかけては、前述の二度の時期のように、《信じていない》という人の増減こそなかったが、《仏》のほか、《あの世》《奇跡》《お守り・おふだの力》の四項目が増加した。この頃、人生についての悩みや疑問を、その人の前世や先祖の霊などによって解決に導くというテレビ番組などを通じて、「スピリチュアル（スピリチュアリティー）」という言葉が広まった。《あの世》《奇跡》《お守り・おふだの力》といった「宗教的なもの」がそろって増加したのは、こうした状況と関係している可能性がある。

若年層で信じる人が多い「奇跡」や「あの世」

一八年の結果を若年、中年、高年の年層に分けてみると、《仏》や《神》を信じている人は、高年層で多いのに対し、《お守り・おふだの力》《奇跡》《あの世》を信じている人は、若年層や中年層で多い（図Ⅳ―18）。

若年層だけでみてみると、信じている人が最も多いのは《奇跡》で、次いで《お守り・おふだの力》《あの世》となっており、《仏》や《神》を上回っている。中年層は、若年層と高年層の中間の項目が多く、全体の結果に近い。高年層は《仏》が四七％、《神》が三三％と多いが、それ以外は多くても一割程度で、神仏以外のものを信じている人は少なくなっている。

男女別では、《あの世》と《奇跡》については差がないが、それ以外のものは女性のほうが信じている人が多い。一方、《信じていない》という人は、男性で多い。

図Ⅳ―19は、四五年間で増加した《お守り・おふだの力》と《あの世》を信じている人について、若年、中年、高年の年層別に七三年との結果を比較したものである。いずれも七三年は、高年層で信じている人が多いのに対し、一八年は、若年層や中年層で多いという逆転現象が起きている。現代では《あの世》は、高年層よりも、死別経験が少ないと考えられる若年層や中年層で

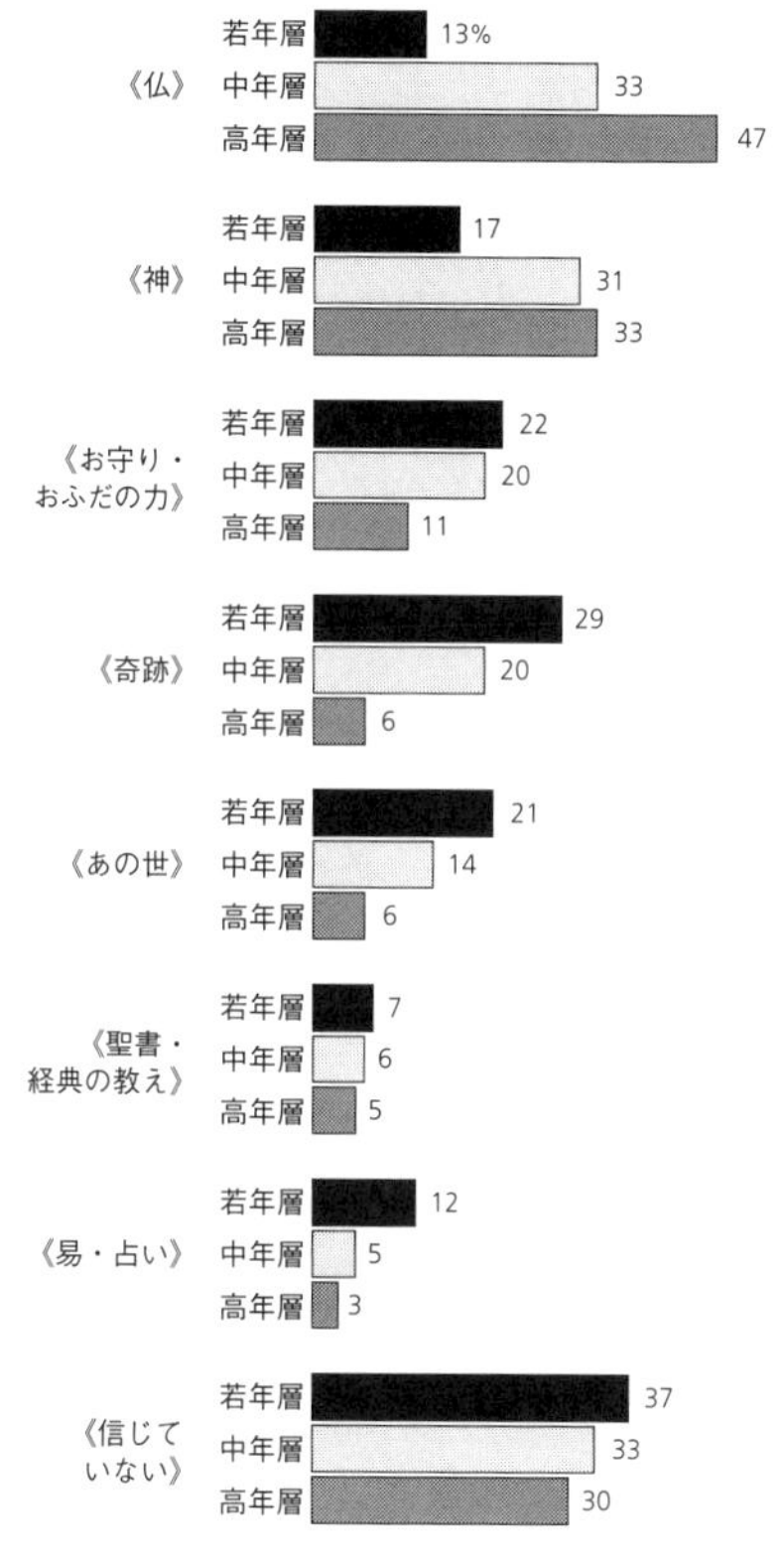

※ 若年層：16～29歳、中年層：30～59歳、高年層：60歳以上

図Ⅳ－18　信仰・信心
〈複数回答、2018年、年層別〉

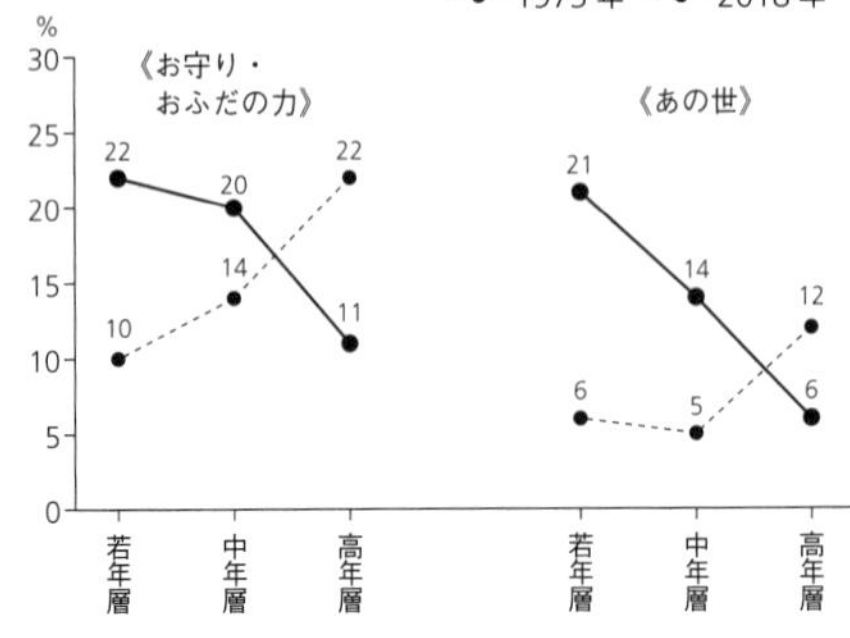

※若年層：16～29歳、中年層：30～59歳、高年層：60歳以上

図Ⅳ－19　信仰・信心《お守り・おふだの力》《あの世》〈年層別〉

信じている人が多くなっている。

ここからは、生まれた年による違いをみていく。図Ⅳ―20は、《仏》または《神》のいずれかを信じている人の割合を生年別に示したものである。《仏》または《神》を信じている人は、七三年から八三年にかけて多くの世代で増えている。これは各世代が年齢を重ねて、仏や神を信じる人が増えたためと考えられる。しかし、八三年以降はこの動きが鈍くなり、グラフの線がほぼ重なるようになっている。これは、年をとると神仏を信じるようになるという傾向が弱まったためと考えられ、八三年以降、《仏》または《神》を信じるかどうかについては、世代によってほぼ決まるようになってきている。

図Ⅳ―21は、《あの世》を信じている人について、生年別の結果を示したものである。《あの世》を信じる人は、一九五三年以前に生まれた人では少なく、明治生まれの人を除けば、多くても一〇％程度である。これに関連して、宗教学者の堀江宗正は、「特に第一次ベビーブーム世代、

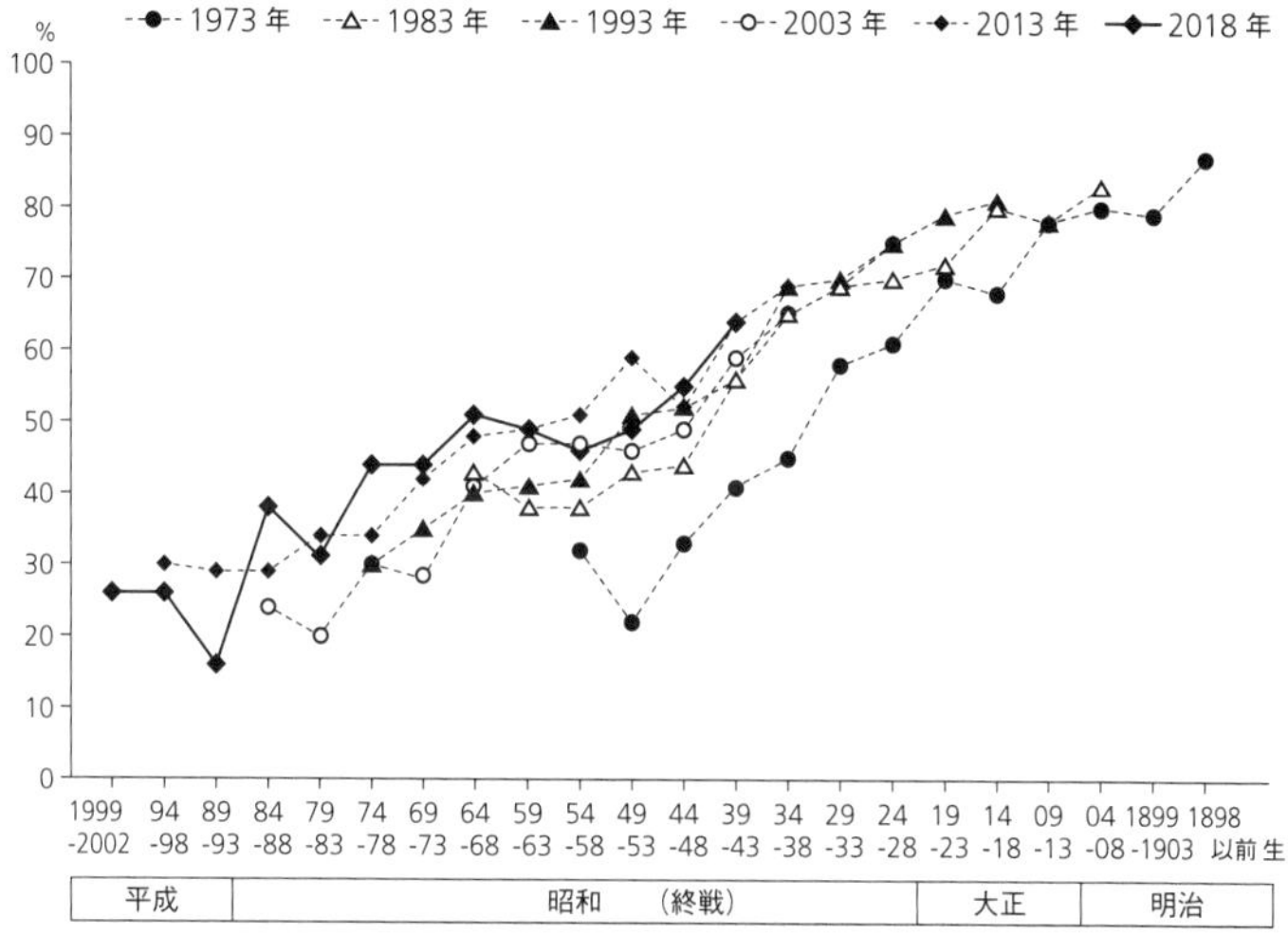

図Ⅳ－20　信仰・信心《仏》《神》のいずれか〈生年別〉

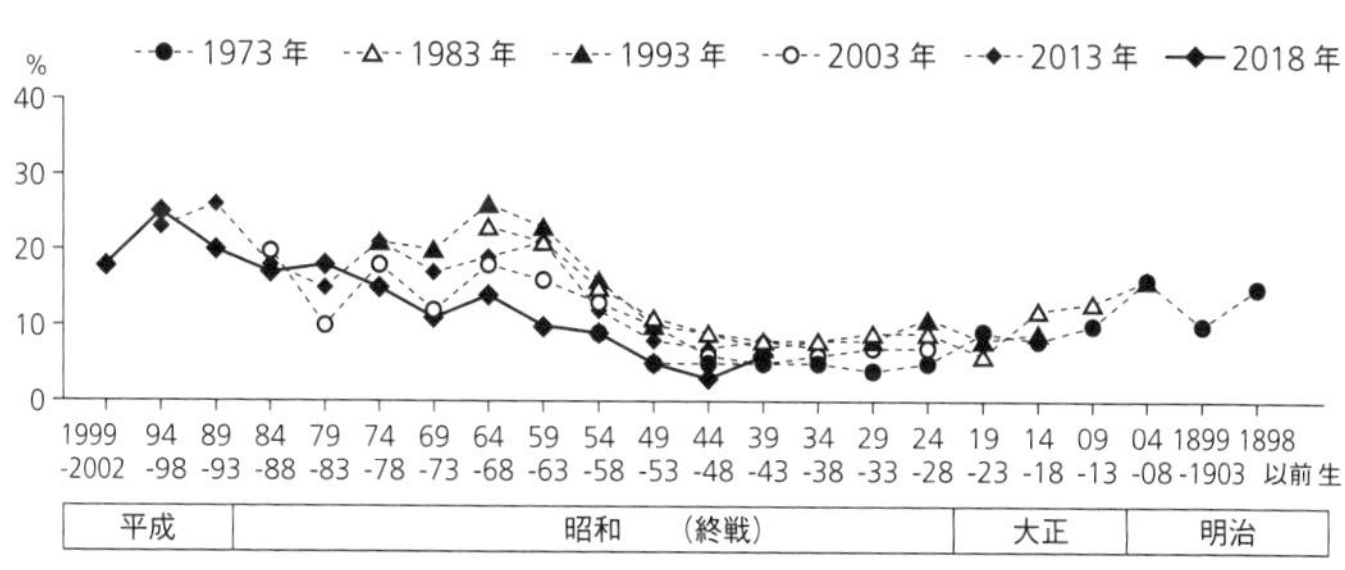

図Ⅳ－21　信仰・信心《あの世》〈生年別〉

いわゆる団塊の世代（一九四七―九年生まれ）は、戦後の高度経済成長期に育ち、激しい受験競争のなか科学的教育をたたき込まれ、（中略）世代全体が『あの世』や『霊魂』を信じない雰囲気だった」と指摘している〔11〕。この世代の人々が時代の影響を受けることなく、四五年間を通して《あの世》を信じる割合が低いのは、こうした価値観が根付いているからなのかもしれない。

6　宗教的行動――最も多い「年に一、二回は墓参り」

四五年間で現世利益的行動が増加

宗教についてのもう一つの質問では、「宗教とか信仰とかに関係すると思われることがらで、あなたがおこなっているものがありますか」と尋ねて、八つの宗教的行動からいくつでも選んでもらっている（第27問）。

ア．ふだんから、礼拝、お勤め、修行、布教など宗教的なおこないをしている　《礼拝・布教》
イ．おりにふれ、お祈りやお勤めをしている　《お祈り》
ウ．年に一、二回程度は墓参りをしている　《墓参り》
エ．聖書・経典など宗教関係の本を、おりにふれ読んでいる　《聖書・経典》

オ．この一、二年の間に、身の安全や商売繁盛、入試合格などを、祈願しにいったことがある《祈願》

カ．お守りやおふだなど、魔よけや縁起ものを自分の身のまわりにおいている《お守り・おふだ》

キ．この一、二年の間に、おみくじを引いたり、易や占いをしてもらったことがある《おみくじ・占い》

ク．宗教とか信仰とかに関係していると思われることがらは、何もおこなっていない《していない》

これらの宗教的行動のうち、《墓参り》は慰霊的な行動、《礼拝・布教》《お祈り》《聖書・経典》は精神的負担を伴う自己修養的な行動、《祈願》《お守り・おふだ》《おみくじ・占い》は現世利益的な行動と考えることができる。

《墓参り》は、調査開始当初から六〇%を超えて最も多く、今回も他を引き離して七一%に上っている（図Ⅳ―22）。《墓参り》以外では、《お守り・おふだ》《祈願》《おみくじ・占い》といった現世利益的な行動が比較的多く行われている。四五年前と比べて増加しているのは、《墓参り》《祈願》《おみくじ・占い》といった慰霊的・現世利益的な行動で、減少傾向にあるのは、《お祈り》《礼拝・布教》《聖書・経典》といった自己修養的な行動である。また、宗教的行動を《していない》人は一二%と一三年よりも増えている。

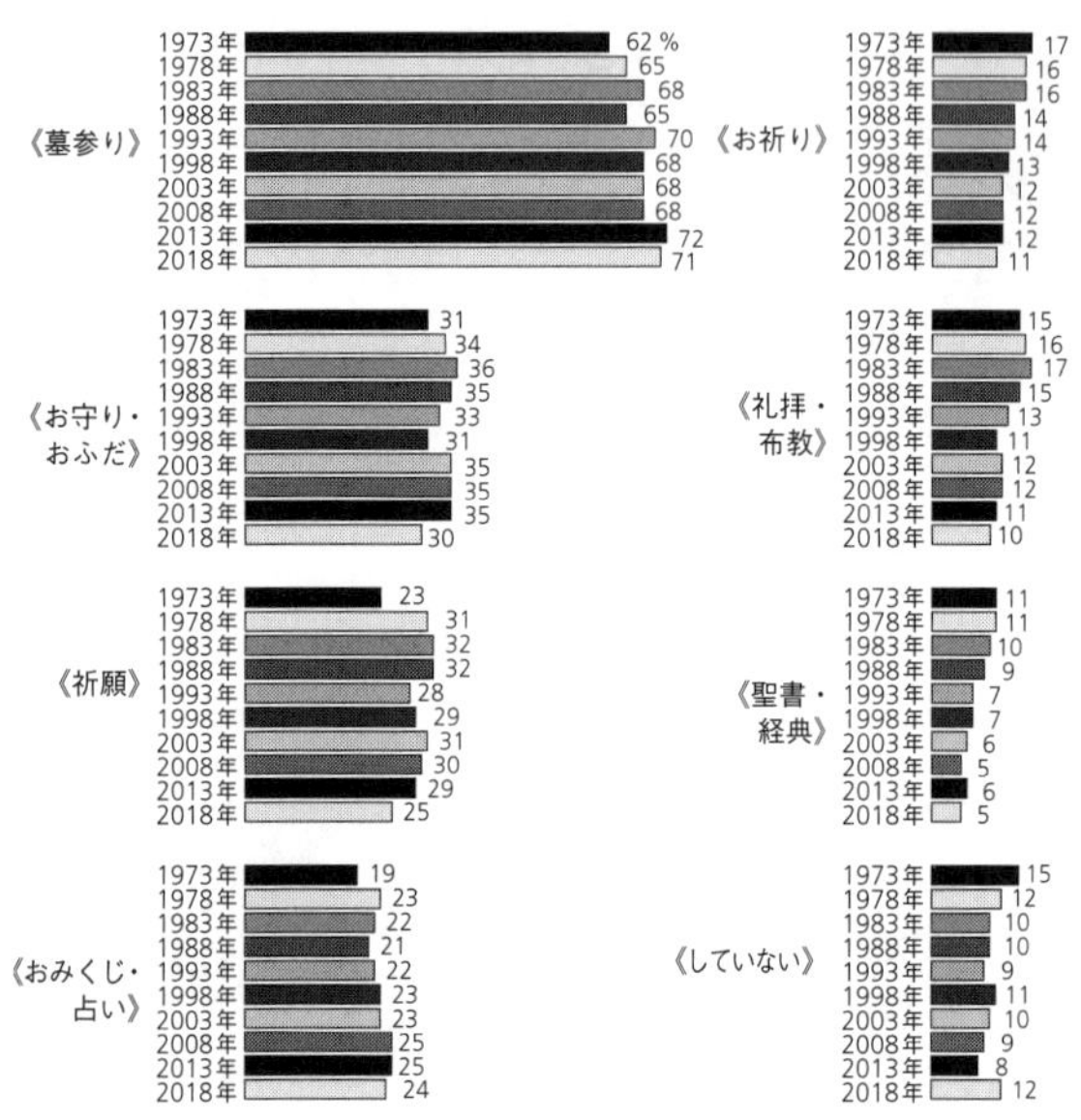

図Ⅳ－22　宗教的行動〈複数回答、全体〉

二〇一八年の結果を若年、中年、高年の年層に分けてみると、《墓参り》は、年齢が上がるほど多く、高年層では七五％に上る（図Ⅳ―23）。これに対して、《おみくじ・占い》は、年層が下がるほど多い傾向がみられる。このほか、《お守り・おふだ》や《祈願》は、他の年層と比べて中年層で多い。このうち《祈願》は、四五年間一貫して中年層で多い。働き盛りの人が多い中年層では、商売繁盛や身の安全を祈願する人が多いことや、子どもの入学試験の合格を祈願する人が多いことなどが理由として考えられる。なお、この年層で子どもの有無別に《祈願》の一八年の結果をみると、子どもがいる人では三六%となっていて、いない人の三〇%を上回っている。

男女別では、《お守り・おふだ》《祈願》《おみくじ・占い》《お祈り》《礼拝・布教》は女性で多く、《していない》は男性で多い。「信仰・信心」と同様に、「宗教的行動」をする人も女性に多い傾向がみられる。

職業別にみると、《祈願》は、四五年間を通して自営業者や経営者・管理者で四割前後に上る場合がほとんどで、全体と比べて高い水準になっている。

《墓参り》	若年層	57%
	中年層	70
	高年層	75
《お守り・おふだ》	若年層	26
	中年層	38
	高年層	25
《祈願》	若年層	23
	中年層	34
	高年層	18
《おみくじ・占い》	若年層	44
	中年層	32
	高年層	14
《お祈り》	若年層	4
	中年層	8
	高年層	15
《礼拝・布教》	若年層	6
	中年層	6
	高年層	14
《聖書・経典》	若年層	3
	中年層	4
	高年層	7
《していない》	若年層	19
	中年層	11
	高年層	11

※ 若年層：16 ～ 29 歳、中年層：30 ～ 59 歳、高年層：60 歳以上

図Ⅳ－23　宗教的行動
〈複数回答、2018 年、年層別〉

注

〔1〕法務省「平成三〇年末現在における在留外国人数について」二〇一九年

〔2〕法務省「平成一三年末現在における外国人登録者統計について」二〇〇二年
ただし、二〇一二年に新しい在留管理制度が導入されたことに伴い、統計の取り方が変わったため、二〇一二年以降の在留外国人数と従来の外国人登録者数を単純に比較することはできない。

〔3〕法務省「在留外国人統計（二〇一〇年）」

〔4〕〔1〕と同じ

〔5〕〔1〕と同じ

〔6〕NHK放送文化研究所「社会と生活に関する意識・二〇一九」調査「外国人材に関する意識調査 単純集計結果」

〔7〕NHK放送文化研究所 ISSP国際比較調査「国への帰属意識」

〔8〕〔7〕と同じ

〔9〕内閣府「社会意識に関する世論調査」

〔10〕文部科学省「平成三〇年版　科学技術白書」二〇一八年

〔11〕堀江宗正編著『いま宗教に向きあう1　現代日本の宗教事情〈国内編Ⅰ〉』岩波書店、二〇一八年

V　仕事と余暇

1　理想の仕事――第一位は「仲間と楽しく」

一九七三年に「日本人の意識」調査を開始して以降、この四五年間で、私たちの仕事をとりまく環境は大きく変化してきた。

産業構造をみれば、農林漁業の第一次産業が著しく減少し、サービス業を中心とする第三次産業が大幅に増加した。雇用形態では、パートタイマー、契約社員、派遣社員など非正規雇用の労働者が増加した。そうした社会の変化にともない、働く女性や高齢者の就業も増えている。また、少子高齢化が進み、深刻な労働力不足を背景に、外国人労働者がいなくては成り立たない業種も出てきた。一方、様々な職場でロボットやＩＴ技術の導入が進み、ＡＩ（人工知能）の活用も本格化して、働く人に求められる仕事の内容も変化してきた。将来的には、日本の労働人口の四九%がAIやロボットなどで代替可能になるという研究レポート〔1〕も発表されている。

このように、仕事や雇用環境が変わる中で、人々が仕事に求める条件はどのように変化しているのだろうか。「日本人の意識」調査では、どんな仕事が理想的だと思うかを尋ねて、日本人の仕事観をとらえてきた。

「健康」が増加 「失業」が減少

調査では、次の一〇の選択肢の中から、いちばん理想的だと思う仕事と二番目に理想的だと思う仕事を答えてもらっている（第19問）。

1. 働く時間が短い仕事 《時間》
2. 失業の心配がない仕事 《失業》
3. 健康をそこなう心配がない仕事 《健康》
4. 高い収入が得られる仕事 《収入》
5. 仲間と楽しく働ける仕事 《仲間》
6. 責任者として、さいはいが振るえる仕事 《責任》
7. 独立して、人に気がねなくやれる仕事 《独立》

8. 専門知識や特技が生かせる仕事　《専門》
9. 世間からもてはやされる仕事　《名声》
10. 世の中のためになる仕事　《貢献》

図V—1は、いちばん理想的と二番目に理想的を合わせた結果である。上から多い順に並べると、二〇一八年は《仲間》が四五％、次いで《健康》が三七％、《専門》が二九％という順番になっている。

一回目の七三年と比較して増えているのは《仲間》《専門》《失業》《貢献》《名声》の五つで、減っているのは《健康》《独立》である。この五年間についてみると、《健康》《収入》《名声》が増えて、《失業》《貢献》が減っている。

《健康》は、七三年は四七％で最も多かったが、七八年に大きく減少した。同じ時期には《失業》が大きく増加している。高度経済成長が終わり、七〇年代後半から失業率が上昇する中で、働き過ぎて健康をそこなうかどうかよりも、仕事を確保できるかどうかを心配する人が増えたとみられる。《健康》は、その後も、おおむね減少する傾向にあったが、この五年では大きく増加に転じている。

年層別にみると、五年前と比べて増えたのは、二〇代後半と六〇代後半、七〇代前半である(図V—2)。増加した理由の一つとして、過労死や過労自殺が社会問題化したことが考えられる。一四年に過労死等防止対策推進法が施行され、厚生労働省は、いわゆるブラック企業・ブラック

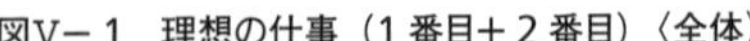

図V－1　理想の仕事（1 番目＋2 番目）〈全体〉

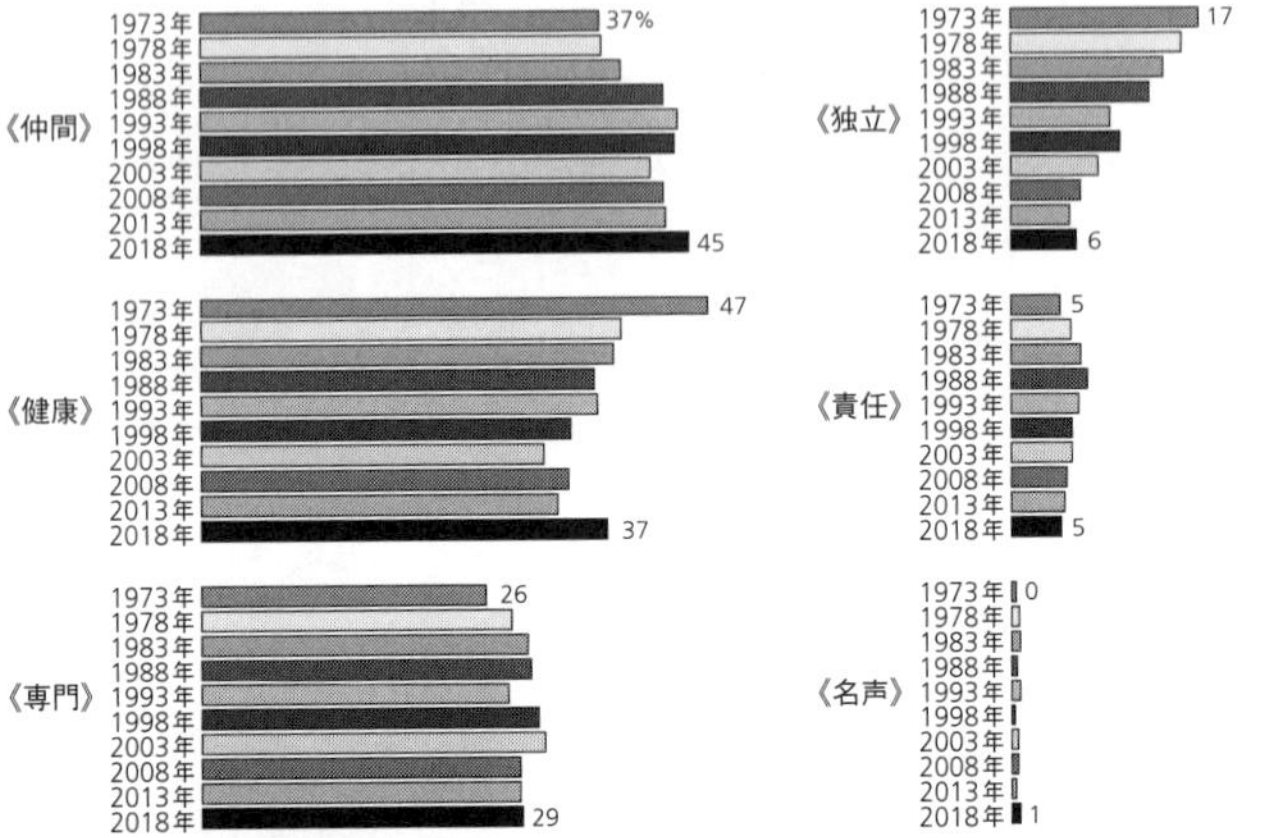

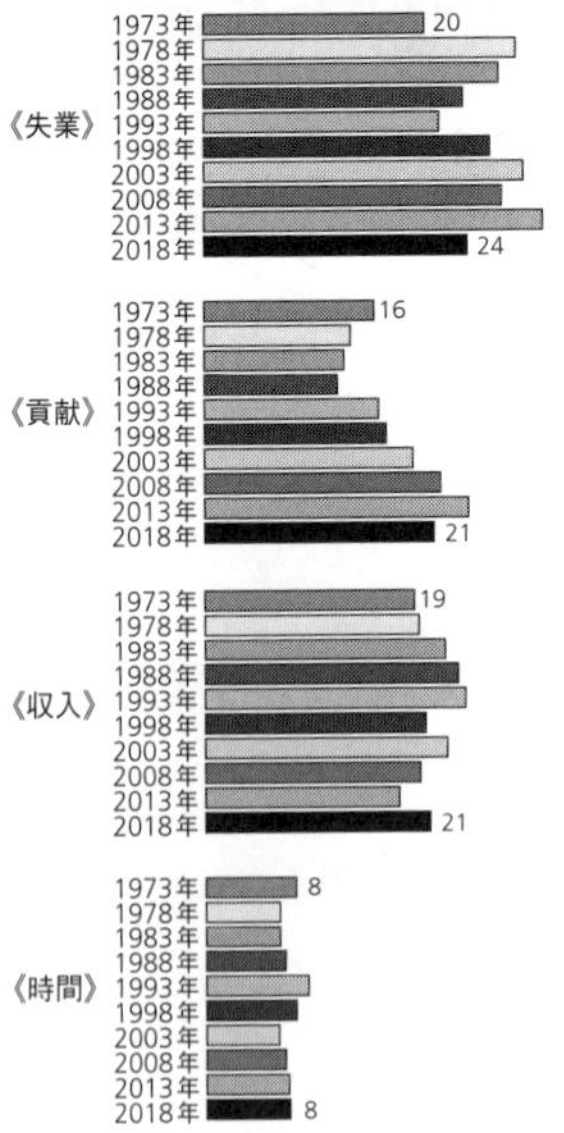

図V－2　理想の仕事《健康》
（1 番目＋2 番目）〈年層別〉

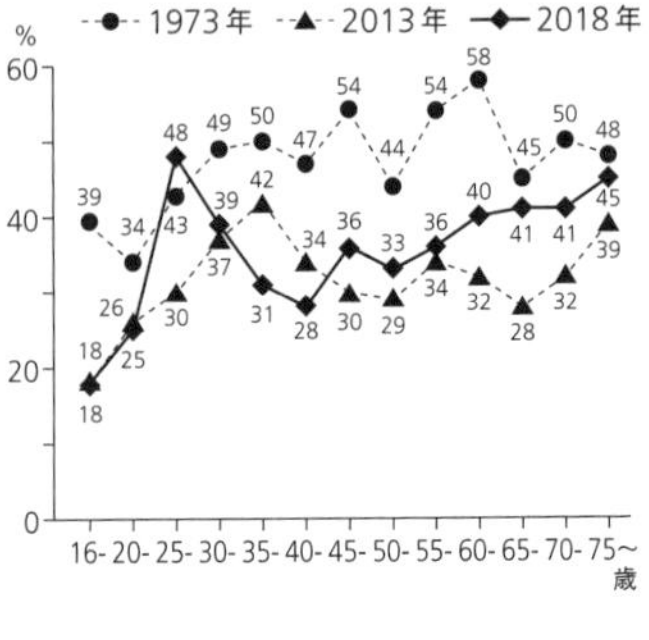

バイト対策に力を入れるようになった。さらに、政府は働き方改革を推進し、企業に対し長時間労働の是正やメンタルヘルス対策を求めるようになった。こうした労働環境の変化によって、仕事を選ぶ際に健康を重視する人が若い世代を中心に増えたと考えられる。

もう一つの理由は、六〇歳を超えても働く人が増えていることがあげられる。厚生年金の支給開始年齢の引き上げを背景に、一三年に高年齢者雇用安定法の改正が行われ、事業主には原則として希望者全員を六五歳まで雇用する義務が課せられるようになった。実際に、総務省が一八年に実施した「労働力調査」によれば、六〇歳を過ぎて働いている人は、六〇代前半で六八・八%、六〇代後半で四六・六%、七〇代前半で三〇・二%に上り、いずれも一〇年前と比較して一〇ポイント程度増加している。この「日本人の意識」調査でも、六〇歳を過ぎて働いている人は、この一〇年間で、六〇代前半で五七%から七四%に増えているほか、六〇代後半で三七%から四八%に、七〇代前半で二八%から三二%にそれぞれ増加している。社会の高齢化が進む中、働き続けるためには、健康が重要だと考える人が増えているのである。

《失業》は、高度経済成長期の七三年の調査では低く、オイルショックにより経済が停滞した七八年の調査では、《健康》とは反対に大きく増加した。その後、失業に対する不安は沈静化していたが、金融機関の破たんが相次ぐなど平成不況の影響が色濃くなった九八年からは、再び増加に転じていた。しかし、一八年は大きく減少している。《失業》は景気変動の影響を強く受け、好況時と不況時で増減が大きくなる。この五年で《失業》が大きく減少したのは、一三年には四・

〇%だった完全失業率が、一八年には二・四%になるなど雇用環境が改善したためだと考えられる。

男性は「仕事の内容」 女性は「職場環境」を重視

理想とする仕事には男女で違いがみられる。一八年の調査では、《専門》《収入》《独立》《責任》は男性の方が多く、《仲間》《健康》《時間》は女性の方が多い(図V―3)。男性が仕事のやりがいや収入を重視しているのに対し、女性は職場環境を重視する傾向がうかがえる。こうした違いは、なぜ出てくるのだろうか。

日本では八〇年代後半から女性の社会進出を促す法整備が進められてきた。八六年に男女雇用機会均等法が施行され、九二年には育児休業法(現在の育児介護休業法)、九九年には男女共同参画社会基本法、一六年には女性活躍推進法が施行された。

総務省の「労働力調査」によると、男女雇用機会均等法が施行される前の八五年には二三六七万人だった女性の労働力人口は、一八年には三〇一四万人に増えている。また、日本では、女性の労働力率(一五歳以上人口に占める労働力人口の割合)が、結婚・出産期にあたる年代にいったん低下し、育児が落ち着いた時期に再び上昇するいわゆる「M字カーブ」を描くことが知られているが、近年は、M字の窪みが以前より浅くなっている(図V―4)。独身で働く女性や結婚しても仕事を続ける女性が増えているためだが、育児休業など企業側の制度が整備されてきたことや国民の意識としても「出産後も職業をもち続けたほうがよい」と考える人が増えたこと（第Ⅱ章参照）、また、非正規雇用の増加により結婚しても夫の収入だけでは生活が厳しく、女性も働かざるを得ない状況にあることなどが影響していると考えられる。

このように女性の労働力率は上がっているものの、処遇の面では、男女間の差はいまだに大きい。一八年の給与水準を比べると、正社員・正職員の所定内給与は、男性を一〇〇とした場合、女性は七五・六〔2〕にとどまっている。また、管理職に占める女性の割合は、増えてはいるもの

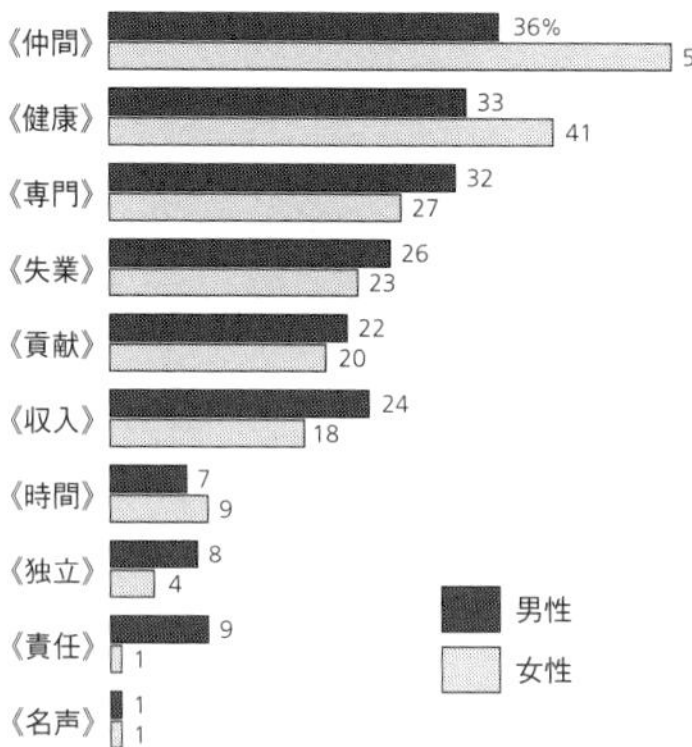

図Ⅴ－３　理想の仕事（１番目＋２番目）〈2018年、男女別〉

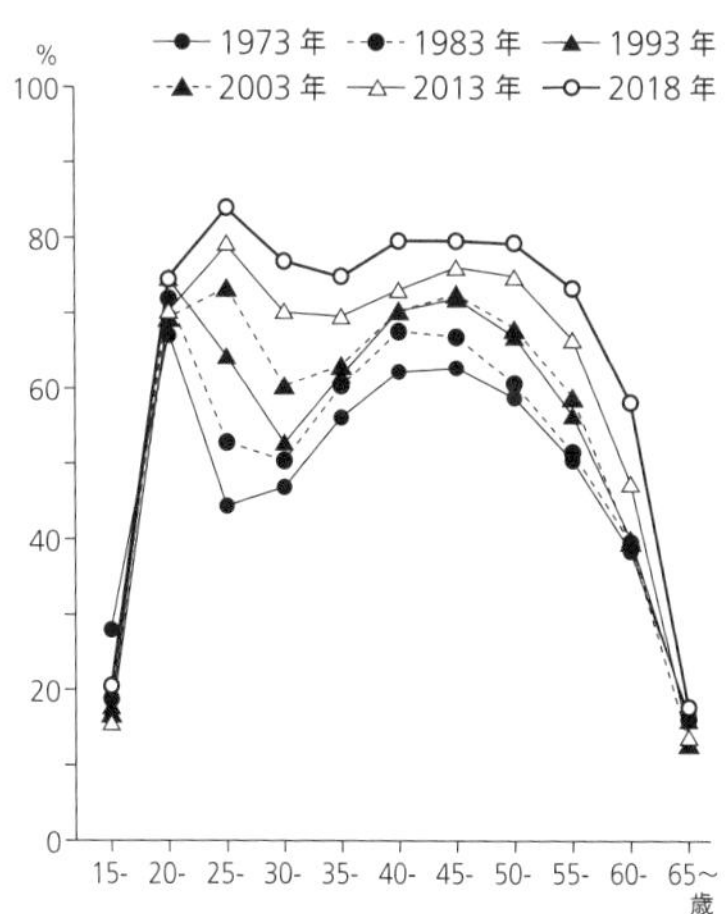

※総務省「労働力調査」から作成

図Ⅴ－４　女性の年齢階級別労働力率

の一一・八％〔3〕と依然として低い水準にある。

一方、ＮＨＫ放送文化研究所が一五年に実施した「国民生活時間調査」によれば、子どもがいる共働き夫婦の育児をふくむ家事の時間は、平日の平均で、夫が一日に四四分なのに対して、妻は五時間九分となっている。共働きでも育児や家事は女性が担っている実態がみえてくる。

こうした状況から、女性では、仕事と家庭の両立をはかるために、仕事のやりがいや収入よりも、《時間》《仲間》《健康》などの職場環境を重視する傾向があると考えられる。

非正規雇用の男性は「仲間」「専門」　女性は「時間」を重視

総務省の「労働力調査」によると、雇用者全体に占める非正規雇用の割合は、統計を取り始めた八四年は一五・三％だったが、一八年は三八・二％と大きく増加している。理想とする仕事は、雇用形態によってどのような違いがあるのだろうか。

雇用形態別に男女の結果を示したのが表Ｖ―１である。

《仲間》は、正規・非正規を問わず、男女ともに一番重視される要素となっている。女性では、正規雇用で五三％、非正規雇用で五八％と、ともに半数を超えている。一方、男性では、正規雇用が三五％、非正規雇用が四五％で、非正規雇用の方が多くなっている。

《収入》は、男性では、正規雇用が二九％であるのに対し、非正規雇用は一六％と少なく差が大きい。一方、女性では、正規・非正規ともに二〇％である。

《専門》は、男性の非正規雇用で四一％と多く、正規雇用の三一％を大きく上回っている。理想的な仕事を《専門》と答えた非正規雇用のうち、どれくらいの人が専門性を活かした仕事に就いているかはわからないが、一八年の「労働力調査」によれば、「専門的な技能等をいかせるから」という理由で、非正規雇用に就いた男性が一割以上いた。一方、女性では、男性とは逆に《専門》と回答した人は正規雇用の方が多くなっている。

《時間》は、男性の正規・非正規と女性の正規では、いずれも一割に満たないが、女性の非正規では一一％と多くなっている。非正規雇用に就いた理由を尋ねた先ほどの「労働力調査」によれば、女性では「都合のよい時間に働きたいから」という理由が三割を超え、理由の中では最も多い。また、「家計の補助・学費等を得たいから」「家事・育児・介護等と両立しやすいから」など家庭生活を優先している人を合

表V－1　理想の仕事（1番目＋2番目）〈2018年、男女・雇用形態別〉

	男性			女性		
	正規（477人）		非正規（150人）	正規（268人）		非正規（384人）
《仲間》	35%	＜	45	53		58
《健康》	33		31	36		43
《専門》	31	＜	41	33	＞	26
《失業》	28		23	22		21
《貢献》	24		21	24		16
《収入》	29	＞	16	20		20
《時間》	7		6	6	＜	11
《独立》	5		5	3		3
《責任》	7		11	2		1
《名声》	1		1	1		1

※数字の間の不等号は両側の数字を比較した検定結果（信頼度95%）で、左側が高ければ「＞」、低ければ「＜」で示した

わせると七割以上を占めている。

2　仕事と余暇――四五年間で「仕事・余暇両立」が大きく増加

余暇とは、仕事から解放されて自由に使える時間のことであるが、日本人は仕事と余暇のバランスについて、どのように考えているのだろうか。調査では、最も望ましいと思うものを次の五つの選択肢から選んでもらっている（第22問）。

1. 仕事よりも、余暇の中に生きがいを求める　《余暇絶対》
2. 仕事はさっさとかたづけて、できるだけ余暇を楽しむ　《余暇優先》
3. 仕事にも余暇にも、同じくらい力を入れる　《仕事・余暇両立》
4. 余暇も時には楽しむが、仕事のほうに力を注ぐ　《仕事優先》
5. 仕事に生きがいを求めて、全力を傾ける　《仕事絶対》

仕事と余暇のバランスは八〇年代に大きく変化

仕事と余暇のどちらを優先するかについて、二〇一八年の結果をみると、《仕事・余暇両立》

が三八％で多く、次いで《余暇優先》二六％、《仕事優先》一九％などとなっている（図V―5）。一九七〇年代から八〇年代前半までに最も多かったのは《仕事優先》だったが、八〇年代後半からは大きく減少した。代わって増えたのが《仕事・余暇両立》で、八〇年代後半以降は最も支持されている。

また、割合は多くはないものの、この四五年間で《仕事絶対》が減少した代わりに《余暇絶対》が増加している。

	「余暇志向」《余暇絶対》	「余暇志向」《余暇優先》	《仕事・余暇両立》	「仕事志向」《仕事優先》	「仕事志向」《仕事絶対》	その他、わからない、無回答
1973年	4	28%	21	36	8	3
1978年	4	25	25	35	9	2
1983年	6	26	28	31	8	2
1988年	6	28	32	26	5	2
1993年	7	29	35	21	5	3
1998年	9	28	35	21	5	2
2003年	9	26	38	21	4	3
2008年	9	26	35	21	5	3
2013年	11	26	36	21	5	2
2018年	10	26	38	19	4	3

図V－5　仕事と余暇〈全体〉

仕事より余暇を優先する《余暇絶対》と《余暇優先》を合わせて「余暇志向」型とし、余暇より仕事を優先する《仕事優先》と《仕事絶対》を合わせて「仕事志向」型として、「余暇志向」型、《仕事・余暇両立》、「仕事志向」型の三つのグループに分けてみてみると、「仕事志向」型は、この四五年間で四四％から二三％と大幅に減少した。一方、《仕事・余暇両立》は二一％から三八％に増加、「余暇志向」型も三二％から三六％に増え、《仕事・余暇両立》と「余暇志向」型が拮抗するようになっている。

これを、男女別でみてみる（図V—6）。男性では、七三年の調査開始時点で「仕事志向」型が過半数の五四％を占めていた。その後も八〇年代前半までは五〇％前後を占め、「余暇志向」型や《仕事・余暇両立》を大きく上回っていた。それが八〇年代後半以降大きく減少し、九三年以降は《仕事・余暇両立》が最も多くなっている。また、九三年以降、二番手は「仕事志向」型と「余暇志向」型が拮抗していたが、一八年は「余暇志向」型が「仕事志向」型を上回っている。

一方、女性では、調査開始以来「余暇志向」型が四〇％前後と高い割合を占めており、この

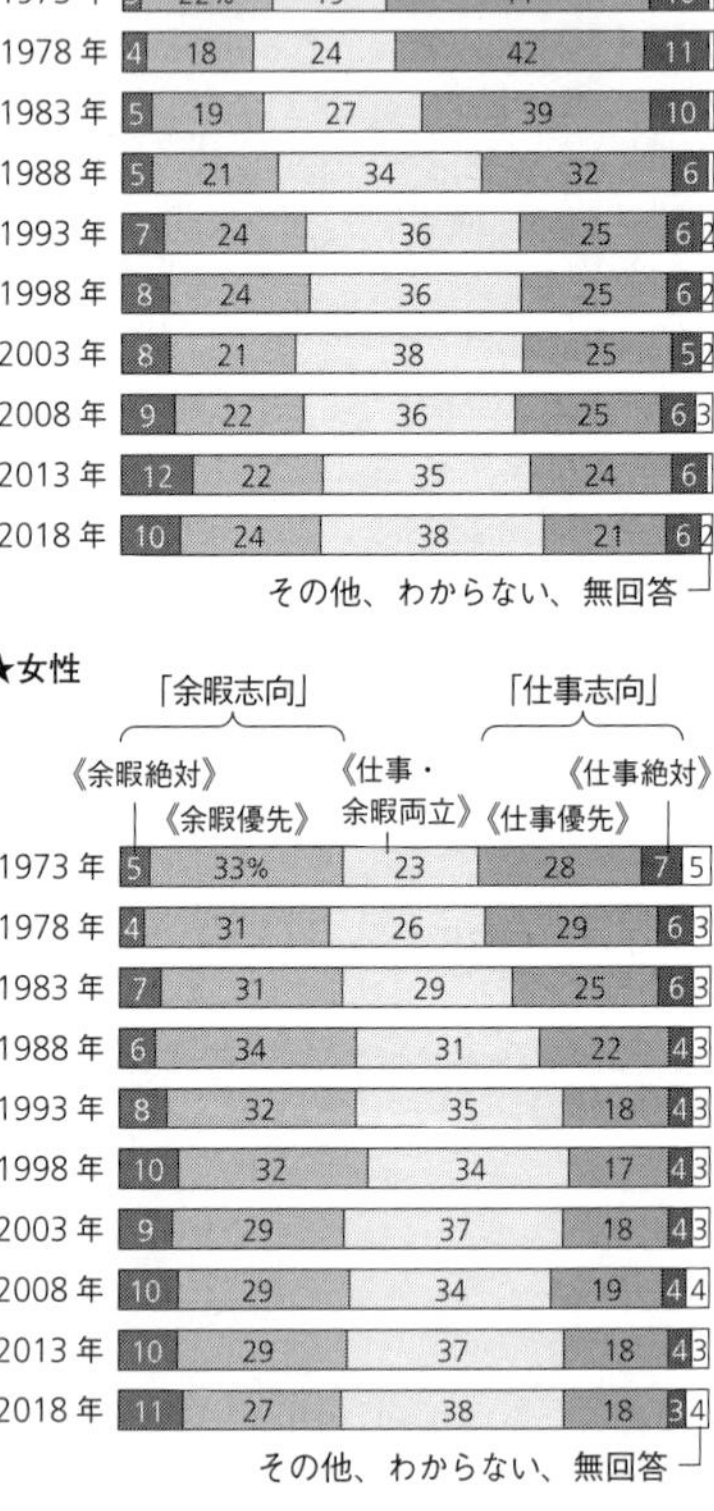

図V－6　仕事と余暇〈男女別〉

四五年間で大きな変化はない。変化があったのは、「仕事志向」型と《仕事・余暇両立》で、前者は三五％から二〇％へと大きく減少し、後者は二三％から三八％へと大きく増加している。男性と女性では、割合に違いがあるものの、八〇年代から九〇年代前半にかけて、どちらも仕事中心の生活から、仕事と余暇のバランスがとれた生活を重視する方向へ大きく変化したと言えよう。

時代状況の影響を大きく受けた「仕事志向」型

仕事と余暇のバランスについての考え方は、社会状況や経済状況が変化すれば変わるのであろうか。ここでは、《仕事・余暇両立》と「仕事志向」型が、生まれた年によってどの程度支持されているのかみていきたい。これまでの調査の結果を折れ線グラフで示した。

《仕事・余暇両立》についてみると、すべての線はほぼ同じ形で重なっている（図V―7）。この四五年間、私たちをとりまく社会や経済などの状況は変化しているにもかかわらず、生まれた年を基準にみると、割合はほとんど変わっていない。つまり、仕事にも余暇にも同じくらい力を入れるという考え方は、時代の影響を受けにくいと言えよう。

では、「仕事志向」型はどうだろうか（図V―8）。七三年と八三年の調査結果はほぼ重なっているが、九三年以降は、五〇年代より以前に生まれた人のグラフは下方にずれている。これは、時代状況の変化の影響を受けて、考え方が変わったことを意味する。九〇年代初めにバブル経済が崩壊し、これまでのような経済成長が見込めなくなる中で、人々の意識も変化したのである。

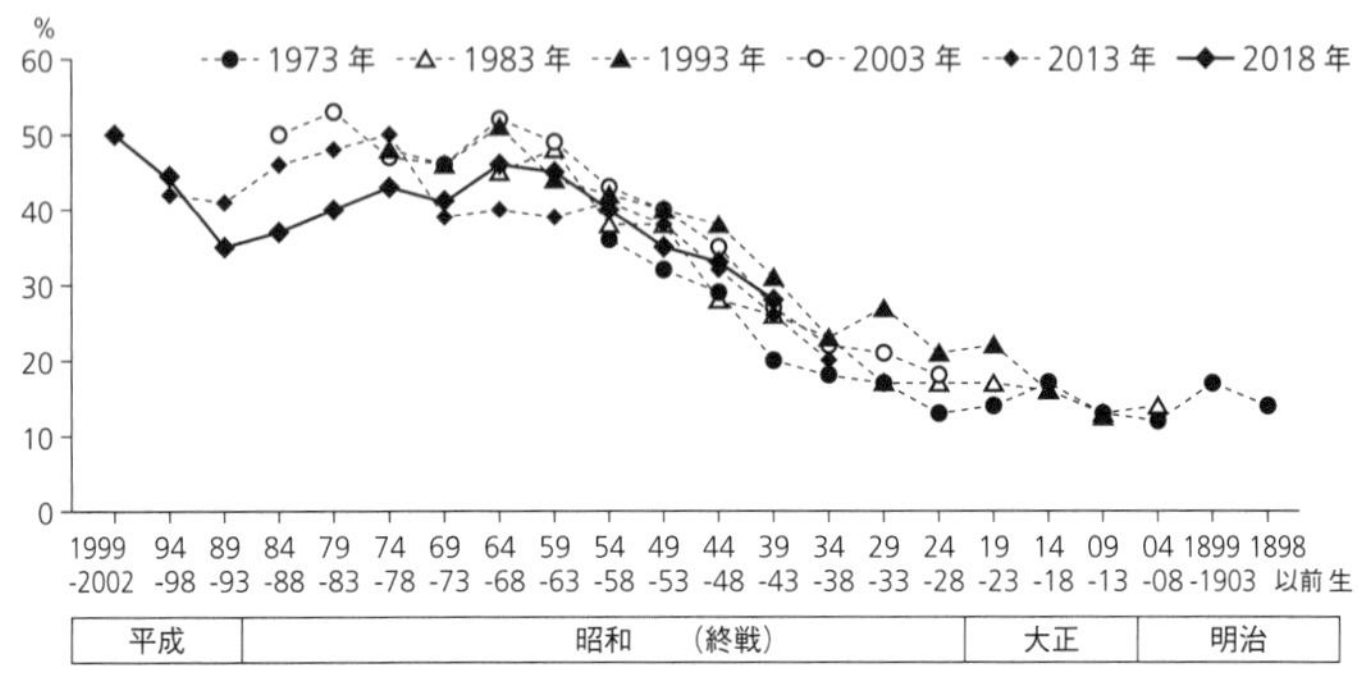

図V－7　仕事と余暇《仕事・余暇両立》〈生年別〉

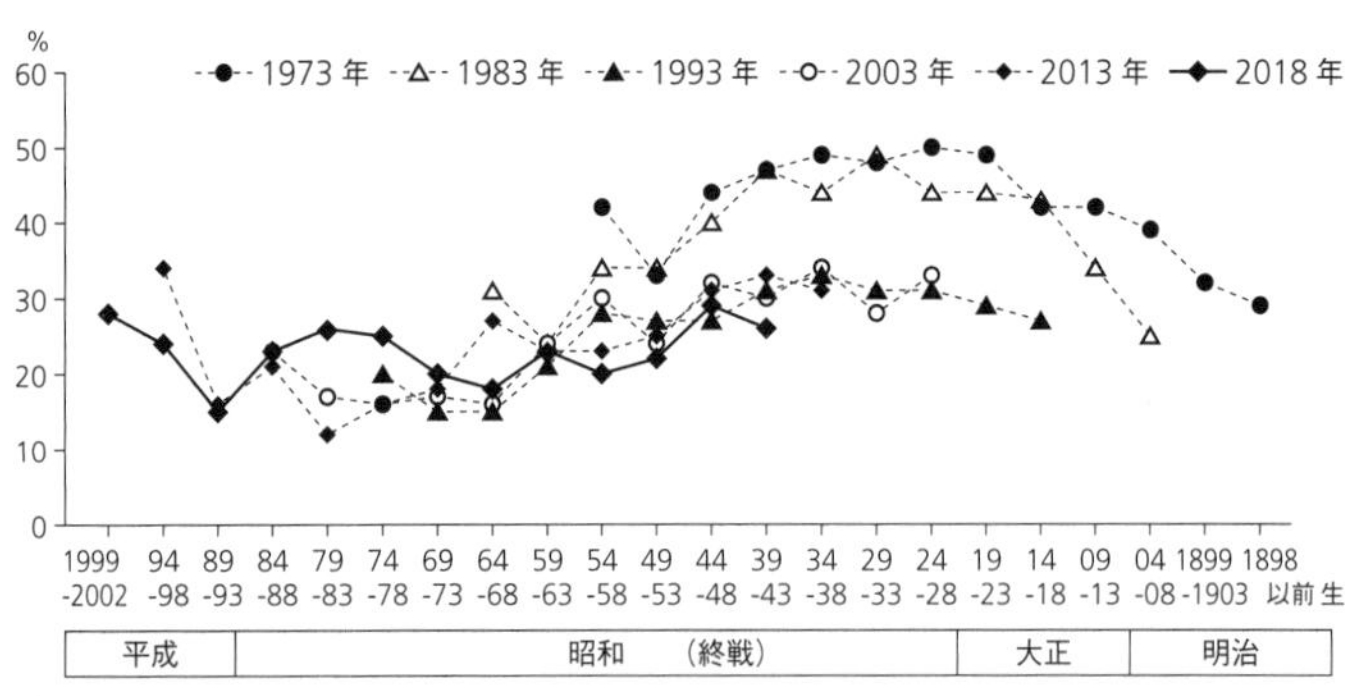

図V－8　仕事と余暇「仕事志向」型〈生年別〉

「仕事・余暇両立」は男女すべての年層で増加

図Ｖ―9は、七三年と一八年の結果を男女年層別で比較したときに、仕事と余暇のあり方についての意識にどのような違いがあるかを示したものである。

男性は、七三年はすべての年層で「仕事志向」型が最も多く、中年層で六〇％、ほかの年層でも五〇％近くを占めている。しかし、一八年は、「仕事志向」型は大きく減少し、すべての年層で三〇％に満たない。代わりに増加したのは《仕事・余暇両立》で、若年層、中年層では四〇％

★男性

%	1973年 若年層	1973年 中年層	1973年 高年層	2018年 若年層	2018年 中年層	2018年 高年層
その他・わからない・無回答	2	1	4	1	0	3
「仕事志向」型	49	60	46	22	26	29
《仕事・余暇両立》	29	14	15	43	41	35
「余暇志向」型	20	26	35	34	32	34

★女性

%	1973年 若年層	1973年 中年層	1973年 高年層	2018年 若年層	2018年 中年層	2018年 高年層
その他・わからない・無回答	3	3	17	2	0	7
「仕事志向」型	31	38	27	24	19	21
《仕事・余暇両立》	34	19	12	45	43	32
「余暇志向」型	32	40	43	30	37	41

※若年層：16～29歳、中年層：30～59歳、高年層：60歳以上

図Ｖ－9　仕事と余暇〈男女年層別〉

を超えた。また、「余暇志向」型も若年層、中年層で増加し、すべての年層で三〇％を超えている。女性は、「仕事志向」型は、中年層、高年層で減少しており、若年層では変わらない。《仕事・余暇両立》は、男性と同様に、すべての年層で増加している。一方、「余暇志向」型については、この四五年間で大きな変化はみられなかった。

仕事と余暇のバランスと時代状況

以上、仕事と余暇のバランスについてみてきたが、「日本人の意識」調査の結果からは、八三年から九三年の間に、日本人の意識が大きく変化したことが読み取れる。この一〇年間は、どのような時代だったのだろうか。

八〇年代の日本は、自動車や家電製品などのハイテク産業を中心に輸出が伸び、世界最大の貿易黒字国となっていた。「二四時間戦えますか」というキャッチコピーのコマーシャルが象徴するように、会社のためにひたすら奔走し続ける「企業戦士」が日本の経済成長を支えていた時代であった。その一方で、日本人の長時間労働は、欧米諸国との貿易摩擦の問題において批判の的となり、政府は年間総労働時間の短縮を政策目標に掲げるようになった。八七年には労働基準法が改正され、それまでの「一日八時間・週四八時間」の法定労働時間が「一日八時間・週四〇時間」へと段階的に引き下げられることになった。その結果、週休二日制を採用する企業が増加し、週末に余暇を楽しむ時間を得る人が増えていった。ＮＨＫ放送文化研究所が実施した「国民生活時間調査」をみても、有職者の土曜日の平均の仕事時間は、八五年には六時間二四分だったのが、九五年には四時間三九分に減少している。

ハード面でも、八三年に東京ディズニーランドが開園したほか、八六年からのバブル経済による投資の増大により、全国各地でリゾート開発が進み、ゴルフ場、スキー場、リゾートマンションが急増した。政府も、八六年に「海外旅行倍増計画」を発表し、円高を背景に海外旅行者数は九〇年には目標の一〇〇〇万人を超えた。こうした時代状況の中で、人々の意識は余暇を重視する方向へ変わっていったのである。

しかし、その後をみると、バブル崩壊後の九〇年代前半以降は、変化がほとんどみられない。

この二五年間の有給休暇の取得率〔4〕は、九三年の五六％をピークに下降しており、二〇〇〇年代に入ると五〇％を下回るようになった。厚生労働省の一二年の調査では、有給休暇の取得に「ためらいを感じる」という人は六六％〔5〕に上り、その理由としては「みんなに迷惑がかかるから」「後で多忙になるから」「職場の雰囲気で取得しづらいから」という理由が多かった。バブル後の景気後退や最近では人手不足の職場が増えたことなどから、余暇を重視する人の増加が頭打ちになったと考えられる。ただ、一八年は有給休暇の取得率が、再び五〇％を上回った。これは、政府が進めている働き方改革が影響している。過労死や過労自殺の増加に歯止めをかけるため、時間外労働すなわち残業時間に上限を設けるとともに、年五日の有給休暇を必ず取得させることが企業に義務付けられた。一九年四月の法律の施行に先んじて、残業を減らし、有給休暇の取得にも積極的な企業が増えている。働き方改革の進展によって仕事と余暇のバランスが今後どのように変化するのかが注目される。

3　余暇の使い方――どの時代も一番「好きなことをして楽しむ」

前節でみたように、仕事にも余暇にも同じくらい力を入れるという《仕事・余暇両立》の人が、この三〇年間はもっとも多くなっている。日本人の意識の中に、余暇は仕事と同じぐらい大切なものであるという考え方が定着したと言えよう。では、人々は余暇をどのように過ごしているのだろうか。この調査では、自分の自由になる時間にしていることについて、一番多くしていることと、二番目に多くしていることを、次の六つの選択肢から答えてもらっている（第20問）。

1. 好きなことをして楽しむ　《好きなこと》
2. 体をやすめて、あすに備える　《休息》
3. 運動をして、体をきたえる　《運動》
4. 知識を身につけたり、心を豊かにする　《知識》
5. 友人や家族との結びつきを深める　《友人・家族》

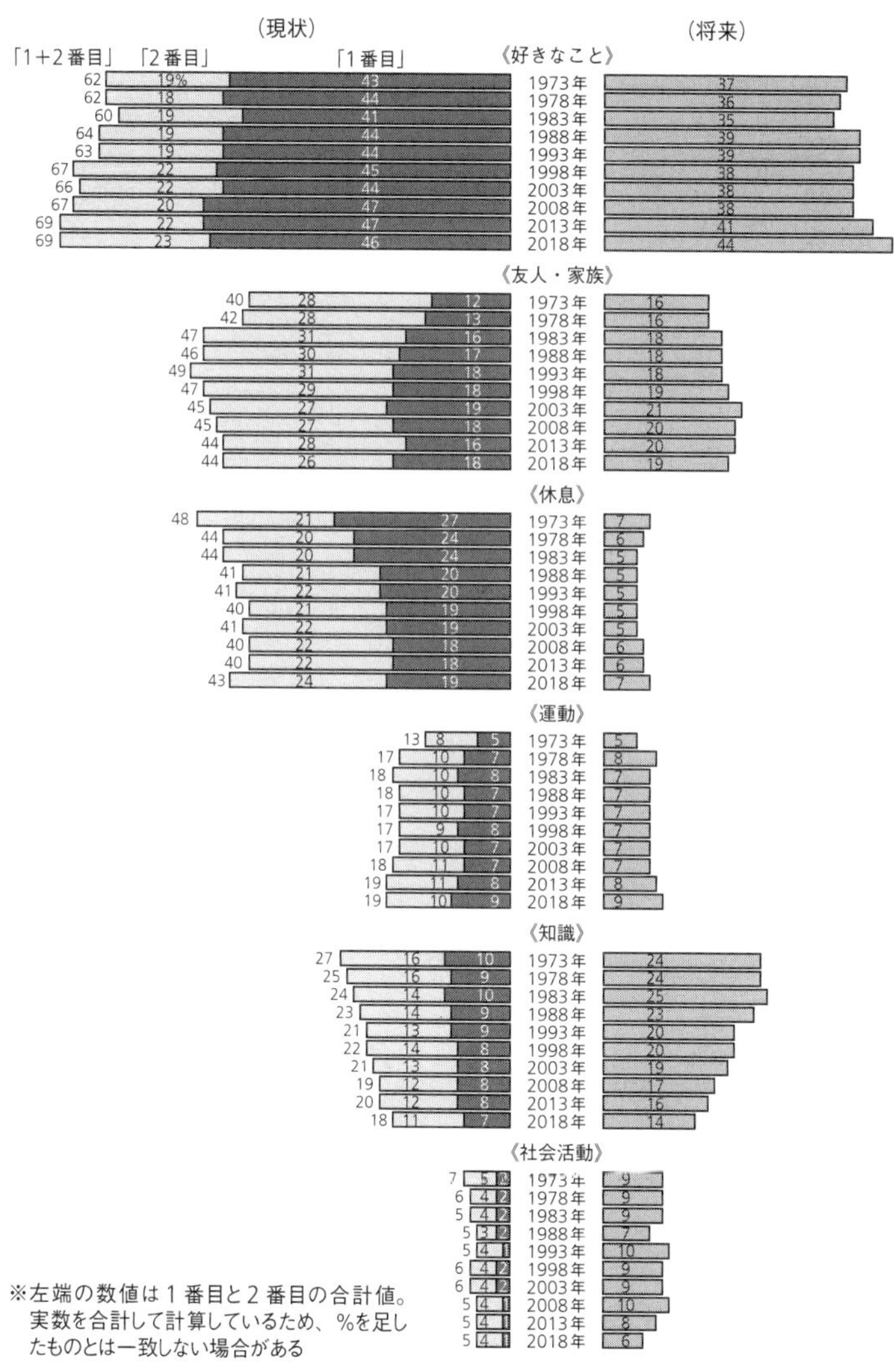

図V－10　余暇の過ごし方〈全体〉

6．世の中のためになる活動をする《社会活動》

図V―10の左側のグラフは、一番多くしていることと、二番目に多くしていることを合わせた結果である。《好きなこと》は、調査開始以来、常に六〇％を超えており、どの時代でも最も多い。八三年にわずかに減ったものの、この二〇年間は七割近くを保っている。

次に多いのが、《友人・家族》と《休息》で、ともに四〇％台で推移している。

その他の項目について四五年前と比べると、《運動》が一三％から一九％に増加した一方で、《知識》は二七％から一八％に減少したため、今では両者は拮抗している。《社会活動》は、調査開始以来、常にすべての項目の中で最も少なく、これまで一度も一〇％に届いたことがない。

高年層で大きく減少する「休息」

一番多くしていることを若年層、中年層、高年層の三つの年層別に、七三年と一八年で比較してみた（表V―2〈現状1番目〉）。

すべての年層で変化がみられたのは、《友人・家族》だけで、いずれも増加している。余暇を利用して身近な人たちとのつながりを深めている人が年層を問わず増えている。

その他の項目をみると、中年層と高年層で《好きなこと》と《運動》が増加した一方で、《休息》が減少している。《休息》は、高年層では七三年に三一％だったのが、一八年は一七％と大幅に

表V－2　余暇の過ごし方（現状１番目、将来）〈年層別〉

	若年層（16～29歳）					中年層（30～59歳）					高年層（60歳以上）				
	（現状 1 番目）				（将来）	（現状 1 番目）				（将来）	（現状 1 番目）				（将来）
	1973		2018		2018	1973		2018		2018	1973		2018		2018
《好きなこと》	54%		56	>	42	38	<	43		43	39	<	47		45
《友人・家族》	13	<	18		20	12	<	23		21	9	<	12	<	17
《休息》	15		15	>	6	31	>	22	>	6	31	>	17	>	8
《知識》	9	>	3	<	17	11	>	6	<	15	9		9	<	13
《運動》	7		7		11	4	<	6	<	9	4	<	12	>	7
《社会活動》	1		0	<	3	2	>	1	<	6	3		2	<	7

※数字の間の不等号は両側の数字を比較した検定結果（信頼度95%）で、左側が高ければ「>」、低ければ「<」で示した

減っている。また、《知識》は、若年層と中年層で減少し、《社会活動》は、中年層で減少している。

これまでみてきたとおり、日本人の意識は、《仕事優先》から《仕事・余暇両立》へとシフトしている。そうした中で《休息》が減少したのは、余暇は体を休めて仕事に備えるために使うべきだという考えが後退し、積極的な余暇活動のために使うべきだという考えが広まったためだと考えられる。特に、高年層についていえば、時間に余裕があるだけでなく、気力も体力も充実している人は多い。身近な人との時間を楽しみながら、いつまでも健康でいられるように運動で体も鍛え、好きなことにもいそしむ、多彩で充実した余暇活動の様子がうかがえる。

将来の余暇の過ごし方

さらに調査では、余暇の過ごし方について、将来はどんなことをして自由になる時間を過ごしたいか尋ねている（第21問）。

図V―10の右側のグラフで、将来の場合も、余暇を《好きなこ

と》に使いたいという人が最も多く、どの時代も四割程度を占めている。次いで、《友人・家族》《知識》が多くなっている。

調査開始からこの四五年間における変化をみると、《好きなこと》《友人・家族》《運動》が増加した一方で、《知識》は減少している。七三年の二四％から、一八年は一四％まで減って大きく変化した。

また、将来してみたい余暇活動を、さきほどと同じ三つの年層にわけてみてみる（表Ｖ―２〔将来〕）。これを現状において一番多くしている余暇活動と一八年の結果で比較してみる。

すべての年層において、《休息》は、将来より現状のほうが多い。このほか、将来より現状のほうが多いのは、若年層の《好きなこと》と高年層の《運動》である。反対に、現状より将来で重視されているのは、すべての年層において《知識》と《社会活動》である。また、中年層の《運動》と高年層の《友人・家族》も将来では重視されている。

この余暇活動における現状と将来の違いをみると、現状では、あすの仕事に備えて体を休める消極的な余暇の過ごし方をしていても、将来は、積極的に余暇活動をしたいと考えている人が多いということではないだろうか。

注

〔1〕野村総合研究所「日本の労働人口の49%が人工知能やロボット等で代替可能に～601種の職業ごとに、コンピューター技術による代替確率を試算～」二〇一五年

〔2〕厚生労働省「平成30年版働く女性の実情」（二〇一九年6月24日公表）

〔3〕厚生労働省「雇用均等基本調査」（二〇一八年度）

〔4〕労働政策研究・研修機構「年次有給休暇の付与日数・取得日数・取得率」URL https://www.jil.go.jp/kokunai/statistics/timeseries/html/g0504.html

〔5〕厚生労働省「労働時間等の設定の改善の促進を通じた仕事と生活の調和に関する意識調査」（二〇一二年）

Ⅵ 日常生活

日本人は日常生活にどれくらい満足しているのだろうか。この調査では、衣食住や生きがいなど四つの側面と生活全体について、それぞれの満足感を尋ねているが、最近の五年間で満足している人はさらに多くなった。

1 側面別の満足感――すべての側面で過去最多に

「物質面で満足」が「精神面で満足」を上回る

生活の満足感を構成する要素として精神面と物質面、個人生活と社会生活があると考え、それぞれを組み合わせて四つの側面を設定し、満足感を聞いている。具体的には、次の文を読み上げ、「そう思う」か「そうは思わない」かを答えてもらっている（第3問）。

1. 着るものや食べもの、住まいなど、物質的に豊かな生活を送っている（衣食住）
2. 生きがいをもち、心にハリや安らぎのある生活を送っている（生きがい）
3. 環境がととのい、安全で快適に過ごせる地域に住んでいる（地域の生活環境）
4. この地域や自分の職場・学校には、打ちとけて話し合ったり、気持ちよくつきあえる人が多い（地域や職場などの人間関係）

「衣食住」は個人生活・物質面での満足感、「生きがい」は個人生活・精神面での満足感、「地域の生活環境」は社会生活・物質面での満足感、「地域や職場などの人間関係」は社会生活・精神面での満足感に該当する（図Ⅵ―1）。

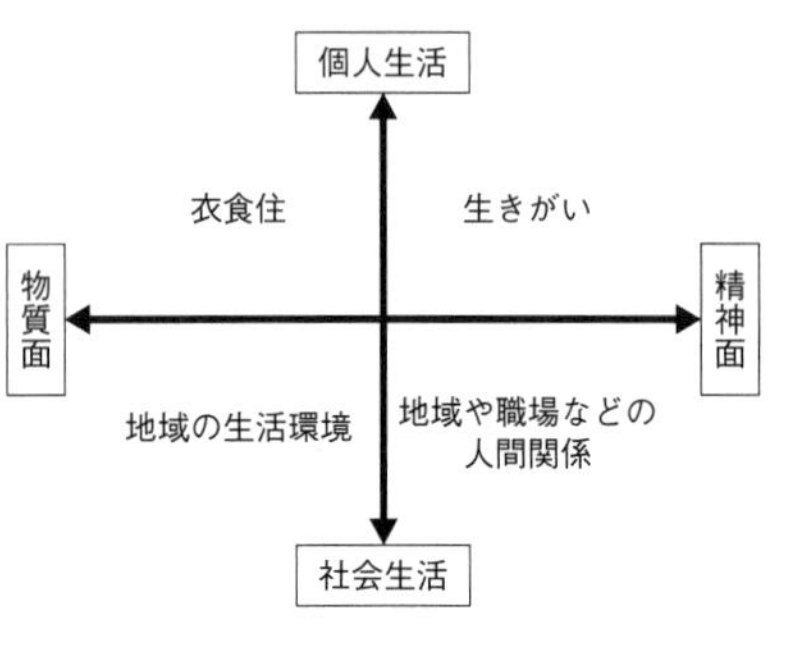

図Ⅵ－1　「生活の各側面についての満足感」の構成

「そう思う」という人、つまり満足している人の推移を示したのが図Ⅵ―2である。

四つの側面とも一九七三年から七八年にかけて満足している人が増えたが、その後は、それぞれの側面によって変化の様相が異なる。

まず、「衣食住」についてみると、七八年に続いて八三年も増えて、その後は二〇〇八年まで変化しなかったが、一三年に再び増加した。今では八一％の人が満足している。

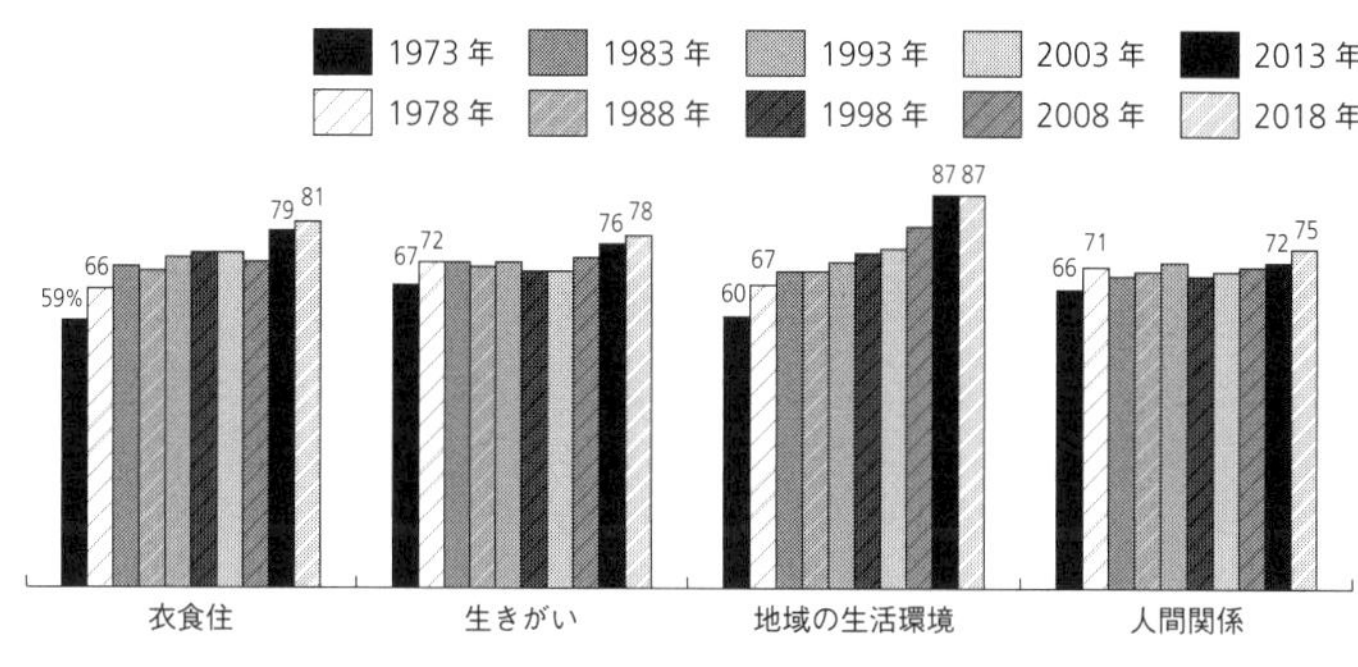

図Ⅵ－２　生活の各側面についての満足感「そう思う」〈全体〉

「生きがい」は、七八年に増えた後、長い間変化がなかったが、〇八年以降、三回連続で増加した。今では七八％の人が満足している。

「地域の生活環境」は、満足している人が調査開始以来、一貫して増加傾向にあり、今では四つの側面で最も多い八七％に上っている。

「地域や職場などの人間関係」は、七八年に増えたが、八三年と九八年には若干減った。その後は変化がなかったが、最近の五年間では増加しており、今では七五％の人が満足している。

このように、満足している人は、四つの側面のすべてで四五年前より大幅に増えており、今回の調査では、いずれの側面も過去最多（「地域の生活環境」は前回と並び最多）となった。

満足感を物質面と精神面とで分けてみてみると、四五年前には、物質面である「衣食住」と「地域の生活環境」は、四つの側面の中では満足している人が少なく、精神面であ

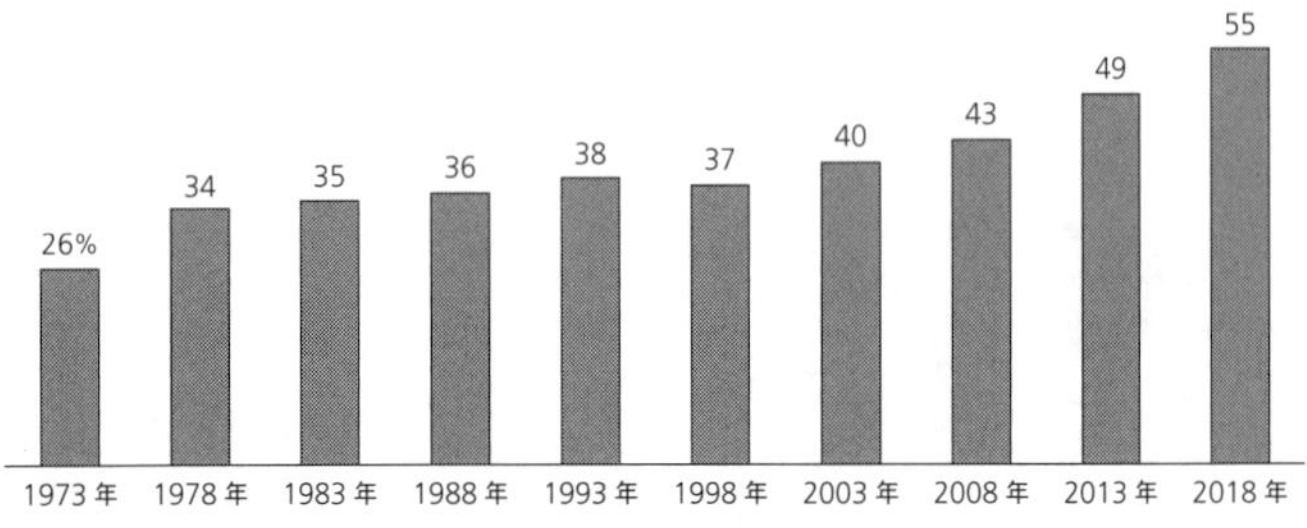

図Ⅵ－3　生活満足感　4つの側面とも「そう思う」〈全体〉

る「生きがい」と「地域や職場などの人間関係」は満足している人が多かった。しかし、この四五年間で、「衣食住」が二二ポイント、「地域の生活環境」が二七ポイント増加し、物質面では満足している人がいずれも八割を超えて大きく変化したのに対し、精神面の「生きがい」は一一ポイント、「地域や職場などの人間関係」は九ポイントの増加にとどまり、物質面に比べると精神面の増加幅は小さい。その結果、四五年前とは反対に、精神面で満足している人よりも物質面で満足している人の方が最近では多くなっている。

ちなみに、四つの側面すべてに満足している人は、七三年には二六％であったが、一八年は五五％となり、初めて半数を超えた（図Ⅵ－3）。

若年・中年層で満足感が高まる

四つの側面について、それぞれ七三年と一八年の調査結果を年層別に示したのが図Ⅵ－4である。

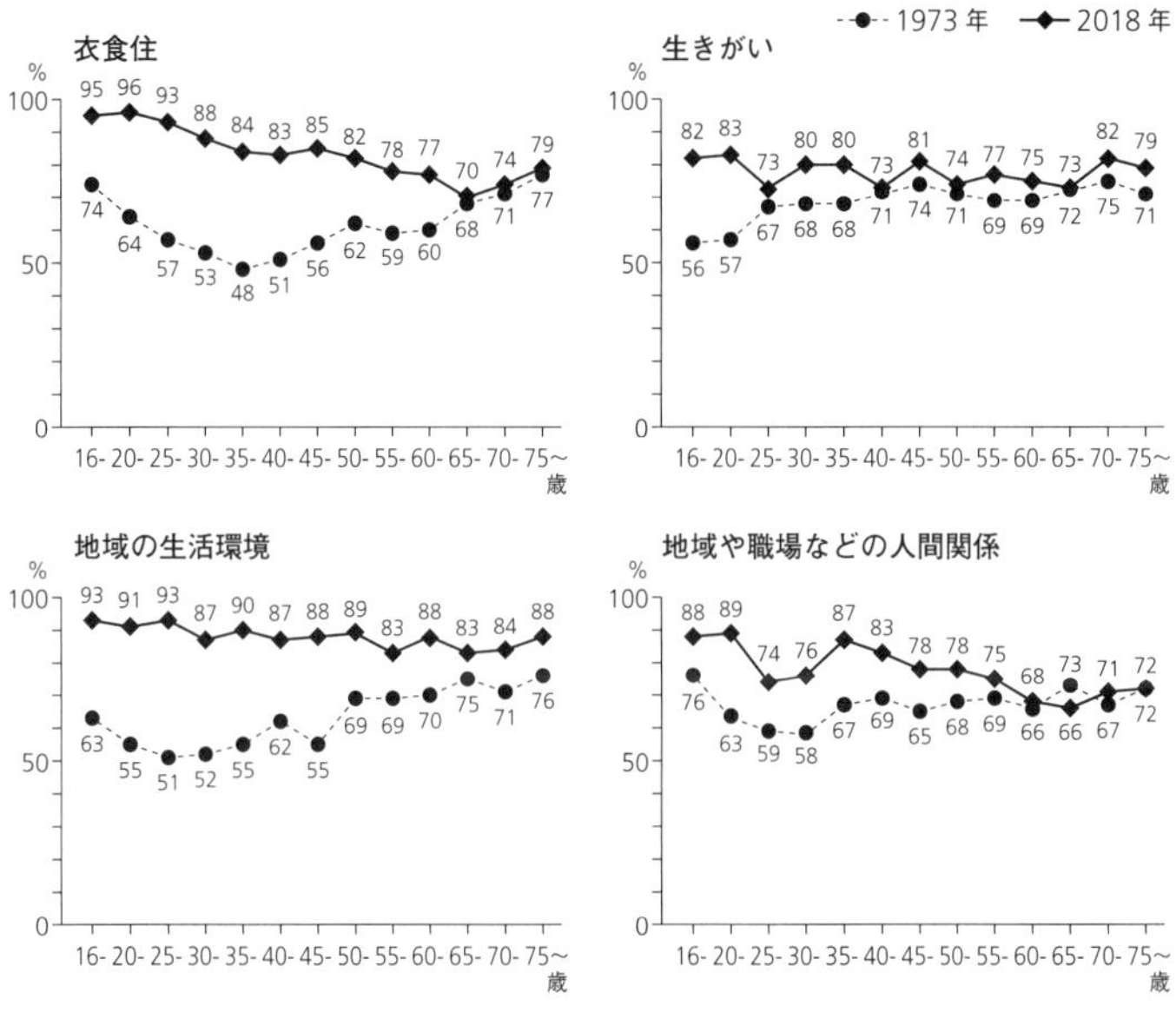

図Ⅵ－４　生活の各側面についての満足感「そう思う」〈年層別〉

「衣食住」は、七三年は三〇代から四〇代の中年層の満足感が低く凹型のグラフを描いていたが、その後、四五年の間に中年層を中心に満足している人が大きく増えたため、一八年では、ほぼ直線のグラフになり、満足感は若年層で高く、年齢が高くなるにしたがい低くなっている。

「生きがい」は、四つの側面の中で最も変化が少ない。四五年の間に大幅に増えたのは、二〇代前半までの若年層と三〇代の中年層だけである。

「地域の生活環境」は、七三年には若年層と中年層で満足感が低かったが、すべての年層で満足している人が八割以上を占めるようになり、一八年では、年層による差はほとんどなくなった。

「地域や職場などの人間関係」は、五〇代以下のすべての年層で増加したが、一八年は、二〇代前半までの若年層と三〇代後半から四〇代前半までの中年層が八割以上と高く、六〇代で低くなっている。

このように、日常生活の満足感は、若年層と中年層を中心に大きく増加した。特に、物質面では、二〇代以下の若年層の九割以上が満足している。

2 生活全体の満足感——引き続き九割超が満足

若年層の満足感が著しく高まる

日常生活の総合的な満足感についても尋ねている。「あなたは今の生活に、全体としてどの程度満足していますか」という質問をし、次の選択肢から回答してもらっている（第4問）。

1. 満足している 《満足》
2. どちらかといえば、満足している 《やや満足》
3. どちらかといえば、不満だ 《やや不満》
4. 不満だ 《不満》

全体の結果を図Ⅵ―5に示した。《満足》は一九七三年の二一％から徐々に増え、二〇一八年は三九％となっている。《やや満足》を含めると、九二％もの人が生活全体に満足している。

次に、「満足している」（《満足》＋《やや満足》）と回答した人を年層別にみてみる（図Ⅵ―6）。調査を始めた七三年は、二〇代までの若年層の満足感が低く、中年層、高年層と年層が上がるにしたがい満足感が高くなる傾向があったことがわかる。しかし、一八年の調査では、満足感は若年層で最も高くなっている。この四五年の間に、日常生活に満足している人は、ほとんどの年層

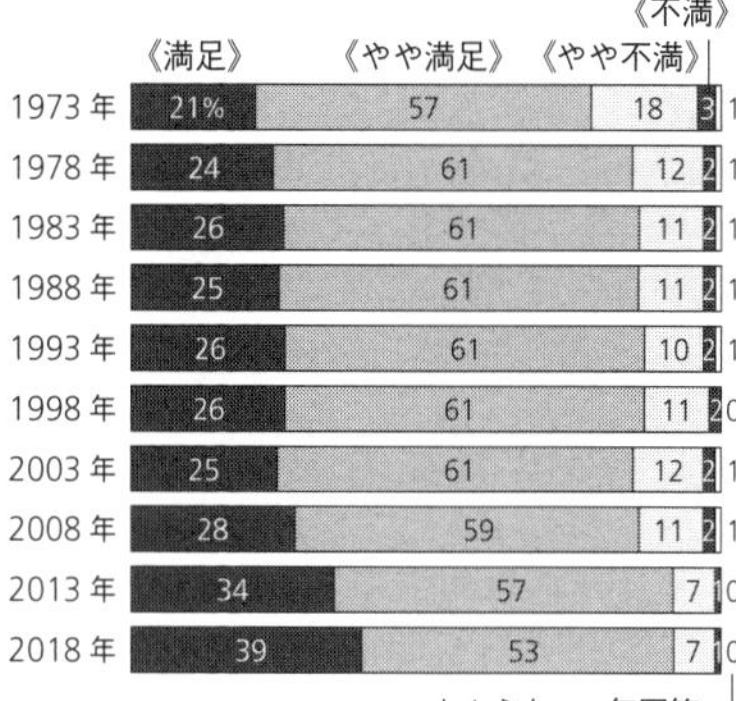

図Ⅵ－5　生活全体についての満足感〈全体〉

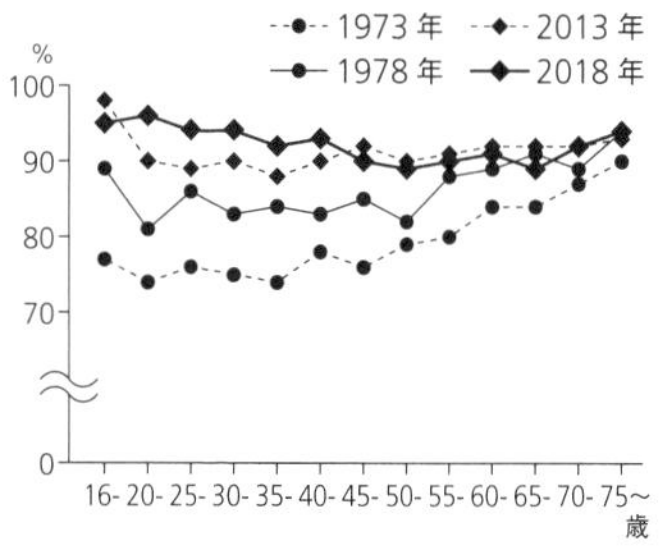

図Ⅵ－6　生活全体についての満足感
「満足している」（《満足》＋《やや満足》）
〈年層別〉

で増えているが、若年層で著しく増えたのである。

内閣府が一八年に実施した「国民生活に関する世論調査」では、今後求めるのは「物の豊かさか、それとも心の豊かな生活か」を尋ねている。それによると、「物質的にはある程度豊かになったので、これからは心の豊かさやゆとりのある生活をすることに重きを置きたい」（以下、「心の豊かさ」）と答えた人が六一％、「まだまだ物質的な面で生活を豊かにすることに重きをおきたい」（以下、「物の豊かさ」）と答えた人が三〇％となっている。年層別では、四〇代以下は、全体に比べて「物の豊かさ」を重視する人の割合が高く、特に、二〇代以下では四二％と全体より一〇ポイント以上高くなっている。前述した四つの側面でも、物質面の「衣食住」と「地域の生活環境」の満足感が、若年層では九割を超えて極めて高かった。この物質面の満足感の高さが、若年層の生活全体の満足感を高めていると考えられる。

生活の満足感は経済状況だけでは決まらない

図Ⅵ―5に示した通り、生活全体に「満足している」（《満足》＋《やや満足》）と回答した人は七八年と一三年に増加している。その当時の経済状況はどうだったのだろうか。七八年の調査は二度のオイルショックの狭間に行われた。七三年に始まった第一次オイルショックによって高騰した物価が下がり、景気も回復していたが、実質経済成長率は五・三％と高度経済成長期と比較すると半減していた。また、一三年ではさらに下がって二・〇%となっていた。

高度経済成長が終わり、低成長の時代に入ってからも日常生活に対する満足感は高まっていったのである。一方、日本中がバブル景気に沸いていた八〇年代後半には満足感に変化はみられず今よりも低い割合にとどまっていた。つまり、生活の満足感は経済状況だけでは決まらないということである。

3 生活充実の手段――四五年間変わらない「健康第一」

「健康な体」が減少 「経済力」「趣味」が増加

日本人は、自分が充実した生活を送るために何が重要だと考えているのだろうか。この調査では日々の生活を充実させるために必要と思われる次の五つの選択肢を示し、一位から五位まで順位をつけてもらっている（第7問）。

1. 豊かな趣味
2. やりがいのある仕事や活動
3. 経済力
4. なごやかなつきあい

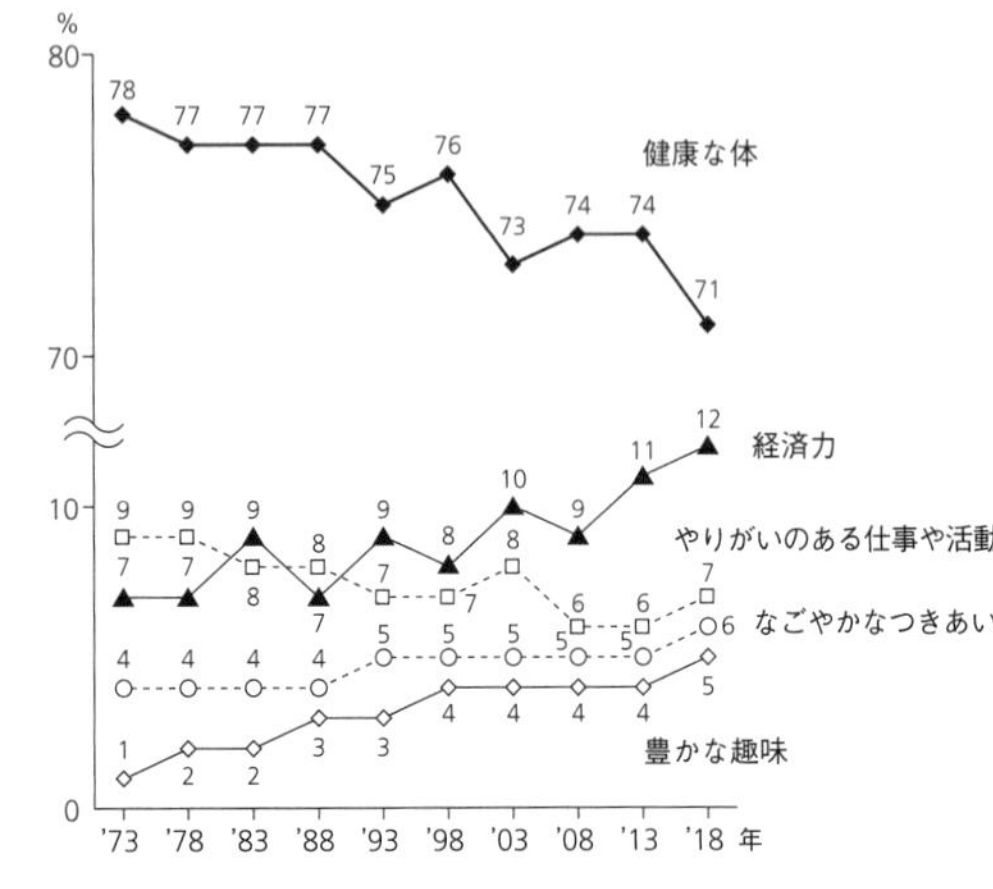

図Ⅵ－7　生活充実手段（1番目）〈全体〉

5. 健康な体

いつの時代でも「健康な体」を一番目に挙げる人が最も多い。一九七三年の七八％と比べると、二〇一八年は七一％に減っているが、他の項目と圧倒的な差があるのは四五年間変わっていない。次に多いのは「経済力」で、二〇〇〇年代になって増える傾向にある。一八年は一二％となり、「やりがいのある仕事や活動」などとの差が開いてきている。一方、「やりがいのある仕事や活動」「なごやかなつきあい」「豊かな趣味」はいつの時代も一割に満たない（図Ⅵ―7）。

余暇的な「趣味」を重視する人が増加

このように、「健康な体」以外を挙げる人が少ないので、それぞれの項目が三位までに選ばれた結果を足し合わせて、何が生活を充実させるための手段として重要視されているかをみてみた。

その結果、四五年間で大きな変化があったのは、「やりがいのある仕事や活動」と「豊かな趣味」である。この二つについて、男女年層別に、七三年と一八年の結果を比較したのが図Ⅵ－8である。「やりがいのある仕事や活動」は、男女とも若年層の減少が著しい。七三年には男性の若年層で八〇%だったのが、一八年には六一%に減少し、女性の若年層も六三%が四七%に減っている。また、男性の中年層でも七七%から六七%へと減少している。高年層と女性の中年層には変化はみられなかった。

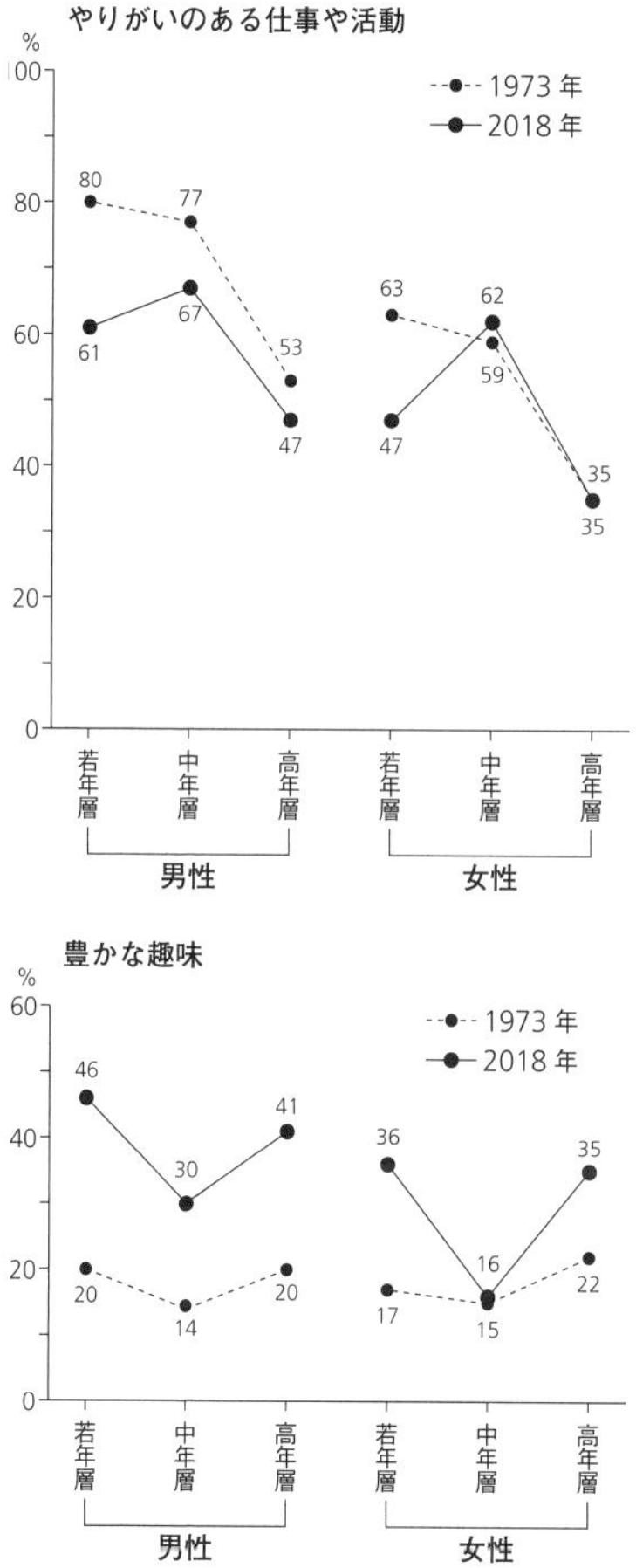

やりがいのある仕事や活動

豊かな趣味

※若年層：16～29歳、中年層：30～59歳、高年層：60歳以上

図Ⅵ－8　生活充実手段（1番目＋2番目＋3番目）〈男女年層別〉

「豊かな趣味」は、女性の中年層を除くすべての年層で増えている。特に、若年層と高年層で増えており、男性では、七三年には若年層も高年層も二〇%だったのが、一八年には、それぞれ四六%と四一%に大幅に増加している。女性も若年層で一七%が三六%に増加し、高年層も二二%から三五%に増えている。

生活充実の手段では、「仕事・活動」の地位が下がり、余暇的な「趣味」の地位が上がってきていることがわかる。第V章でも仕事と余暇のあり方について、「仕事志向」が減ってきていることに触れたが、仕事中心の生活から、仕事と余暇のバランスがとれた生活を重視する方向へ人々の意識が変わってきているのである。

4 貯蓄・消費態度——「計画的消費」と「貯蓄」が拮抗

「計画的消費」「貯蓄」はどの時代も四〇%台

「一か月分程度の臨時収入が手に入ったとしたら、そのお金をどうするのがいちばんいいと思うか」という質問をして、「消費」を重視するか、それとも「貯蓄」を重視するか尋ねている。具体的には、次の三つの選択肢の中から一つを選んでもらった（第5問）。

1．先のことは考えないで、思いきりよく使ってしまう《無計画消費》

2．何に使うか計画をたてて、その費用にあてる　《計画的消費》

3．将来必要となるかもしれないから、貯金しておく　《貯蓄》

これまでの結果をグラフで表したのが図Ⅵ―9である。《計画的消費》と《貯蓄》は、どの時代も四〇％台で拮抗しており、二〇一八年は、いずれも四三％である。《無計画消費》は常に少なく、いつの時代でも一〇％程度である。

%	'73	'78	'83	'88	'93	'98	'03	'08	'13	'18
《貯蓄》	44	45	47	42	42	41	40	43	42	43
《計画的消費》	42	41	40	42	43	44	46	44	46	43
《無計画消費》	11	11	11	13	12	12	11	10	10	11

図Ⅵ－9　貯蓄・消費態度〈全体〉

「消費」を重視するようになった高年層

全体でみると、貯蓄や消費に対する態度は四五年間であまり変わっていないようにみえるが、これを年層別にみると変化の違いがみえてくる（図Ⅵ―10）。

若年層では、一九七三年の調査開始以来、《計画的消費》が一番多く、常に《貯蓄》を上回っていた。しかし、二〇〇八年の調査では《貯蓄》が増加し、《計画的消費》が減少して両者の差はなくなった。〇七年に発覚した「年金記録問題」を受けて、貯蓄を意識する人が増えたのかもしれない。《無計画消費》も七三年は一五％と他の年層より多かっ

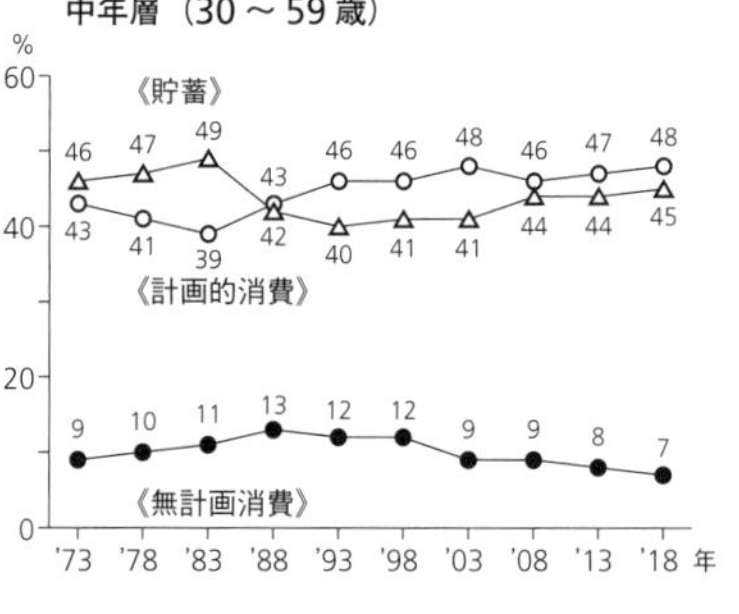

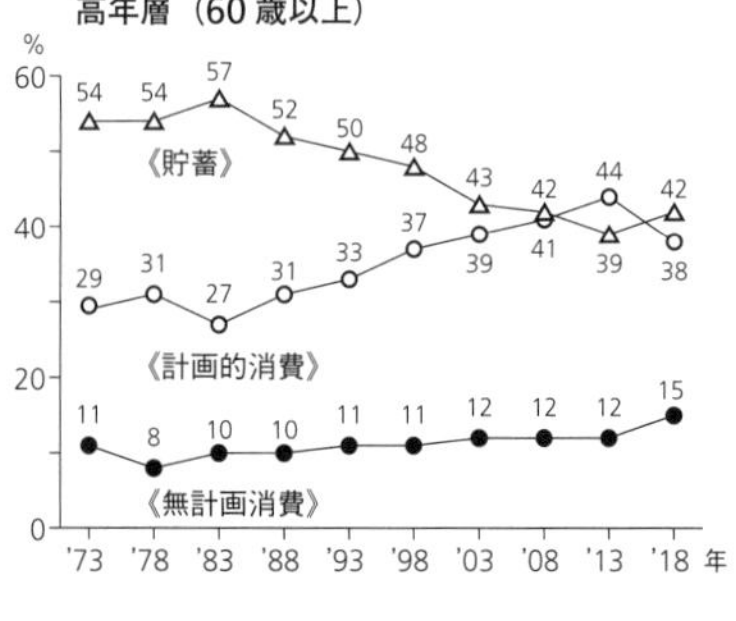

図Ⅵ－10　貯蓄・消費態度〈年層別〉

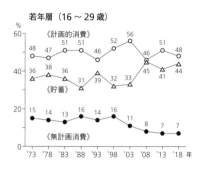

たが、二〇〇〇年代に入ってからは減少し、今では七％と半減している。

中年層は、全体の結果とほぼ同じ傾向を示している。七〇年代後半から八〇年代前半にかけては《貯蓄》が《計画的消費》より多かったが、九〇年代からは《計画的消費》が多くなり、最近の一〇年間は両者が拮抗している。また、若年層と同様に、《無計画消費》は二〇〇〇年代に入ってからは減少傾向にある。

高年層では、調査開始以来、長い間、《貯蓄》が一番多く、九〇年代前半までは常に五〇％以上を占めていた。その後は徐々に減少し、代わって増えてきた《計画的消費》と拮抗するようになっている。また、《無計画消費》は、この五年間で増加し、現在は若年層や中年層が七％であるのに対し、高年層は一五％と多くなっている。このように、高年層の貯蓄や消費に対する態度は、この四五年間でみると、「貯蓄」が減り、「消費」が増えるという方向へ大きく変化している。

高年層におけるこの傾向は、ほかの調査でもみてとれる。内閣府が毎年行っている「国民生活に関する世論調査」では、今後の生活において、貯蓄や投資など将来に備えることに力を入れたいと思うか、それとも毎日の生活を充実させて楽しむことに力を入れたいと思うかを聞いている。六〇歳以上の回答をみてみると、将来に備えることよりも、毎日の生活を楽しみたいと考える人は、この四五年間で三九％から八〇％へと大幅に増えていることがわかる（図Ⅵ－11）。また、内閣府が経済的な暮らし向きについて尋ねた一六年の調査(1)では、「心配ない」（「家計にゆとりがあり、まったく心配なく暮らしている」と「家計にあまりゆとりはないが、それほど心配なく暮らしている」の合計）と感じている人の割合は、六〇歳以上では六五％を占め

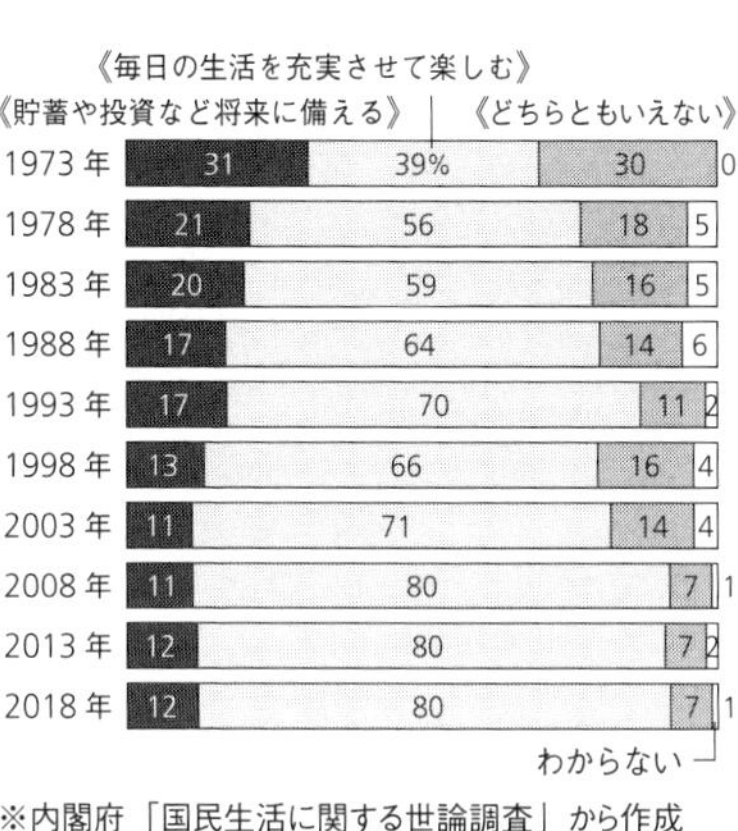

※内閣府「国民生活に関する世論調査」から作成

図Ⅵ－11　将来に備えるか、毎日の生活を充実させて楽しむか〈60歳以上〉

ている。毎日の生活を楽しみたいと考える人が増えたことに加え、家計については、さほど心配していないという人が多いことが、《貯蓄》よりも《消費》を重視する意識の変化につながったと言えよう。

では、そのような変化が生まれた背景には何があるのだろうか。

博報堂生活総合研究所は、超高齢社会が進んだ日本で、高齢期を迎えた人々を「第2世代高齢者」と名付けている。同研究所の分析によると、【旧世代高齢者】とは異なり、【第2世代高齢者】は、既に社会制度や情報の拡充が進んでいることもあり、どんな制度やサービスを活用できるか、どんな情報が参考になるか、誰が手本かが、ある程度「みえる化」している。長寿社会の「みえる化」で、年を取ると、どんな時に、どんな問題が起こるかを想定しやすくなった。そして、この変化は、【第2世代高齢者】にも影響を与え、長い老後生活を自らの力で運営する準備ができるようになったとしている〔2〕。

「日本人の意識」調査を始めた七三年当時は、総人口に占める六五歳以上の高齢者の割合（高齢化率）は七%台だった。七〇年に高齢化社会（高齢化率七%超）に突入して間もない頃で、長寿社会との付き合い方を探りながら生きていく必要があった。老後に対する先の見えない漠然とした不安があったため、《貯蓄》を重視する高齢者も多かったと考えられる。その後、高齢化はさらに進み、九四年には高齢社会（高齢化率一四%超）、〇七年には超高齢社会（高齢化率二一%超）へ突入し、一八年には高齢化率は二八%を超えた〔3〕。二〇〇〇年から始まった介護保険制度な

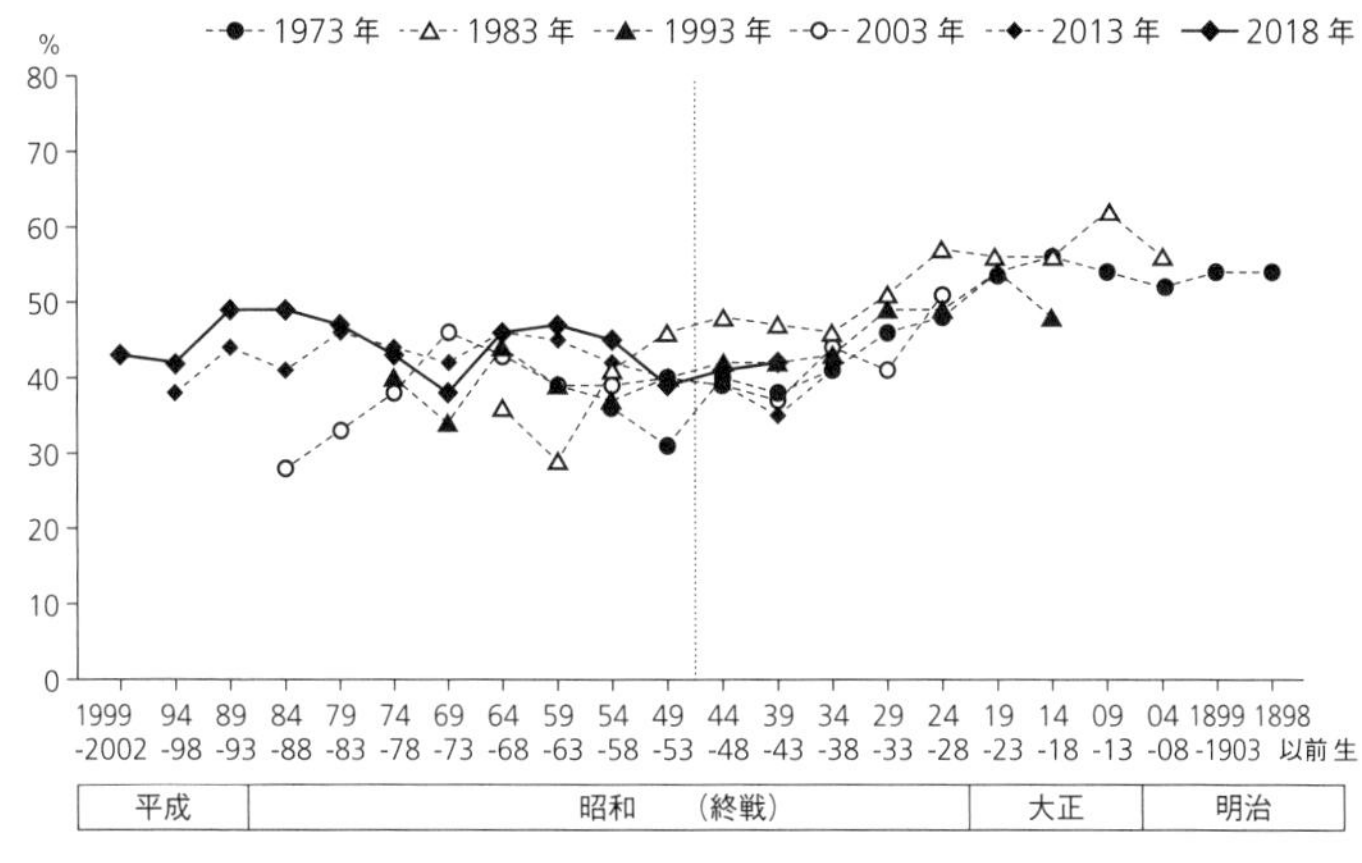

図Ⅵ－12　貯蓄・消費態度《貯蓄》〈生年別〉

ど日常生活を支える仕組みが整えられ、インターネットの普及により情報も入手しやすくなった。四五年前と比べると、老後の生活が想定できるようになり、先を見通せるようになったことも、高年層の「消費」や「貯蓄」に対する態度に変化をもたらしたと言えよう。

さらに、《貯蓄》を選ぶ人の割合を生まれた年ごとに表したグラフをみていただきたい（図Ⅵ―12）。グラフの右半分と左半分で特徴が異なっている。境は、終戦のころ（一九四四～四八年）までに生まれた人とそれ以降に生まれた人である。まず、グラフの右半分をみると、右上がりになっており、昔の世代の人ほど《貯蓄》を重視していることがわかる。また、グラフの線がほとんど重なっていることから、戦前に生まれた人たちの考え方は、戦後の時代の変化にかかわらず変わっていないことがわかる。

一方、左半分の戦後生まれの人たちについてみると、最近になるほどグラフが上にずれており、《貯蓄》を選ぶ人の割合が増えてきている。その結果、《貯蓄》志向の人が多い戦前生まれの人が減って世代交代をしても、全体では《貯蓄》志向の人の割合が変わらないようになっている。

5 欠かせないコミュニケーション行動——携帯・スマホ、ネットが増加

日常生活の重要な要素にコミュニケーション行動がある。「日本人の意識」調査では、テレビや新聞など一一の選択肢の中から、ふだんの生活の中で欠かせないと思うコミュニケーション行動について、実際に行っているかどうかにかかわらず、欠かせないと思っているものをいくつでも選んでもらっている（第1問）。

この質問は一九八三年から開始し、二〇〇三年からは「携帯電話を使う」と「インターネットを利用する」を追加した。さらに一三年には、「携帯電話を使う」を「携帯電話・スマートフォンを使う」に、また「CD・MDを聞く」を「CDを聞く」にそれぞれ変更した。

減少続くもトップは「テレビを見る」

まず、いくつでも選んでもらった複数回答の結果を折れ線グラフで示した（図Ⅵ―13の右側）。折れ線グラフは上から下にいくほど時代が新しくなるが、どの時代も最も多いのは「テレビを見る」である。九〇年代の八六％をピークに減少し、一八年は七九％で初めて八割を切った。それでも調査開始以来、常にトップの座を守っている。次いで多いのが、「家族と話をする」で一八年は七七％だった。〇三年に追加した「携帯電話・スマートフォンを使う」は調査を行うごとに増加し、一八年は六五％に増えて、「友人と話をする」（五六％）と「新聞を読む」（五二％）を抜いて三番目に多くなっている。

最も欠かせないのは「家族と話をする」

調査では、いくつでも選んでもらった中から、「どうしても欠かせないと思うこと」を「一番目」と「二番目」の順に挙げてもらっている（第2問）。棒グラフをみていただきたい（図Ⅵ―13の左側）。「一番目」だけをみると、どの時代も「家族と話をする」が四〇％台で最も多くなっている。いくつでも選んでもらった複数回答の結果では「テレビを見る」が最も多かったが、どうしても欠かせないコミュニケーションでは「家族と話をする」を選ぶ人が多い。

次に、「一番目」と「二番目」をあわせた結果をみてみる。選択肢を追加した〇三年以降でみると、増えているのは「携帯電話・スマートフォンを使う」と「インターネットを利用する」だけであ

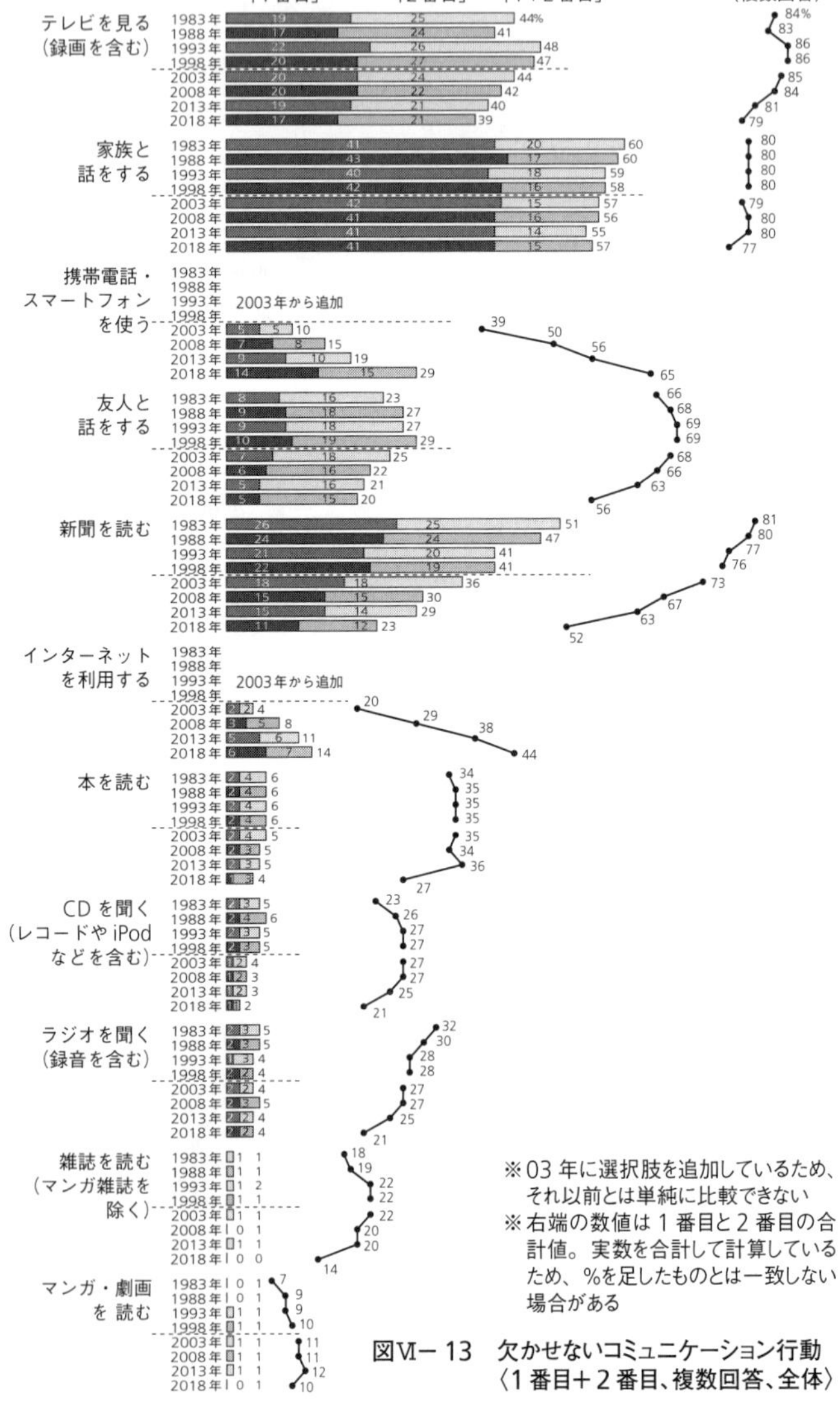

※03年に選択肢を追加しているため、それ以前とは単純に比較できない
※右端の数値は1番目と2番目の合計値。実数を合計して計算しているため、%を足したものとは一致しない場合がある

図Ⅵ－13　欠かせないコミュニケーション行動〈1番目＋2番目、複数回答、全体〉

る。その一方で、「テレビを見る」「友人と話をする」「新聞を読む」「CDを聞く」「雑誌を読む」は、いずれも減少している。特に「新聞を読む」は、選択肢を追加した〇三年より前とは単純に比較できないが、減少傾向が続いている。

年齢で違うコミュニケーション行動

次に、年齢によってどのような違いがあるかみていきたい（図Ⅵ―14）。比較可能な調査の中で最も古い〇三年の結果を点線、一八年の結果を実線で示した。

一八年の「テレビを見る」「新聞を読む」の年層別の傾向をみると、いずれも年齢が高くなるにつれて、欠かせないと思う人が多くなっている。七〇代以上では「テレビを見る」は九割程度、「新聞を読む」は八割近くが欠かせないと思っており、高齢者の日常生活において、テレビや新聞は必要不可欠な存在になっていることがわかる。一方で、年齢が若くなるにしたがい欠かせないと思う人は少なくなり、二〇代後半では「テレビを見る」は五割程度にとどまっている。「新聞を読む」は、年層による違いがさらに大きくなり、三〇代以下では二割にも満たない。また、〇三年と一八年を比較すると、「テレビを見る」は、五〇代前半までと六〇代で減少し、「新聞を読む」は、七五歳以上を除く全ての年層で減少している。特に、「新聞を読む」の三〇代から四〇代前半までの減少幅が大きく、三〇代後半についてみると、〇三年は七二％だったのが、

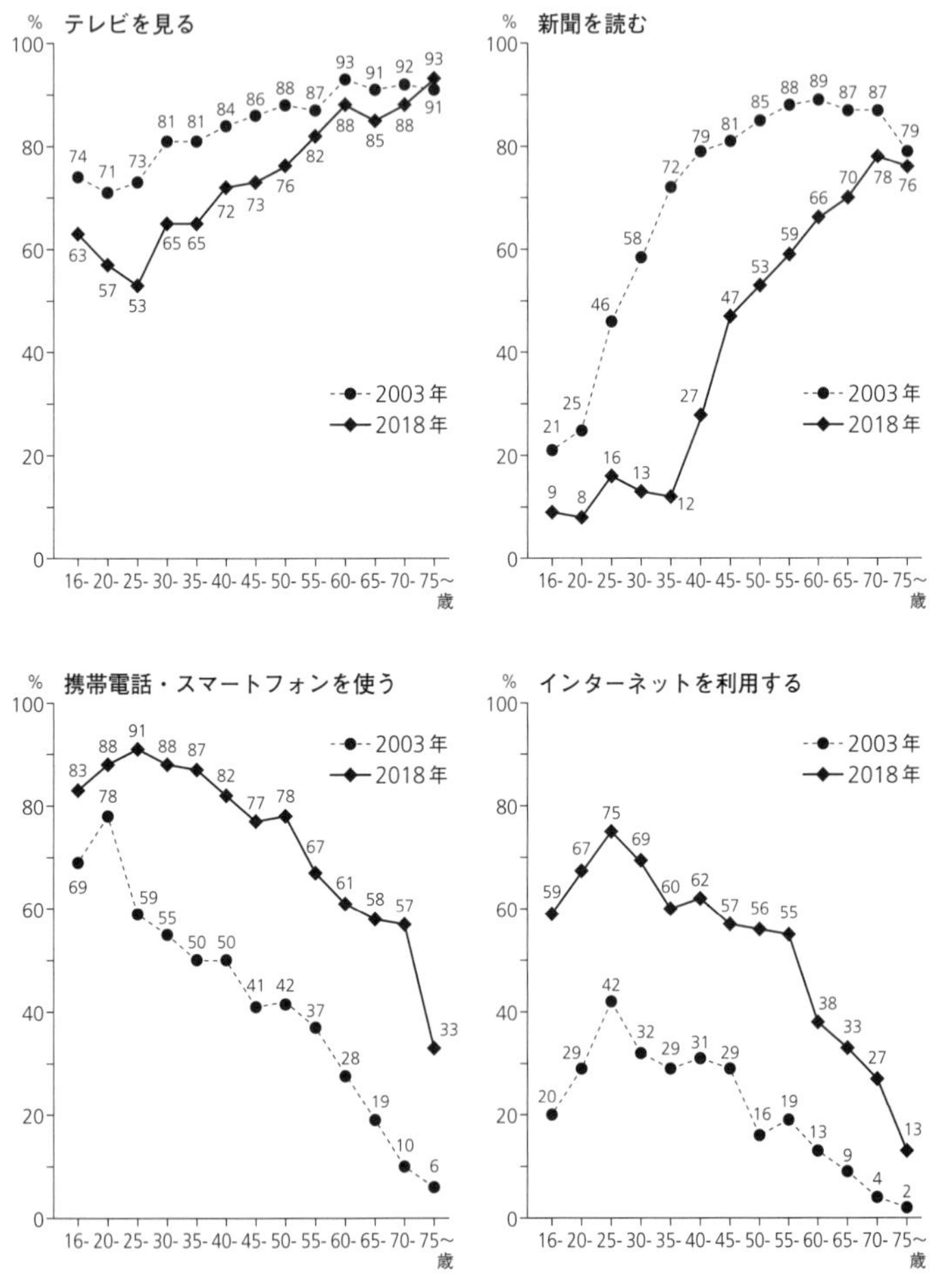

図Ⅵ－14　欠かせないコミュニケーション行動〈複数回答、2003年、2018年、年層別〉

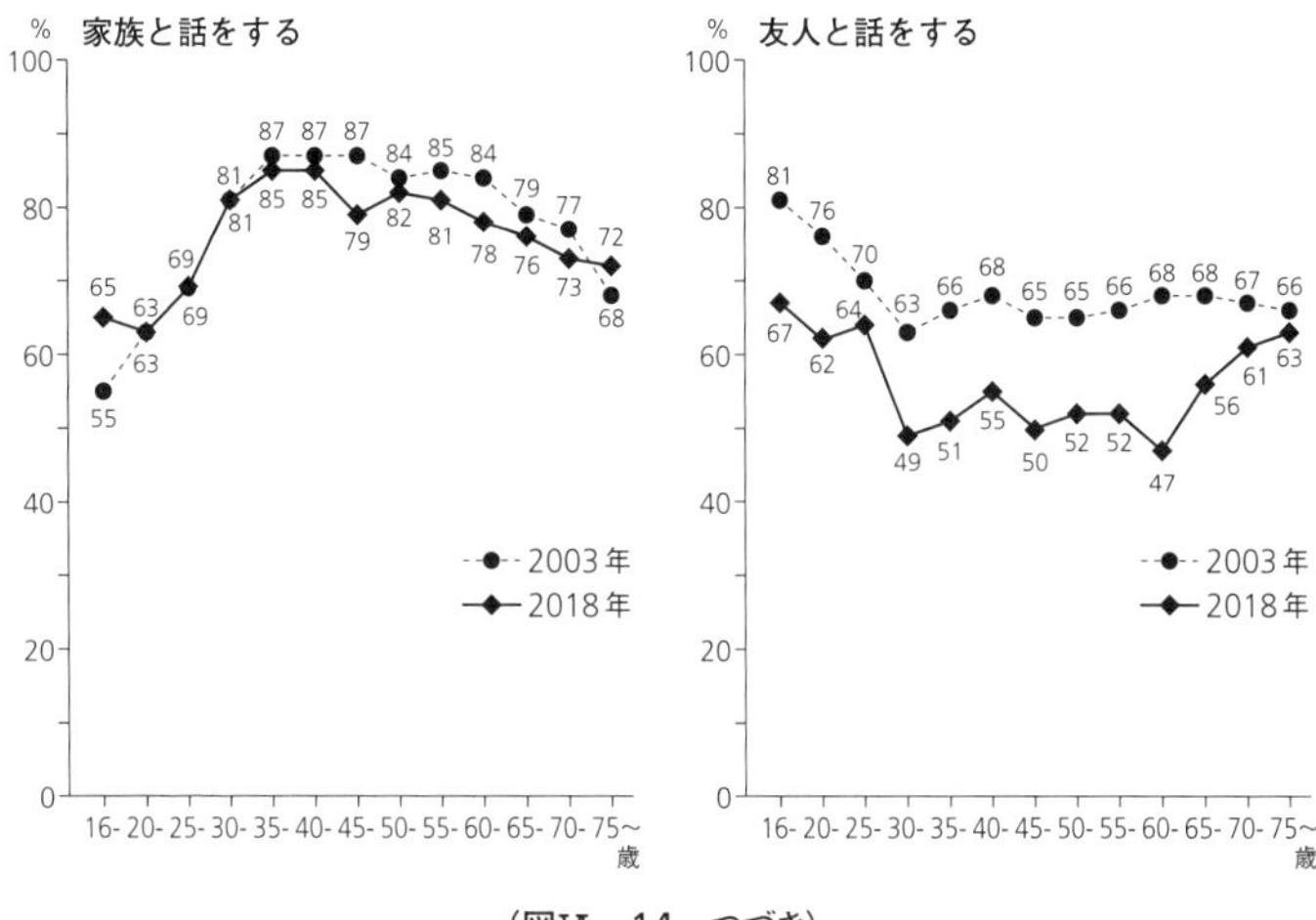

（図Ⅵ－14　つづき）

一八年は一二％と著しく減少している。

「携帯電話・スマートフォンを使う」と「インターネットを利用する」は、一八年は、いずれも二〇代後半が最も多く、年層が高くなるにつれて少なくなっている。また、〇三年から一八年にかけて、すべての年層で大きく増加している。

「家族と話をする」は、どの年層においても欠かせないと思っている人が多く、一八年はすべての年層で六割を超えた。特に、三〇代後半と四〇代前半、それに五〇代前半の中年層で多くなっている。

一方、「友人と話をする」は、一八年の結果をみると、「家族と話をする」とは逆に、一〇代の若年層と七五歳以上の高年層で多くなっている。

それぞれの〇三年から一八年にかけての変化

をみると、「家族と話をする」は、四〇代後半では減少しているが、他の年層では変化がみられない。一方、「友人と話をする」は、二〇代後半と七〇代以上を除くすべての年層で減少している。〇三年の一〇代と二〇代前半では「友人と話をする」が「家族と話をする」を上回っていたが、「友人と話をする」が減少した結果、一八年では同程度となっている。「友人と話をする」が減少したのは、携帯電話やスマートフォン、それにインターネットが普及し、直接会ったり電話で話したりするよりも、ＬＩＮＥなどのＳＮＳやメールで連絡しあう人が増えたことや、こうした手段を使って不特定多数の人とのコミュニケーションを楽しむ若者が増えたためだと考えられる。

注

〔１〕内閣府「高齢者の経済・生活環境に関する調査」（二〇一六年）
〔２〕博報堂生活総合研究所『生活者の平成30年史　データでよむ価値観の変化』日本経済新聞出版社、二〇一九年
〔３〕内閣府『令和元年版　高齢社会白書』二〇一九年

Ⅶ 生き方・生活目標

1 人間関係――あっさりとした関係を望む人がさらに増加

「親せきとの親密なつきあい」減少続く

一九五〇年代半ばからの高度経済成長期以降、激しい人口移動、その結果としての過疎と過密、そして、新興住宅地や集合住宅の増加など、人々を取り巻く社会環境は大きく変化した。こうした環境の変化に伴い、日本人の人間関係についての意識も変わってきているのだろうか。

調査では、人間関係について四つの場を設定し、それぞれ三つの選択肢の中から望ましいと思うものを一つずつ選んでもらっている。

「親せきとのつきあい」（第9問）

1．一応の礼儀を尽くす程度のつきあい　《形式的つきあい》

2．気軽に行き来できるようなつきあい　《部分的つきあい》
3．なにかにつけ相談したり、たすけ合えるようなつきあい　《全面的つきあい》

「隣近所の人とのつきあい」（第31問）
1．会ったときに、あいさつする程度のつきあい　《形式的つきあい》
2．あまり堅苦しくなく話し合えるようなつきあい　《部分的つきあい》
3．なにかにつけ相談したり、たすけ合えるようなつきあい　《全面的つきあい》

「職場の同僚とのつきあい」（第17問）
1．仕事に直接関係する範囲のつきあい　《形式的つきあい》
2．仕事が終わってからも、話し合ったり遊んだりするつきあい　《部分的つきあい》
3．なにかにつけ相談したり、たすけ合えるようなつきあい　《全面的つきあい》

「友人とのつきあい」（第51問）
1．ときどき連絡を取り合う程度のつきあい　《形式的つきあい》
2．気軽に話し合ったり遊んだりするようなつきあい　《部分的つきあい》
3．なにかにつけ相談したり、たすけ合えるようなつきあい　《全面的つきあい》

このうち、「友人とのつきあい」は、二〇〇八年に新設した項目である〔1〕。

図Ⅶ―1は、調査開始当初から尋ねている「親せき」「近隣」「職場の同僚」の三つについての結果である。まず「親せき」については、七〇年代は《全面的つきあい》を望む人が過半数で最も多かったが、八三年を境に、その後は《部分的つきあい》を望む人が多くなっている。《全面的つきあい》は減少傾向で、一三年、一八年も続けて減少している。

「近隣」については、《部分的つきあい》がこの五年間では減少したものの、一貫しておよそ半数を占め、最も多い状態が四五年間続いている。また九三年までは《全面的つきあい》が《形式的つきあい》を上回っていたが、〇三年に逆転し、《形式的つきあい》が徐々に増えることで両者の差が開いてきた。この五年間でも《形式的つきあい》が増加し、四五年間で最多となっている。

〔親せき〕

	《形式的つきあい》	《部分的つきあい》	《全面的つきあい》	その他、わからない、無回答
1973 年	8%	40	51	1
1978 年	9	40	51	1
1983 年	10	45	44	1
1988 年	13	45	41	1
1993 年	16	47	37	1
1998 年	17	46	36	1
2003 年	20	47	32	1
2008 年	22	43	35	1
2013 年	24	42	32	1
2018 年	26	43	30	1

〔近隣〕

	《形式的つきあい》	《部分的つきあい》	《全面的つきあい》	その他、わからない、無回答
1973 年	15%	50	35	1
1978 年	15	53	32	1
1983 年	20	48	32	0
1988 年	19	53	27	1
1993 年	20	54	25	1
1998 年	23	53	23	1
2003 年	25	54	20	1
2008 年	26	54	19	1
2013 年	28	54	18	1
2018 年	33	48	19	1

〔職場〕

	《形式的つきあい》	《部分的つきあい》	《全面的つきあい》	その他、わからない、無回答
1973 年	11%	26	59	3
1978 年	10	31	55	3
1983 年	14	32	52	2
1988 年	15	38	45	3
1993 年	18	39	40	3
1998 年	20	39	38	3
2003 年	22	38	38	3
2008 年	24	34	39	3
2013 年	26	35	36	2
2018 年	27	33	37	3

図Ⅶ－1　人間関係「親せき」「近隣」「職場」〈全体〉

「職場」については、八〇年代までは《全面的つきあい》を望む人が最も多かった。その後は、《全面的つきあい》と《部分的つきあい》が拮抗しているが、今回は〇八年と同様に、《全面的つきあい》が《部分的つきあい》をやや上回っている。

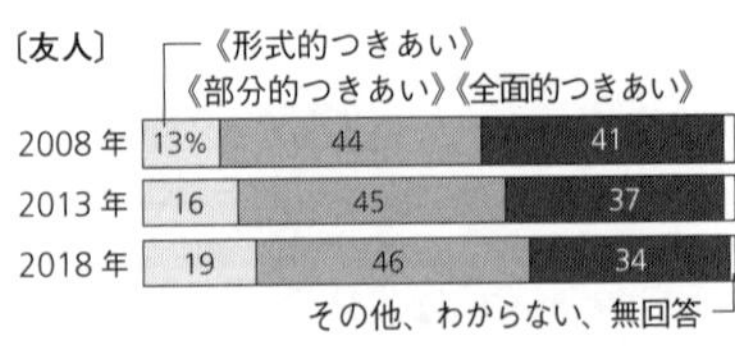

図Ⅶ－2　人間関係「友人」〈全体〉

〇八年に設けた「友人」との人間関係については、《部分的つきあい》が最も多く、次いで《全面的つきあい》、そして《形式的つきあい》の順になっていて、この関係は一〇年間変わっていない（図Ⅶ―2）。ただ、《全面的つきあい》が〇八年から徐々に減少しているのに対し、《形式的つきあい》は増加している。

これら四つの場に共通しているのは、《全面的つきあい》が望ましいという人が減り、《形式的つきあい》を選ぶ人が増えている点である。

つまり、長期的には、密着した関係を望む人が減り、ほどほど、あるいはあっさりとした関係を望む人が増えている。核家族化に伴って親せきづきあいが減り、地域の中で相互扶助がみられなくなってきたこと、職場でも、仕事以外のつきあいを求めなくなってきたことが影響していると考えられる。友人関係については、ＳＮＳをはじめとするコミュニケーションツールの発達によって、直接顔を合わせなくても他者と接触できるようになったり、人とつながっている感覚が得られるようになったりしたことの影響もあるだろう。

〇八年と一三年の調査の間に起きた東日本大震災（二〇一一年）では、家族や親せきを亡くした人も多く、また、隣近所の人からの声掛けにより津波の被害を免れた人もいたことなどから、人と人との「絆」が注目された。しかし、《全面的つきあい》が望ましいという人は、この間、いずれの人間関係においても増えていない。

縮まる世代差・地域差

ここからは、長期的に減少している《全面的つきあい》について、生年別の結果を詳しくみていく。まず、《全面的つきあい》が望ましいという人が、四五年間で大きく減少した職場の同僚との関係を取り上げる。生年別のグラフを描くと、九三年までは、ほぼ同じ形を保ちながら下へ平行に移動している（図Ⅶ―3）。これは、各世代とも時代の影響を受けて、《全面的つきあい》が望ましいという人が減少したことを示している。その後、一三年まではグラフの線が重なっている部分が多く、《全面的つきあい》が望ましいという人の割合は、時代の影響をあまり受けずに、世代によってある程度固定されていた。一方、一八年の調査では、五九～六八年生まれ、七四～七八年生まれ、八九～九三年生まれで《全面的つきあい》が増加していて、世代によっては職場での《全面的つきあい》を支持する人が増えている。

図Ⅶ―4は、「親せき」とのつきあい方について生年別に示したものである。まず、九三年までの変化をみると、戦前生まれの人では、グラフの線が少しずつ下に移動している。時代の推移とともに、《全面的つきあい》が望ましいという人が徐々に別の考えに意見を変えて減ったと考えられる。次に〇三年以降をみると、いずれの線も傾きがあまりなく、ほぼ水平で、世代による意識の違いが小さくなっていることがうかがえる。〇三年からの国民全体の意識の変化は、主に時代の影響によるものと考えられる。

それでは「近隣」との関係についてはどうだろうか。《全面的つきあい》が望ましいという人は、明治や大正時代に生まれた人では多く、若い世代ほど少ない傾向がある（図Ⅶ－5）。また、グラフの各線は九三年頃までは全体的に少しずつ下がっていて、多くの世代で《全面的つきあい》が望ましいという人の割合が減っていることがわかる。その後、〇三年以降は線が重なっている部分が多く、《全面的つきあい》が望ましいという人の割合は、生まれ育った時期、つまり世代によって固定化されるようになっている。

先にみたように《全面的つきあい》が望ましいという人が、この四五年の間に国民全体で減ったのは、世代交代が進んだことと、その時々の社会状況の影響を受けて、各世代において、別の考えに意見を変えた人がいたことによると考えられる。それぞれの場について共通して言えるのは、おおむね《全面的つきあい》を志向する人が戦前生まれの世代で多く、戦後生まれの世代では少ないということである。ただ、戦前生まれでも時代の変化の影響を受けて、四五年前と比べると《全面的つきあい》はいずれの場においても少なくなっており、以前ほど戦前生まれとそれ

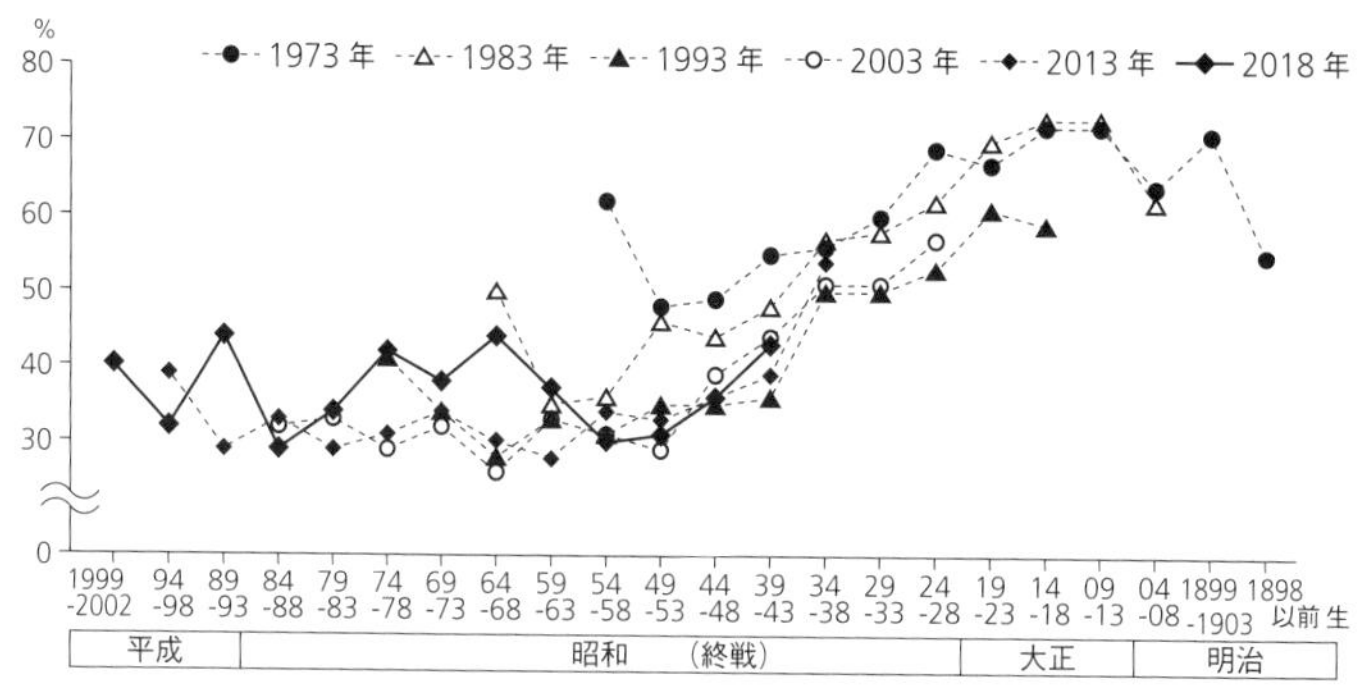

図Ⅶ－３　人間関係「職場」《全面的つきあい》〈生年別〉

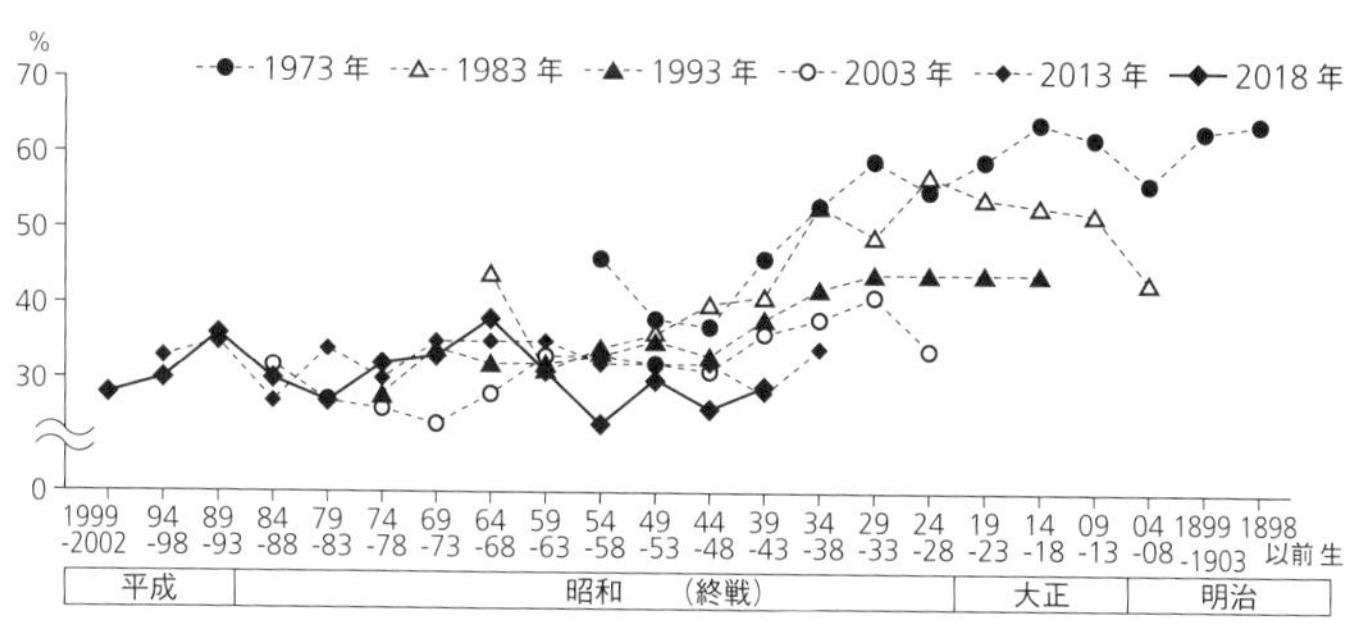

図Ⅶ－４　人間関係「親せき」《全面的つきあい》〈生年別〉

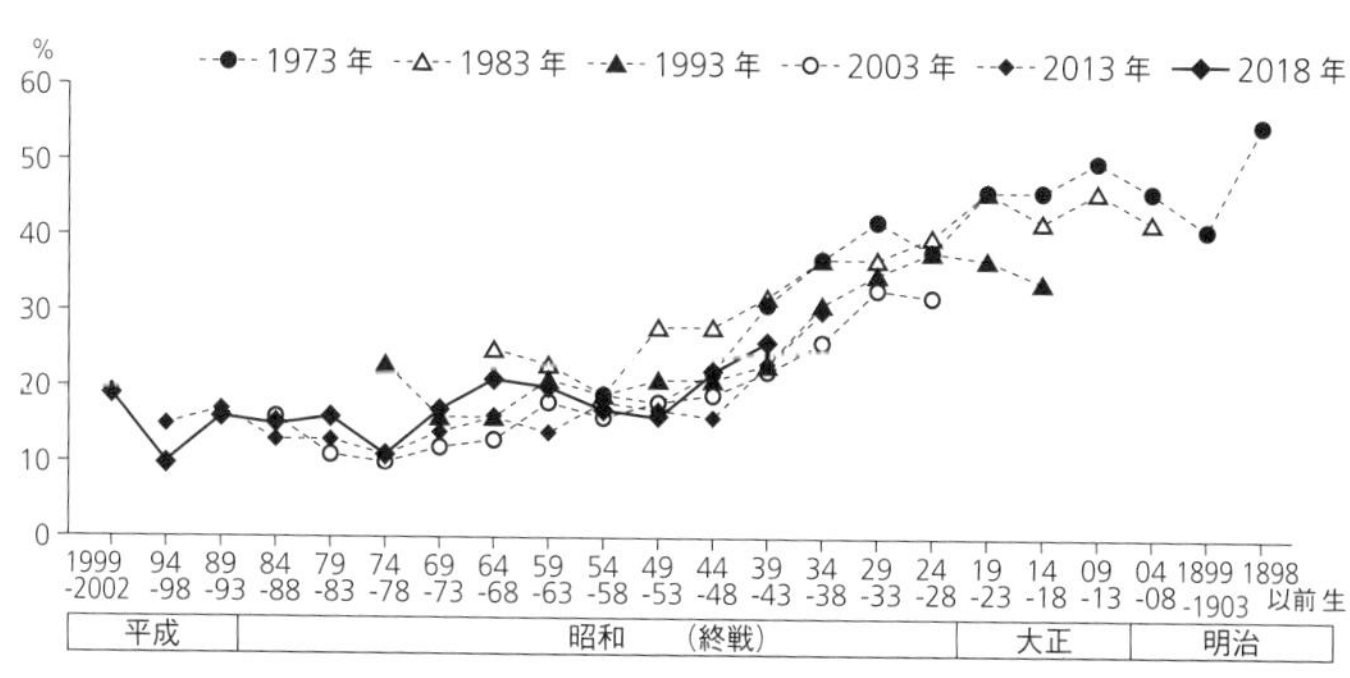

図Ⅶ－５　人間関係「近隣」《全面的つきあい》〈生年別〉

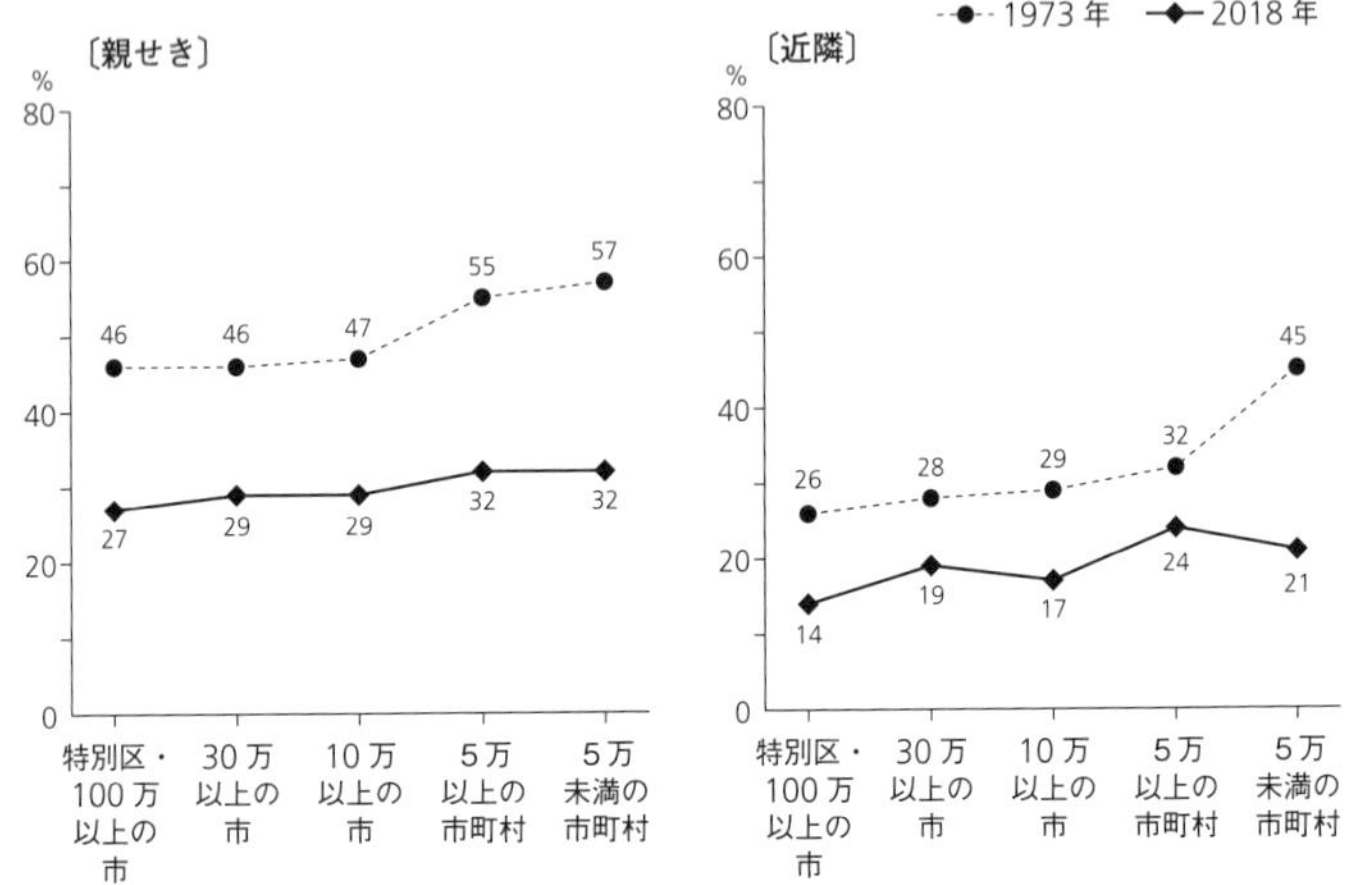

図Ⅶ－6　人間関係「親せき」「近隣」《全面的つきあい》〈都市規模別〉

以降の世代との差が目立たなくなっている。

続いて「親せき」と「近隣」について、都市規模別の結果をみてみる。七三年は、人口が五万人未満の市町村では、それより人口が多い地域に比べて「親せき」「近隣」とも《全面的つきあい》が多い傾向がみられた（図Ⅶ－6）。当時は都市の規模によって人間関係に対する考え方の違いがはっきり出ていたが、規模の小さい地域で《全面的つきあい》が大きく減少した結果、最新の調査では、規模の違いが目立たなくなっている。

最後に、〇八年から聞いている「友人」との人間関係を、男女年層別にみておきたい。男女ともに若年層で《全面的つきあい》がこの一〇年間で大きく減少している（図Ⅶ－7）。これに対し、《部分的つきあい》は男女ともに増加している。

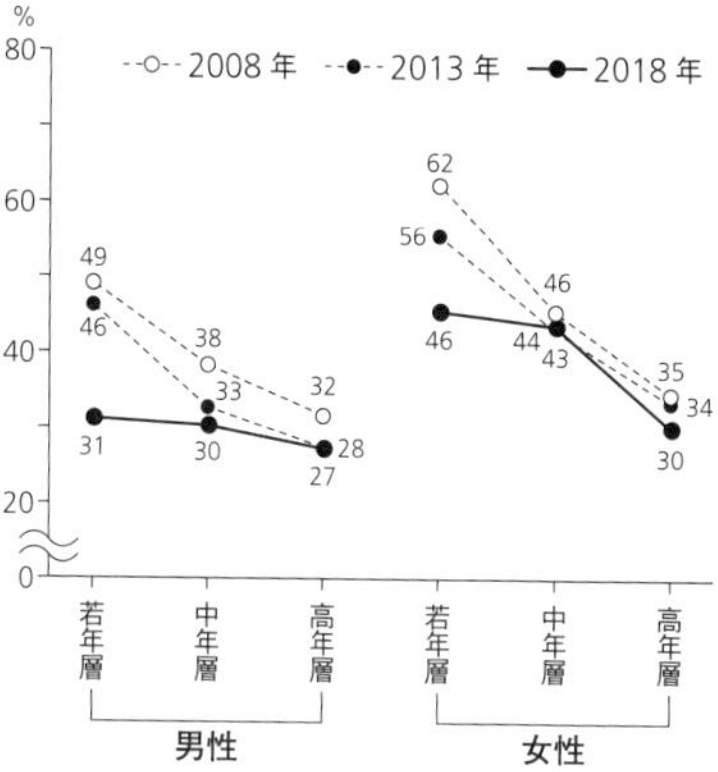

※ 若年層：16 〜 29 歳、中年層：30 〜 59 歳、
高年層：60 歳以上

図Ⅶ－7　人間関係「友人」《全面的つきあい》〈男女年層別〉

また、男性の中年層でも、若年層ほどではないものの、一〇年前と比べて《全面的つきあい》が減っている。一方、女性の中年層と、もともと《全面的つきあい》を望む人が少ない男女の高年層では変化がない。このため、一〇年前と比べて年層による差が目立たなくなっている。

2　能率か情緒か——場面によって異なる価値観

仕事は「人柄重視」旅行は「計画重視」

調査では、人々が生活の中で「能率」を優先するのか、あるいは「情緒」を重視するのかをとらえるため、「仕事の相手」「旅行のしかた」「地域の会合の進め方」の三つの場を設定して答えてもらっている。

「仕事の相手」（第16問）

1．多少つきあいにくいが、能力のすぐれた人　《能率》

2．多少能力は劣るが、人柄のよい人　《情緒》

「旅行のしかた」（第23問）

1．最大限に旅行を楽しめるように、あらかじめ計画を十分に練って旅行する　《能率》

2．行く先々での気分やまわりの様子に応じて、気の向くままに旅行する　《情緒》

「地域の会合の進め方」（第32問）

1．世間話などをまじえながら、時間がかかってもなごやかに話をすすめる　《情緒》

2．むだな話を抜きにして、てきぱきと手ぎわよくみんなの意見をまとめる　《能率》

図Ⅶ—8は、三つの場について全体の推移を示したものである。どの場面においても、四五年間であまり大きな変化はみられない。

《情緒》を重んじる傾向は、「仕事の相手」で最も強く表れ、次いで「地域の会合の進め方」「旅行のしかた」の順で安定している。このことは、多くの人がその時々のおかれた「場」によって、能率的価値と情緒的価値を棲み分けていることを示している。そしてその棲み分け方は、本来情緒面での満足が求められるはずの「旅行」では能率的価値が優先し、反対に能率や効率が求められるはずの「職場」では情緒が優先するという逆説的な関係が四五年間続いている。時代の変化

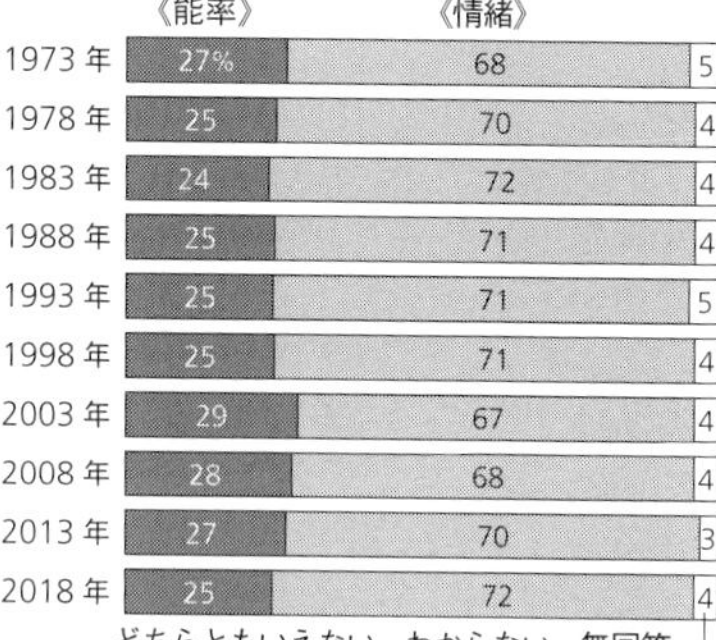

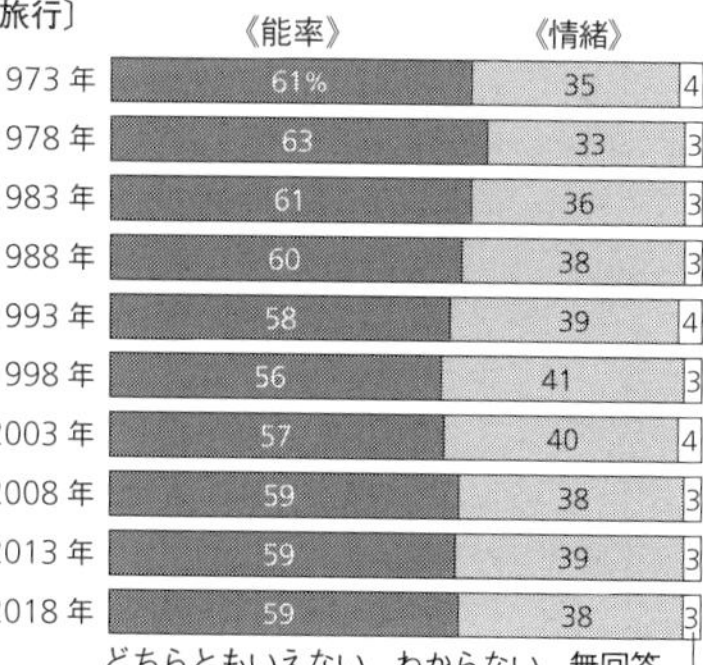

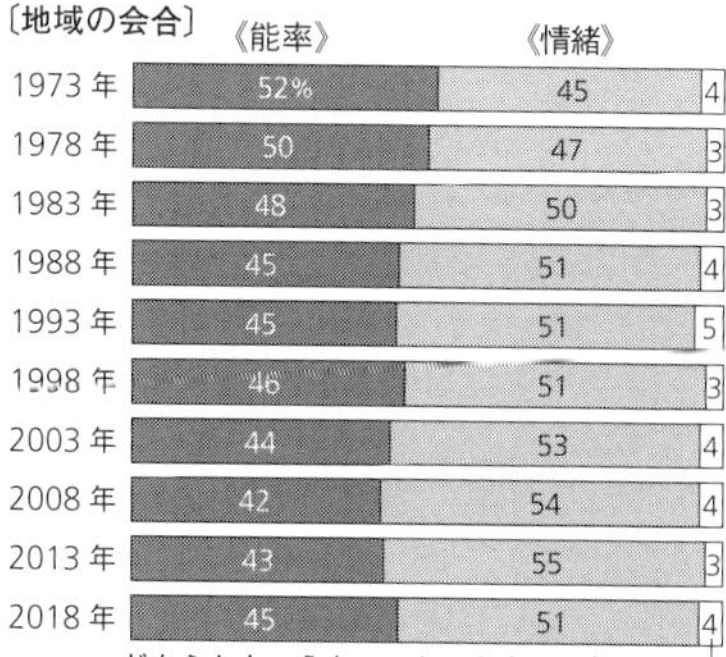

図Ⅶ－8　能率・情緒〈全体〉

や世代の入れ替わりにもかかわらず、人々の間に合理主義的な考え方が浸透していないとも取れる結果である。第Ⅴ章で取り上げた理想の仕事についての質問でも、「仲間と楽しく働ける仕事」は常に上位に入っている。

ここからは、「仕事の相手」「旅行のしかた」「地域の会合の進め方」のそれぞれについて詳しくみていく。

図Ⅶ―9は、一八年の「仕事の相手」の結果を、年層別、職業別に示したものである。どの年

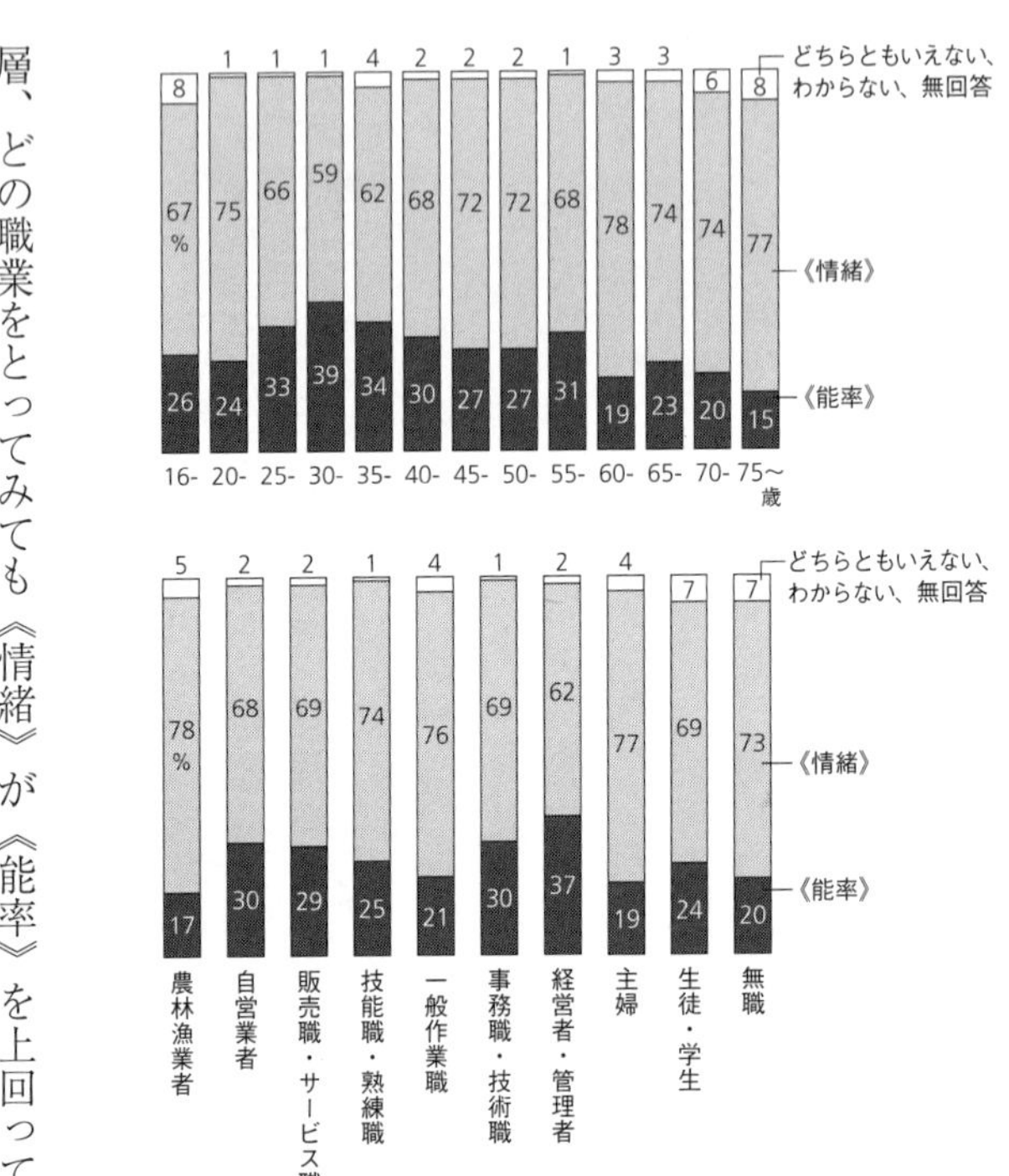

※ 農林漁業者はサンプル数が少ない（64人）ため参考値。
専門職、自由業はサンプル数が極めて少ないため、掲載していない

図Ⅶ－9　能率・情緒「仕事の相手」
〈2018年、年層別、職業別〉

層、どの職業をとってみても《情緒》が《能率》を上回っている。また、能率的価値が比較的重視されているのは、年層では三〇代前半、職業では経営者・管理者である。

「地域の会合」については、二〇代後半で《能率》が《情緒》よりかなり多い一方で、六五歳

以上では《情緒》が《能率》を上回っている（図Ⅶ―10）。それ以外の年層では、両者が拮抗している。

「旅行のしかた」は、男女で傾向が異なる（図Ⅶ―11）。男性は七〇歳以上では、《能率》が《情緒》を大きく上回っているが、女性はすべての年層で《能率》が《情緒》を大きく上回っている。したがって、旅行という能率より私的な楽しみを求める場で《能率》重視という逆転現象が生じているのは、女性の結果によるところが大きい。

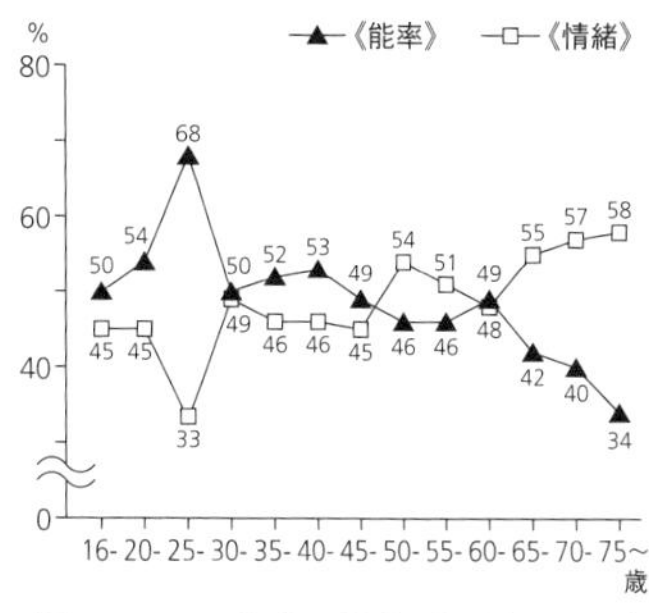

図Ⅶ－10　能率・情緒「地域の会合」〈2018年、年層別〉

★男性

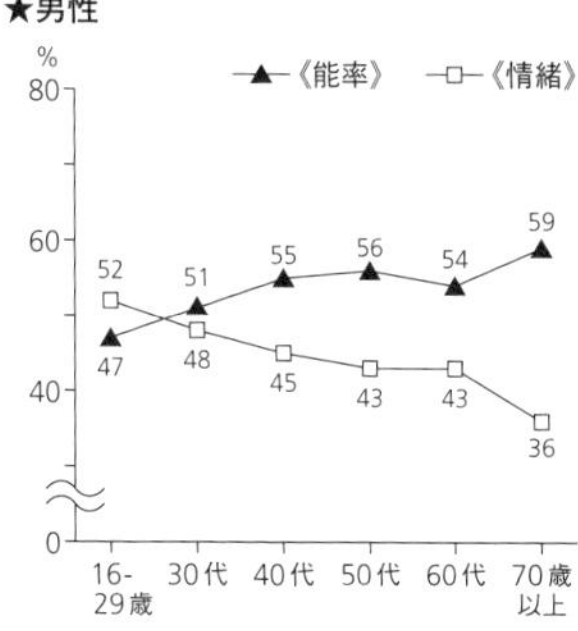

★女性

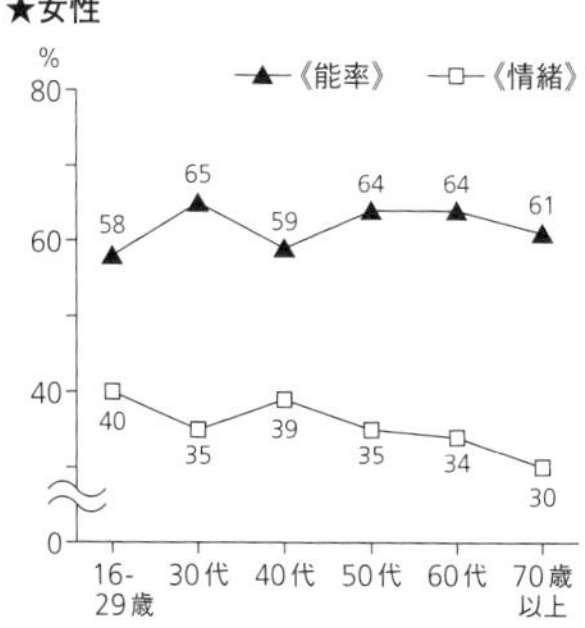

図Ⅶ－11　能率・情緒「旅行のしかた」〈2018年、男女年層別〉

3　生活目標——増加した「現在中心」

身近な人たちとなごやかに

日々の生活において人生の目的とか、生活の目標とかを日常的に意識することはほとんどないだろう。しかし、生活目標は他のいろいろな価値観に無意識のうちに影響を与えている原点のようなものであり、一方で、他の価値観が生活目標を決定づける要因となっている側面もある。

この調査の企画に深くかかわった社会学者の見田宗介は、人々が生活していくうえでの基本的な目標をとらえるため、人間にとっての価値を次のように類型化した〔2〕。すなわち、価値を構成する最も根源的な次元として、①現在に重点をおくのか、それとも未来に重点をおくのかという「時間的な見通し」と、②自己に重点をおくのか、それとも他者に重点をおくのかという「社会的な見通し」の二つの軸があるとし、その組み合わせによって、図Ⅶ－12のような四つの価値類型を導き出した。そして、それぞれの価値を快、利、愛、正と名付けた。

「快」……自己の欲求を即時的に充足させる（現在中心・自己本位）
「利」……自己の欲求を長期的に充足させる（未来中心・自己本位）
「愛」……他者ないし社会の欲求を即時的に充足させる（現在中心・社会本位）
「正」……他者ないし社会の欲求を長期的に充足させる（未来中心・社会本位）

		時間的見通し	
		現在中心	未来中心
社会的見通し	自己本位	快	利
	社会本位	愛	正

※『価値意識の理論』（1966 年、弘文堂新社）p.32 の図をもとに作成

図Ⅶ－12　価値類型

実際の調査では、四つの価値に対応するような生活目標を次のように設定し、自分に最もあてはまるものを選んでもらっている（第6問）。

1．その日その日を、自由に楽しく過ごす《快志向》
2．しっかりと計画をたてて、豊かな生活を築く《利志向》
3．身近な人たちと、なごやかな毎日を送る《愛志向》
4．みんなと力を合わせて、世の中をよくする《正志向》

国民全体の結果をみると、一九七三年には《利志向》の人と《愛志向》の人がともに三〇％超で、ほぼ同じ程度いた（図Ⅶ－13）。しかし、七八年には《愛志向》の人が三五％に増えて、最も多くなった。《愛志向》はその後も徐々に増えて、二〇一八年は半数近い四六％となっている。この四五年間で、身近な人たちと、なごやかに過ごすライフスタイルを重視する人が増えているのである。

《愛志向》とともに、時間軸上では「現在中心」に位置づけられる《快志向》は、四五年間をとおして二〇％台が続いている。一八年も二六％だが、七三年と比べると増えている。

一方、「未来中心」の時間軸では、《利志向》が八三年までは三〇％台を維持していたが、八八年を境に二〇％台に減少し、一八年には二四％となっている。

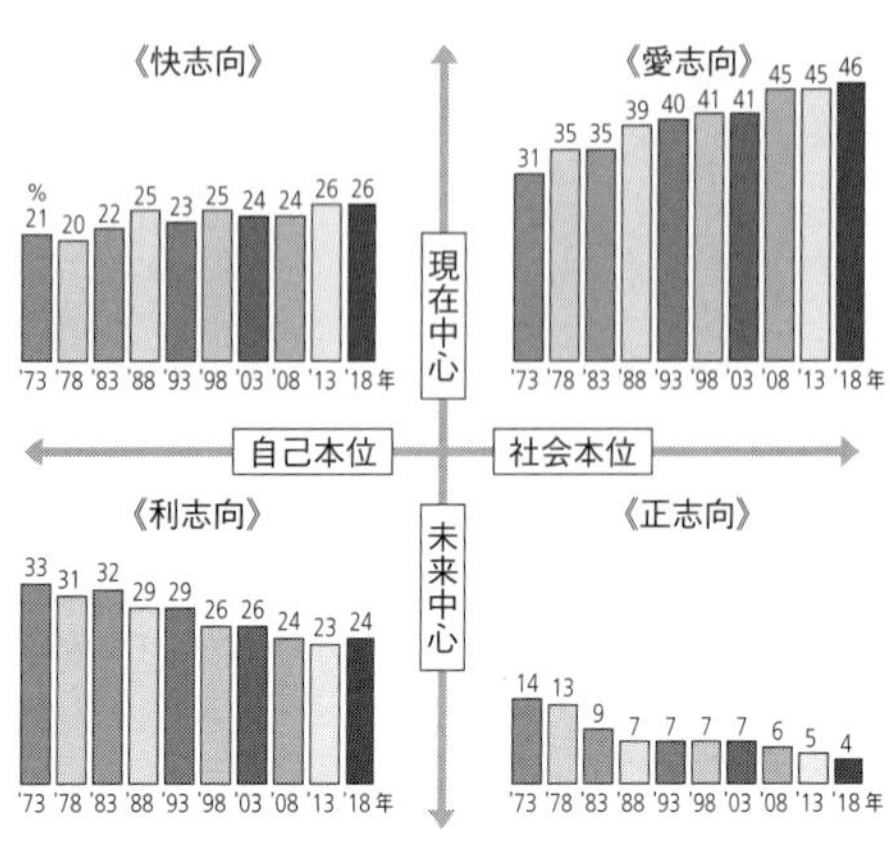

図Ⅶ－13　生活目標〈全体〉

《正志向》の人は、もともと少なかったものが八〇年代に減少し、漸減傾向が続いている。最近の五年間でも減少し、一八年にはわずか四％しかいない。

四五年間の変化を、若年層、中年層、高年層の三つの区分に分けてみると、各層で増えているのは、若年層では《快志向》、中年層では《愛志向》、高年層では《快志向》と《愛志向》となっている（図Ⅶ―14）。《正志向》は、どの年層でも減少している。

若年層についてさらに詳しくみると、七三年には《利志向》と《愛志向》が並んで最も多かったが、一八年には《利志向》に代わって、《快志向》が三割台になり、《愛志向》と並んだ。中年層についてみると、七三年には《利志向》が最も多かったが、一八年には《愛志向》が大きく増えて半数を超え、最も多くなっている。高年層では、七三年も一八年も《愛志向》が最も多い傾向は変わらない。一方、《正志向》は二三％から六％へと大きく減っている。

中年層にも拡大する「現在中心」

四つの生活目標を、時間的な軸をもとに《快志向》と《愛志向》をあわせて「現在中心」、《利志向》と《正志向》をあわせて「未来中心」として四五年間の推移をみると、七三年には「現在中心」が「未来中心」をやや上回っている程度だったのが、徐々に「現在中心」が増えていき、一八年には大きく差が開いている（図Ⅶ―15）。

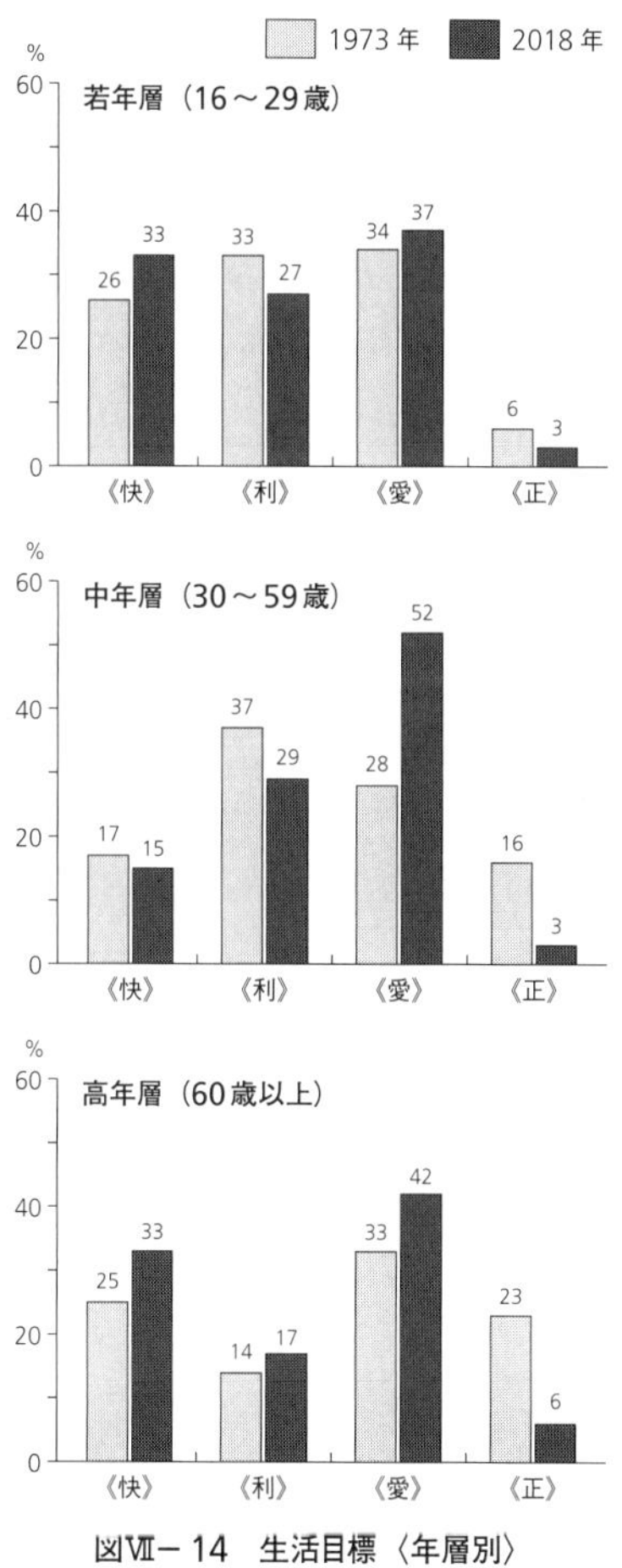

図Ⅶ－14　生活目標〈年層別〉

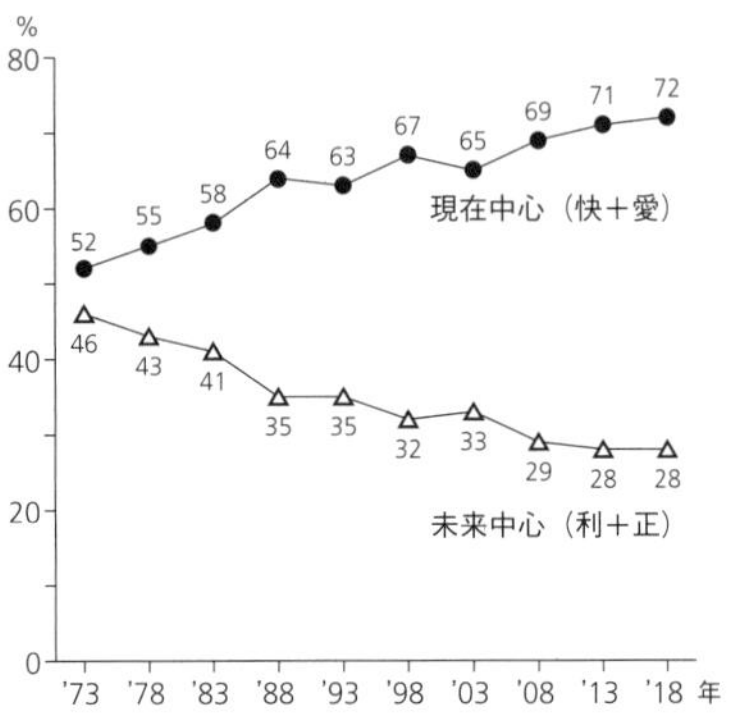

図Ⅶ－15　生活目標
現在中心（快＋愛）と未来中心（利＋正）
〈全体〉

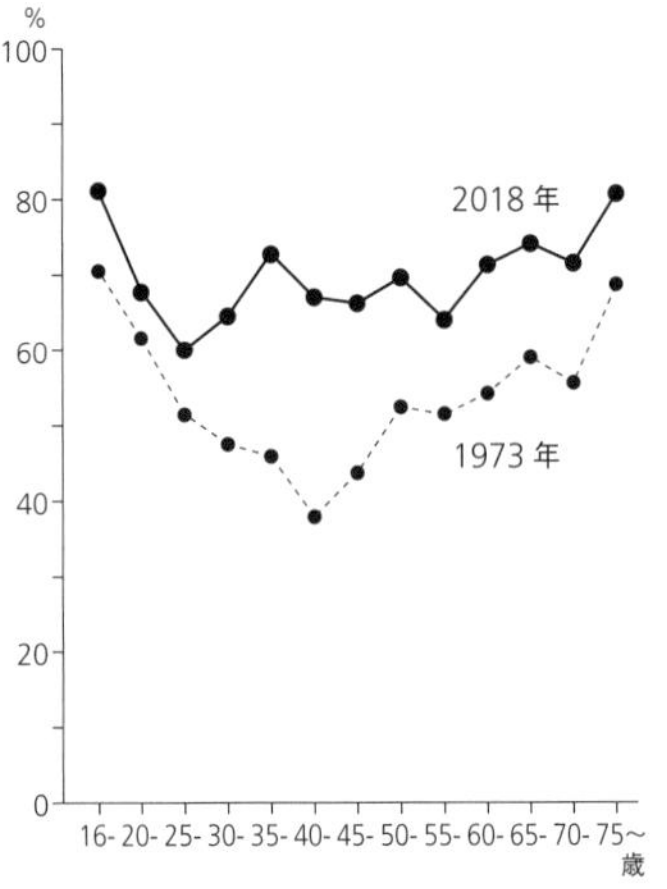

図Ⅶ－16　生活目標　現在中心（快＋愛）
〈年層別〉

図Ⅶ―16は、七三年と一八年の「現在中心」の結果を年層別に示したものである。四五年間の変化をみると、「現在中心」は二〇代を除くすべての年層で増えている。その中でも三〇代後半から四〇代が二〇ポイント以上増えた結果、今では年層差が目立たなくなっている。

高度経済成長期は、「働けば働くほど豊かになる」「今日より明日は良くなる」という希望が感じられる時代だったが、近年、将来に希望を持てない人が多いことを示唆する調査結果が目立つ。例えば、ＮＨＫ放送文化研究所が一八年に行った調査〔3〕では、「日本の将来は明るい」とは思わない人が八割近くに上るほか、一七年に行った別の調査〔4〕では、「若者が希望を持てる社会だ」とは思わない人が八割を超えている。八〇年代から定期的に行っている中高生の父母を対象とした調査でも「日本の将来は明るい」とは思わない人が、八二年には七割台だったのが、二〇〇〇年代に入ってからは九割前後を占めるようになっている〔5〕。第Ⅵ章でみたように、大多数の人が自分の生活には満足しているが、現実に目を向ければ、平均所得は下降傾向をたどり、格差や人口減少、環境問題など日本の社会が直面する課題は枚挙にいとまがない。明るい将来への見通しが立ちにくく、漠然とした不安が社会を取り巻く中、人々の間に「現在」を大事にしようという気持ちが高まっているのではないだろうか。

注

〔1〕友人との関係について尋ねる質問は、もともと二〇〇三年に追加しているが、二〇〇八年に選択肢を変えたため時系列比較は行っていない。

〔2〕見田宗介『価値意識の理論——欲望と道徳の社会学』、弘文堂新社、一九六六年

〔3〕NHK放送文化研究所「ニュースメディアと政治意識」調査、二〇一八年

〔4〕NHK放送文化研究所　ミックスモード研究プロジェクト「日常生活と社会についての意識」調査、二〇一七年

〔5〕NHK放送文化研究所「NHK中学生・高校生の生活と意識」調査（父母調査）

Ⅷ

終章

第Ⅱ章から第Ⅶ章までは個々の質問について、四五年間の変化とその要因を述べてきたが、調査全体を通してみた場合、日本人の意識の変化にはどのような特徴があるのだろうか。終章では、意識の変化がいつ、どの領域で生じたのか、さらには世代ごとにどのように変化してきたのかについて検討する。

1　四五年で変わったこと・変わらなかったこと

「家庭・男女関係」が大きく変化

「日本人の意識」調査の全六九問の中で、一九七三年の第一回から継続している質問は五四問ある〔1〕。選択肢の数は「その他」や「わからない、無回答」「非該当」を除いて二一二に上る。

表Ⅷ－1　変化量の平均

単位：パーセンテージポイント

質問領域	選択肢数	'73～'78年	'78～'83	'83～'88	'88～'93	'93～'98	'98～'03	'03～'08	'08～'13	'13～'18	'73～'18
全体	212	2.3	1.9	2.2	2.0	2.3	1.5	1.8	1.9	2.0	8.4
基本的価値	55	2.2	1.4	1.5	1.1	1.0	1.1	1.4	1.6	1.3	6.0
経済・社会・文化	55	2.2	1.6	2.0	1.6	1.5	1.3	1.3	1.2	1.9	6.0
家庭・男女関係	37	2.5	1.9	3.0	2.6	2.8	1.5	1.4	1.6	1.9	14.2
政治	65	2.5	2.7	2.4	2.8	3.8	1.9	2.9	3.0	2.8	9.1

（濃い網掛け）3.0 以上　（薄い網掛け）2.0 以上

※基本的価値：第 3、4、6、7、10、16、23、26、30、32 問
　経済・社会・文化：第 5、9、17、19、20、21、22、27、28、31 問
　家庭・男女関係：第 8、11、12、13、14、15、24、25、29 問
　政治：第 18、33、34、35、36、37、38、39、40、41、42、43、44 問
※第 42 問支持政党、第 43 問支持できそうな政党は「政党まとめ」を使用
　1 番目、2 番目を尋ねる質問は、1 番目と 2 番目を合計した結果を使用
　関連質問は、全体分母を使用

この二一二の選択肢それぞれについて、七三年と七八年、七八年と八三年といったように、連続する調査で回答のパーセンテージの差を計算し、五年ごとの変化量を求めた。また、一九七三年と二〇一八年の差を計算し、四五年間の変化量を求めた。

表Ⅷ－1は、「質問全体」と「基本的価値」「経済・社会・文化」「家庭・男女関係」「政治」の四つの質問領域ごとで、回答が平均で何ポイント変化したかを示したものである。

「質問全体」で最も変化が大きかったのは、七三年から七八年にかけてと、九三年から九八年にかけてで、どちらも二・三である。そのほか、「八三～八八年」「八八～九三年」「一三～一八年」も二・〇以上の変化があるが、「九八～〇三年」以降は二・〇未満が多く、二〇〇〇年代に入ってからは変化が小さくなっている。

質問領域別にみると、七三年から七八年にかけて

は、四つの領域とも二・〇を超えて比較的均等に変化している。そして、「基本的価値」と「経済・社会・文化」の領域では、このときの変化が全期間を通して最も大きい。高度経済成長から一転してオイルショックに見舞われたことが、広い領域にわたって人々の価値観に影響を及ぼしたと考えられる。

九三年から九八年にかけては、「家庭・男女関係」と「政治」の領域で変化が大きく、特に「政治」は三・八と非常に大きな変化を示している。この時期は、不況が深刻化し、政治課題で《経済の発展》が増え、世論が国の政治に「まったく反映していない」「特に支持している政党はない」が増えるなど、政治や政党への不信が高まっていた。

〇三年から一八年までの一五年間も、「政治」の領域で毎回三ポイント程度の変化がみられる。〇三年から〇八年にかけては、政治課題で《福祉の向上》が増え、支持政党で「非自民」が増えた。〇八年から一三年にかけては、「日本は一流国だ」や「日本人は、他の国民に比べて、きわめてすぐれた素質をもっている」が大きく増えた。また、天皇に対する感情の「尊敬の念をもっている」や政治課題で再び《経済の発展》が増えている。一三年から一八年にかけては、再び「特に支持している政党はない」が増えたほか、政治活動の「特に何もしなかった」が増えた。近年は政治課題や日本または日本人についての意識、天皇に対する感情、支持政党などで大きく意識が変化している。

七三年から一八年までの四五年間を通した変化量をみると、どの領域も六ポイント以上変化しているが、最も変化の大きい領域は「家庭・男女関係」の一四・二である。ただし、「質問全体」と同じく、二〇〇〇年代に入ってからは変化が小さくなっている。「政治」の領域は、五年ごとの変化量では「家庭・男女関係」を上回ることが多いにもかかわらず、四五年間でみると、「家庭・男女関係」よりも小さい九・一である。これは、「家庭・男女関係」では一方向に変化し続けている質問が多いのに対し、「政治」では政治課題の《経済の発展》や《福祉の向上》、支持政党の「特に支持している政党はない」などにみられるように、同じ選択肢で増えたり減ったりして、必ずしも一方向の変化になっていないためである。

変わった意識・変わらない意識

次に、四五年間で変化の大きい選択肢を表Ⅷ―2に示した。最も増加したのは、「家庭と女性の職業」の《両立》で、二〇%から六〇%に増えている。そのほか、「女子の教育」の「大学まで」、「夫の家事手伝い」の《するのは当然》も大きく増えた。一方、最も減少したのは、「婚前交渉」の《不可》で、五八%から一七%に減っている。そのほか、「女子の教育」の「高校まで」、「夫の家事手伝い」の《すべきでない》も大きく減った。変化の大きい意識には、「家庭・男女関係」の質問が多く、増加、減少ともに、上位一〇項目のうちの半分を占めている。また、増加した項目では、七三年が最小値で一八年が最大値、減少した項目では、七三年が最大値で一八年が最小

表Ⅷ－２　変化の大きい意識（1973 年から 2018 年）

増加

（凡例）45年間の最大値　最小値

領域	質問		選択肢	'73年	'18年	'73年と'18年の差
家庭・男女	第12問	家庭と女性の職業	《両立》	20%	60	40
家庭・男女	第25問	女子の教育	大学まで	22	61	39
家庭・男女	第13問	夫の家事手伝い	《するのは当然》	53	89	36
政治	第42問	支持政党	支持なし	32	60	28
家庭・男女	第29問	婚前交渉	《愛情で可》	19	47	28
基本的価値	第3問C	地域の生活環境に満足	そう思う	60	87	27
家庭・男女	第8問	理想の家庭	《家庭内協力》	21	48	27
基本的価値	第3問A	衣食住に満足	そう思う	59	81	22
政治	第43問	支持できそうな政党	支持なし	10	31	21
政治	第44問	政治活動	《なし》	60	81	21

減少

領域	質問		選択肢	'73年	'18年	'73年と'18年の差
家庭・男女	第29問	婚前交渉	《不可》	58%	17	－41
家庭・男女	第25問	女子の教育	高校まで	42	11	－31
家庭・男女	第13問	夫の家事手伝い	《すべきでない》	38	8	－30
家庭・男女	第12問	家庭と女性の職業	《家庭専念》	35	8	－27
基本的価値	第3問C	地域の生活環境に満足	そうは思わない	37	10	－27
家庭・男女	第8問	理想の家庭	《性役割分担》	39	15	－24
政治	第37問	政治的有効性感覚（選挙）	《強い》	40	16	－24
政治	第33問	地域の公害問題	《活動》	36	13	－23
政治	第40問	政治課題	《福祉の向上》	49	26	－23
経済·社会·文化	第17問	人間関係（職場）	《全面的つきあい》	59	37	－22

値というように、右肩上がりや右肩下がりの変化をしているものが多い。

ここでは、七三年から四五年間継続している質問のみを示したが、途中から追加した質問の中にも大きく変化したものがある。

「欠かせないコミュニケーション行動」では、「新聞を読む」が減少し、「携帯電話・スマートフォンを使う」「インターネットを利用する」が増加している。九三年に加えた「結婚観」についての質問では、「必ずしも結婚する必要はない」や「結婚しても、必ずしも子どもをもたなくてもよい」の増加が大きい。

なお、増加や減少が続いている選択肢の中にも、途中から変化が緩やかになっているものがある。たとえば、「夫

表Ⅷ－3　1998年前後で変化量の違いが大きい選択肢（一部）

質問	選択肢	'73年	'98年	'18年	'73年と'98年の差	'98年と'18年の差
夫の家事手伝い	《するのは当然》	53%	84%	89	31	5
婚前交渉	《愛情で可》	19	43	47	24	4
理想の家庭	《家庭内協力》	21	45	48	24	3
人間関係（職場）	《全面的つきあい》	59	38	37	－21	－1

表Ⅷ－4　変化の小さい意識（45年間の最大・最小の差）

質問	選択肢	最大値		最小値		最大と最小の差
第41問　政治活動のあり方	《静観》	73年	63%	08年	59%	4
第30問　年上の人に対する言葉遣い	敬語が当然	83年	89	73年	84	5
第10問　結婚式の仲人	2人をよく知る人	08年	87	88年	82	5
第16問　能率・情緒（仕事の相手）	《情緒》	83年	72	03年	67	5
第34問C　日本の寺や民家に親しみ	そう思う	78年	88	93年	83	5
第34問A　日本に生まれてよかった	そう思う	13年	97	73年	91	6
第23問　能率・情緒（旅行）	《能率》	78年	63	98年	56	7
第7問E　生活充実手段（健康な体）	1番目	73年	78	18年	71	7
第34問E　日本のためにに役にたちたい	そう思う	13年	74	88年	66	8
第24問　男子の教育	大学まで	88年	72	73年	64	8
第36問　権利についての知識	《生存権》	13年	78	73、78年	70	8
第4問　生活全体についての満足感	《やや満足》	88、93年	61	18年	53	8
第1問　欠かせないコミュニケーション行動	家族と話をする	98年	80	18年	77	3
（参考・83年から開始、03年に選択肢変更）	テレビを見る	98年	86	18年	79	7

の家事手伝い」の《するのは当然》は、七三年から九八年までに三一ポイント増えたが、九八年以降は五ポイントの増加にとどまっている（表Ⅷ―3）。「婚前交渉」の《愛情で可》、「理想の家庭」の《家庭内協力》、「人間関係（職場）」の《全面的つきあい》などでも同じような傾向がみられる。

　大きく変わった意識がある一方で、四五年間にわたってあまり変化がみられない意識もある。表Ⅷ―4には、常に五〇%を超える回答があった選択肢、つまり多くの人が共有している意識で、かつ最大値と最小値の差が小さいものを示した。これらは、社会が変わり、人が変わっても多数派の意識であり続けており、その割合はほとんど変化していない。

中でも、「年上の人には敬語を使うのが当然だ」「日本の古い寺や民家に親しみを感じる」「日本に生まれてよかった」などは、長い間八〇%を超える人に支持されている。このほか、政治活動のあり方で「選挙を通じて政治家を選ぶのがよい」という《静観》や、仕事の相手を選ぶ際に「能力よりも人柄を優先する」という《情緒》、「計画を十分に練って旅行する」という《能率》、生活を充実させるために重要なのは「健康な体」、と考えている人も変わらずに多い。これらは、日本人の基本的な生活意識といってよいだろう。また、「欠かせないコミュニケーション行動」の質問は、〇三年に選択肢を変更したため、それ以前と単純に比べることはできないが、「家族と話をする」は八三年の質問開始以降あまり変わっておらず、「テレビを見る」の変化も小さい。

多数派が交代した意識

四五年間で意識が大きく変化した結果、次にあげる一六の質問で、最も多い回答、いわば多数派の意見が交代することになった。矢印で、過去から現在への変化を示した。

「基本的価値観」

・生活目標　《利志向》⇩《愛志向》

・地域の会合の進め方　《能率》志向⇩《情緒》志向

「経済・社会・文化」

・親せきとの望ましい人間関係　《全面的つきあい》⇩《部分的つきあい》
・理想の仕事　「健康をそこなう心配がない」⇩「仲間と楽しく働ける」
・仕事と余暇　《仕事優先》⇩《仕事・余暇両立》

「家庭・男女関係」

・婚前交渉　「すべきでない」⇩「愛情があればよい」
・夫婦の姓　《当然、夫の姓》⇩《どちらでもよい》
・理想の家庭　《性役割分担》型⇩《家庭内協力》型
・家庭と女性の職業　「子どもができるまで」⇩「子どもが生まれても職業を持ち続ける」
・女の子の教育　「高校まで」⇩「短大まで」⇩「大学まで」
・老後の生き方　「子どもや孫といっしょに」⇩「趣味をもち、のんびりと」
・子どもをもつこと（九三年からの質問）《もつのが当然》⇩《もたなくてよい》

「政治」

・選挙の有効性感覚　《強い》⇩《やや弱い》
・支持政党　「自民党」⇩「特に支持している政党はない」
・日本は一流国だ　「そうは思わない」⇩「そう思う」

・天皇に対する感情　《無感情》⇩《好感》⇩《尊敬》

七三年からの継続質問でみると、五四問のうち一五問で多数派が交代しており、割合では三割近くになる。特に、「家庭・男女関係」の領域では、半数の質問で多数派が入れ替わっている。

多数派が交代した時期を、八八年までの昭和の時代と、九三年以降の平成の時代に分けてみると、昭和の一五年間では九つ、平成の三〇年間では八つの質問で多数派が交代した（「女の子の教育」については、昭和でも平成でも多数派が変わっている）。昭和の時代に変わったのは、「生活目標」、「地域の会合の進め方」、「親せきとの人間関係」、「理想の仕事」、「仕事と余暇」、「理想の家庭」、「女の子の教育（高校↓短大）」、「選挙の有効性感覚」、「日本は一流国」であり、「基本的価値」、「経済・社会・文化」、「家庭・男女関係」、「政治」の四つの質問領域すべてで交代が起きている。

平成の時代に代わったのは、「婚前交渉」、「夫婦の姓」、「家庭と女性の職業」、「女の子の教育（短大↓大学）」、「老後の生き方」、「子どもをもつこと」、「支持政党」、「天皇に対する感情」であり、交代した八問中六問が「家庭・男女関係」の領域で、二問が「政治」の領域である。「家庭・男女関係」は「日本人の意識」調査の中で最も変化が大きく、調査開始以降、変化が続いているが、変化が多数意見の交代という形で現れたのは主に平成の時代になってからである。

2　世代ごとにみた特徴

六つの世代区分

こうした意識の変化は、世代別ではどのような違いがあるのだろうか。前章までは五年刻みの生まれ年別の結果から世代の傾向をみてきたが、ここでは世代の特徴をより明確にするため、生まれた年を回答傾向の近さによってグループ化し、意識のうえで同質性の高い六つの世代区分にまとめた〔2〕。

結果的には、およそ一五年を単位とする区切りで分割することになり、表Ⅷ―5の「戦争世代」から「新人類ジュニア世代」までの、六つの世代区分を設定した。この世代区分は、政治学者の綿貫譲治が投票行動に関する調査をもとに分類した世代と区分がほぼ一致していたので、世代の名称についても綿貫が定義したものをそのまま使用している〔3〕。団塊の世代は、一般には第一次ベビーブームが起きた一九四七年から四九年にかけて生まれた人を指すが、ここでは、その前後を含めた一〇年間に生まれた人を「団塊世代」と称している。

表Ⅷ―6（二二四頁）には、この六つの世代区分ごとに、各質問で最も回答の多い選択肢がどう変化したかをまとめた。「団塊ジュニア世代」は調査対象となった八八年以降、「新人類ジュニア世代」は〇三年以降の結果である。また、「戦争世代」は一三年以降は回答者が少ないため、〇八年までの結果を示した。以下、各世代において特徴的な意識をみていきたい。

①戦争世代

第一のグループは、一九二八年（昭和三年）以前に生まれた人たちである。一九四五年（昭和二〇年）の終戦の年には、最も若い人でも一七歳になっていて、戦前や戦中の教育で育った世代である。二〇一八年の調査時には九〇歳以上と高齢になっている。

表Ⅷ－5　世代区分

世代の名称	生年	2018 年調査時の年齢
戦争	1898 年以前	90 歳以上
	1899-1903	
	1904-08	
	09-13	
	14-18	
	19-23	
	24-28	
第一戦後	29-33	75 ～ 89 歳
	34-38	
	39-43	
団塊	44-48	65 ～ 74 歳
	49-53	
新人類	54-58	50 ～ 64 歳
	59-63	
	64-68	
団塊ジュニア	69-73	35 ～ 49 歳
	74-78	
	79-83	
新人類ジュニア	84-88	16 ～ 34 歳
	89-93	
	94-98	
	99-2002	

この世代では、「支持政党」は「自民党」が多く、「一般国民が投票することは、国の政治にどの程度の影響を及ぼしているか」という「選挙の有効性感覚」については、《強い》有効性感覚を持つ人が多い。「日本は一流国だ」と思う人が常に多いのも特徴である。

「家庭・男女関係」については、夫婦の姓は「当然、妻が名字を改めて、夫のほうの名字を名のるべきだ」、婚前交渉は「結婚式がすむまでは、性的まじわりをすべきでない」、老後の生活は「子どもや孫といっしょに、なごやかに暮らす」が多い。また、「父親は一家の主人としての威厳をもち、母親は父親をもりたてて、心から尽くしている」という《夫唱婦随》型の家庭を理想と考える人も比較的多い。

そのほか、一か月分の臨時収入があったら「貯金しておく」という人や、親せき・職場・近隣との《全面的つきあい》が望ましいという人、《仏》を信じている人が多い。

この世代の意識には、戦前からの価値観が色濃く反映されており、それ以降の世代とはかなり違いがある。また、回答の多い選択肢が変わらない項目も多い。

②第一戦後世代

第二のグループは、一九二九年（昭和四年）から一九四三年（昭和一八年）に生まれた人たちで、一八年の時点で年齢は七〇代後半から八〇代になっている。戦前や戦中に生まれているが、戦後の民主主義教育を経験した人が多い。日本が東京オリンピックを経て、GNP・国民総生産が世界第二位となった六八年には、最も若い人で二五歳、年長の人で三九歳であり、高度経済成長を支えてきた世代である。

この世代では、「夫婦の姓」は《当然、夫の姓》、「婚前交渉」は「すべきでない」、「老後の生き方」は「子どもや孫といっしょに」といった考えが常に多い点は、戦争世代と同じである。

「理想の家庭」については、「父親は仕事に力を注ぎ、母親は任された家庭をしっかりと守っている」という《性役割分担》型の考えを支持する人が多く、八八年まで最も多くの人が支持している。また、「生活目標」は「しっかりと計画をたてて、豊かな生活を築く」という《利志向》が八八年まで最も多い。どちらもその後は変化しているが、「戦争世代」や「団塊世代」に比べて変化した時期が遅いのが特徴である。

「支持政党」については、七三年は「非自民」、七八年以降は「自民党」が比較的多いが、九八年、〇三年と一八年は「自民党」と「支持なし」が拮抗している。「天皇に対する感情」は戦争世代とは異なり、調査を始めたころは「無感情」が多かった。

「家庭・男女関係」では、戦争世代と共通する意識が多いが、「政治」に関しては戦争世代ほど保守的な傾向はみられない。《性役割分担》型の家庭や「豊かな生活を築く」という生活目標にみられるように、高度経済成長期では一般的だった価値観を持っている世代である。

③団塊世代

第三のグループは、一九四四年（昭和一九年）から一九五三年（昭和二八年）に生まれた人たちで、一八年には、六〇代後半から七〇代前半になっている。戦後民主主義のもとで育ち、安保闘争や全共闘運動、高度経済成長を経験し、暮らしが豊かになる反面、公害病などの負の側面も見てきた世代である。

「政治」の領域では、選挙での政治的有効性感覚が《やや弱い》人、「支持政党なし」の人が多く、上の世代に比べて政治に対し消極的な傾向がみられる。一方で、「結社・闘争性」に関しては、職場の労働条件の問題で「みんなで労働組合をつくり、労働条件がよくなるように活動する」、地域の公害問題で「みんなで住民運動を起こし、問題を解決するために活動する」という《活動》が七八年まで最も多かった。「将来の余暇の過ごし方」でも「知識を身につけたり、心を豊かにする」が多い時期があり、余暇に対して活動的な面がうかがえる。

そのほか、親せきや近隣との「人間関係」では、《部分的つきあい》が望ましいという人が多く、「理想の仕事」では、「専門知識や特技が生かせる仕事」が比較的多い。また、「父親のあり方」では、「親しい仲間のようにつきあう」が当初は最も多かったが、その後、「忠告や助言を与える」「子どもを信頼して、干渉しない」が多くなるなど、時代とともに意識が変わった項目が多い。

④新人類世代

第四のグループは、一九五四年（昭和二九年）から一九六八年（昭和四三年）に生まれた人たちで、一八年には五〇代から六〇代前半になっている。日本が経済大国となった高度経済成長期に育つが、社会に出るときには、すでに高度経済成長は終わっていた。七六年からの「国連婦人の一〇年」や八六年の男女雇用機会均等法施行など、男女平等に向けた取り組みが進む中で大人になった世代で、テレビと共に育った最初の世代でもある。

この世代で七三年から一貫して多いのは、「生活目標」では「身近な人たちと、なごやかな毎日を送る」という《愛志向》、仕事では「仕事にも余暇にも、同じくらい力を入れる」という《仕事・余暇両立》の考え、「婚前交渉」については「深く愛し合っている男女なら、性的まじわりがあってもよい」といった意識で、七八年からは、「老後の生き方」で「自分の趣味をもち、のんびりと余生を送る」という人も多い。「理想の家庭」については、七八年まで《性役割分担》と《家庭内協力》が並んでいたが、八三年以降は《家庭内協力》が最も多くなっている。また、この世代以降に生まれた人たちでは、宗教に関することで《奇跡》を信じる人が比較的多くなっている。

新人類世代では、家庭や仕事、生活の面で新しい考えがより広がってきた。変化のパターンは一つ前の団塊世代と似ているが、団塊世代よりも早い時期に変化し、団塊ジュニア世代や新人類ジュニア世代に意識が近づいている。

⑤団塊ジュニア世代

第五のグループは、一九六九年（昭和四四年）から一九八三年（昭和五八年）に生まれた人たちで、一八年には三〇代後半から四〇代になっている。東西冷戦の終結やバブル経済の崩壊を成長過程で経験したか、その後に育った世代で、九〇年代前半から二〇〇〇年代半ばにかけて続いた就職氷河期に社会に出た人が多い。テレビゲームやパソコンなど、メディア環境が多様化した中で育った世代でもある。

新人類世代と共通する意識が多いが、この世代で一貫して多いのは、「夫婦は同じ名字を名のるべきだが、どちらが名字を改めてもよい」や、「理想の仕事」の「仲間と楽しく働ける仕事」などである。また、職場の「人間関係」では、新人類以前の世代では「なにかにつけ相談したり、たすけ合えるようなつきあい」（《全面的つきあい》）が多かったのに対し、「仕事が終わってからも、話し合ったり遊んだりするつきあい」（《部分的つきあい》）が多い傾向がみられる。

3 団塊世代（1944～53年生まれ）	4 新人類世代（1954～68年生まれ）	5 団塊ジュニア世代（1969～83年生まれ）	6 新人類ジュニア世代（1984～2002年生まれ）
利→愛	愛	快・愛→愛	快→愛
能率→情緒	能率→情緒	能率・情緒	能率・情緒→能率
教養型→規律型	教養型 →教養型・規律型	教養型	教養型
計画的→貯蓄 →計画的・貯蓄	計画的 →計画的・貯蓄	計画的	計画的 →計画的・貯蓄
部分的	部分的	部分的	部分的
全面的→部分的 →全面・部分・形式的	全面的→部分的 →全面・部分・形式的	部分的 →全面的・部分的	部分的
部分的	部分的	部分的	部分的
無信心→仏	神・奇跡・無信心 →神・仏	奇跡・無信心 →仏・無信心	奇跡→無信心
健康・仲間・専門 →仲間	仲間・専門→仲間	仲間	仲間
仕事・両立→両立	両立	両立	両立
知識→好きなこと	知識→好きなこと	好きなこと	好きなこと
不可・愛情で可 →婚約・愛情で可	愛情で可	愛情で可	愛情で可
当然夫→どちらでも →当然夫	どちらでも→当然夫 →どちらでも	どちらでも	どちらでも
分担→協力	分担・協力→協力	協力	協力
高校→短大→大学	短大→大学	短大→大学	大学
仲間→忠告 →忠告・不干渉	忠告	忠告	忠告
子や孫・趣味→趣味	子や孫→趣味	趣味	趣味
NO → YES → NO → YES	NO → YES	NO → YES	NO → YES
YES	YES → NO → YES	NO → YES	NO → YES
無感情→好感 →尊敬・好感	無感情→好感・無感情 →尊敬・好感	無感情→好感	無感情
やや弱い	やや弱い	やや弱い	やや弱い
支持なし	支持なし	支持なし	支持なし
活動→静観	活動→静観	活動・静観→静観	静観
活動→依頼 →依頼・静観	活動→依頼	活動・依頼→依頼	依頼

表Ⅷ－6 「最も多い回答」の変化 〈世代別〉

領域	質問	全体	1 戦争世代（1928年以前生まれ）	2 第一戦後世代（1929～43年生まれ）
基本的価値	生活目標	利・愛→愛	愛→快	利→愛→愛・快
	能率・情緒（会合）	能率・情緒→情緒	能率・情緒→情緒	能率→情緒
	理想の人間像	教養型	教養型→規律型	教養型→教養型・規律型
経済・社会・文化	貯蓄・消費態度	貯蓄→計画的→計画的・貯蓄	貯蓄	計画的→貯蓄→計画的・貯蓄
	人間関係（親せき）	全面的→部分的	全面的→全面的・部分的	全面的→部分的
	人間関係（職場）	全面的→全面的・部分的→全面的	全面的	全面的
	人間関係（近隣）	部分的	全面的→全面的・部分的	部分的
	信仰・信心	仏	仏	仏
	理想の仕事（1+2番目）	健康→仲間	健康→健康・仲間	健康→仲間
	仕事と余暇	仕事→両立	仕事・余暇→余暇	仕事→余暇→両立
	余暇の過ごし方（将来）	好きなこと	好きなこと	好きなこと
家庭・男女関係	婚前交渉	不可→愛情で可	不可	不可
	夫婦の姓	当然夫→どちらでも	当然夫	当然夫
	理想の家庭	分担→協力	分担→婦随→協力→婦随	分担→協力
	女子の教育	高校→短大→大学	高校→短大→大学	高校→短大→大学
	父親のあり方	忠告	忠告	忠告→忠告・不干渉
	老後の生き方	子や孫→趣味	子や孫	子や孫
政治	日本は一流国	NO→YES→NO→YES	YES	NO→YES→NO→YES
	日本人はすぐれた素質	YES	YES	YES
	天皇に対する感情	無感情→好感・無感情→尊敬	尊敬	無感情→好感→尊敬
	政治的有効性感覚（選挙）	強い→やや弱い	強い	強い→やや強い・やや弱い
	支持政党	自民→支持なし	自民	非自民→自民→自民・支持なし
	結社・闘争性（職場）	静観	静観	静観
	結社・闘争性（地域）	活動・依頼→依頼	依頼→静観	依頼・活動→依頼→静観

・世代間でほとんど差がない質問は省略した
・「利・愛」のように複数を併記したものは、最多の回答が同程度であることを示す

⑥新人類ジュニア世代

最も若い第六のグループは、一九八四年（昭和五九年）から二〇〇二年（平成一四年）に生まれた人たちで、一八年には一〇代後半から三〇代前半になっている。バブル崩壊後の低成長の時代に、多くは「ゆとり教育」を受けて育った。インターネットや携帯電話とともに育った世代でもある。

この世代の意識は、団塊ジュニア世代に近く、変化のパターンもほぼ同じである。異なる点としては、親せき・職場・近隣との「人間関係」における《部分的つきあい》、「天皇に対する感情」での《無感情》、「職場の労働条件」での《静観》、「地域の公害問題」での《依頼》が、いずれも一貫して多いことが挙げられる。

ここまで、六つの世代区分について、どのような意識が多数を占めているかをみてきた。どの世代においても、時代や加齢の影響によって変化した意識はあるが、長い期間変わっていない意識も少なくない。そして、各世代の意識は、隣り合う世代と共通する部分がありながらも、それぞれの特徴を持っている。特に戦争世代や第一戦後世代は、ほかの世代との違いが明確にみられる。しかし、古い世代から団塊ジュニア世代、新人類ジュニア世代と新しい世代になるにしたがい大きな違いはみられなくなり、意識が似通ってきている。「日本人の意識」調査の質問項目は、人々の間に近代的価値観がどう浸透しているのかという問題意識に沿って選定されているが、近代的価値観の浸透という点では、新しい世代では、違いがなくなってきているのであろう。

前章まででみてきたように、世代間で意識の違いが大きい項目は、世代交代が進むことによって国民全体の意識が大きく変化している。そして、世代間の意識の差が小さくなるということは、世代交代による大きな変化が起きにくくなるということでもある。実際に、いくつかの項目では世代間の意識の差が小さくなったことで、以前に比べて変化の幅が小さくなってきている。今後、新しい世代の占める割合が大きくなれば、この傾向はさらに進むことになる。その時代の状況によって、人々の意識が変わることはあるだろうが、世代の影響は弱まり、全体としては意識の変化が徐々に小さくなっていくであろう。

これからの時代、日本の社会は大きく変わることが予想される。少子高齢化がさらに進み、人口が減少していく中で、働き方や社会保障のあり方は変革を迫られている。社会のグローバル化は一層進み、環境や人権などに対する意識も高まると考えられる。今後、社会に大きな変化が起きたとき、日本人の基本的な価値観はどのように変わっていくのだろうか。また、少子高齢化に伴う問題や環境問題では「世代間対立」ということがよく言われる。こうした問題に対する意識と世代との関係を追究していくことも、これからの課題である。

注

〔1〕第3問A、Bなどもそれぞれ一問として数えた。

〔2〕まず、数量化Ⅲ類という手法によって質問項目を分析し、質問全体の背後にある要素（Ⅰ軸、Ⅱ軸）を抽出した。次に、生まれた年別にⅠ軸、Ⅱ軸の平均得点を算出し、得点の近い生まれ年をグループとしてまとめた。過去三回の調査で同じ結果が得られていることから、今回もこの区分を採用した。詳しくは次を参照。

河野啓「現代日本の世代―その析出と特質」ＮＨＫ放送文化研究所編『現代社会とメディア・家族・世代』新曜社、二〇〇八年

〔3〕綿貫譲治「「出生コーホート」と日本有権者」『レヴァイアサン』一五、木鐸社、一九九四年

「新人類ジュニア」（八四年以降に生まれた世代）は綿貫の分類にはなかった世代である。綿貫が分析に用いたのは一九九三年までのデータで、世代区分は「団塊ジュニア」までとなっていた。

付録Ⅰ 「日本人の意識」調査

調査の概要

	調査日	調査相手	調査方法	有効数（率）
第1回	1973（昭和48）年 6月16日（土） 17日（日） 18日（月）	全国16歳以上の 国民5,436人 （302地点×18人）	個人面接法	4,243人 （78.1％）
第2回	1978（昭和53）年 6月24日（土） 25日（日）	全国16歳以上の 国民5,400人 （450地点×12人）	個人面接法	4,240人 （78.5％）
第3回	1983（昭和58）年 9月3日（土） 4日（日）	全国16歳以上の 国民5,400人 （450地点×12人）	個人面接法	4,064人 （75.3％）
第4回	1988（昭和63）年 6月25日（土） 26日（日）	全国16歳以上の 国民5,400人 （450地点×12人）	個人面接法	3,853人 （71.4％）
第5回	1993（平成5）年 10月2日（土） 3日（日）	全国16歳以上の 国民5,400人 （450地点×12人）	個人面接法	3,814人 （70.6％）
第6回	1998（平成10）年 10月17日（土） 18日（日） 19日（月） 20日（火） （台風のため日程拡大）	全国16歳以上の 国民5,400人 （450地点×12人）	個人面接法	3,622人 （67.1％）
第7回	2003（平成15）年 6月28日（土） 29日（日）	全国16歳以上の 国民5,400人 （450地点×12人）	個人面接法	3,319人 （61.5％）
第8回	2008（平成20）年 6月28日（土） 29日（日）	全国16歳以上の 国民5,400人 （450地点×12人）	個人面接法	3,103人 （57.5％）
第9回	2013（平成25）年 10月19日（土） 20日（日）	全国16歳以上の 国民5,400人 （450地点×12人）	個人面接法	3,070人 （56.9％）
第10回	2018（平成30）年 6月30日（土） ～7月22日（日）	全国16歳以上の 国民5,400人 （360地点×15人）	個人面接法	2,751人 （50.9％）

指定サンプル構成

		回　数	第1回	第2回	第3回	第4回	第5回	第6回	第7回	第8回	第9回	第10回
		調査年	1973年	1978年	1983年	1988年	1993年	1998年	2003年	2008年	2013年	2018年
人数（人）	全　体		5,436	5,400	5,400	5,400	5,400	5,400	5,400	5,400	5,400	5,400
	性	男　性	2,610	2,563	2,610	2,608	2,561	2,637	2,620	2,578	2,561	2,656
		女　性	2,826	2,837	2,790	2,792	2,839	2,763	2,780	2,822	2,839	2,744
	男性	16-19歳	204	217	198	206	211	146	155	130	129	132
		20-29歳	635	529	461	446	455	498	416	371	305	287
		30-39歳	608	586	612	537	440	425	484	430	370	380
		40-49歳	503	541	552	495	504	450	378	422	435	480
		50-59歳	268	352	409	481	439	487	524	453	395	391
		60-69歳	246	202	222	272	322	380	370	402	420	460
		70歳以上	145	136	156	171	190	251	293	370	507	526
	女性	16-19歳	211	228	216	179	184	155	131	121	113	100
		20-29歳	654	618	462	487	505	486	380	328	302	299
		30-39歳	654	727	688	578	441	414	506	485	370	407
		40-49歳	545	481	512	546	575	480	442	400	491	434
		50-59歳	372	389	410	415	441	463	437	462	425	421
		60-69歳	235	230	295	341	398	398	448	450	478	394
		70歳以上	155	164	207	243	295	367	436	576	659	689
	年齢範囲外		1			3					1	
構成比（%）	全　体		100.0	100.0	100.0	100.0	100.0	100.0	100.0	100.0	100.0	100.0
	性	男　性	48.0	47.5	48.3	48.3	47.4	48.8	48.5	47.7	47.4	49.2
		女　性	52.0	52.5	51.7	51.7	52.6	51.2	51.5	52.3	52.6	50.8
	男性	16-19歳	3.8	4.0	3.7	3.8	3.9	2.7	2.9	2.4	2.4	2.4
		20-29歳	11.7	9.8	8.5	8.3	8.4	9.2	7.7	6.9	5.6	5.3
		30-39歳	11.2	10.9	11.3	9.9	8.1	7.9	9.0	8.0	6.9	7.0
		40-49歳	9.3	10.0	10.2	9.2	9.3	8.3	7.0	7.8	8.1	8.9
		50-59歳	4.9	6.5	7.6	8.9	8.1	9.0	9.7	8.4	7.3	7.2
		60-69歳	4.5	3.7	4.1	5.0	6.0	7.0	6.9	7.4	7.8	8.5
		70歳以上	2.7	2.5	2.9	3.2	3.5	4.6	5.4	6.9	9.4	9.7
	女性	16-19歳	3.9	4.2	4.0	3.3	3.4	2.9	2.4	2.2	2.1	1.9
		20-29歳	12.0	11.4	8.6	9.0	9.4	9.0	7.0	6.1	5.6	5.5
		30-39歳	12.0	13.5	12.7	10.7	8.2	7.7	9.4	9.0	6.9	7.5
		40-49歳	10.0	8.9	9.5	10.1	10.6	8.9	8.2	7.4	9.1	8.0
		50-59歳	6.8	7.2	7.6	7.7	8.2	8.6	8.1	8.6	7.9	7.8
		60-69歳	4.3	4.3	5.5	6.3	7.4	7.4	8.3	8.3	8.9	7.3
		70歳以上	2.9	3.0	3.8	4.5	5.5	6.8	8.1	10.7	12.2	12.8

有効数（率）

			第1回	第2回	第3回	第4回	第5回	第6回	第7回	第8回	第9回	第10回
	回数		1973年	1978年	1983年	1988年	1993年	1998年	2003年	2008年	2013年	2018年
	調査年											
人数（人）	全体		4,243	4,240	4,064	3,853	3,814	3,622	3,319	3,103	3,070	2,751
	性	男性	1,953	1,910	1,836	1,755	1,727	1,659	1,519	1,393	1,346	1,244
		女性	2,290	2,330	2,228	2,098	2,087	1,963	1,800	1,710	1,724	1,507
	男性	16-19歳	160	171	152	151	139	93	101	73	73	60
		20-29歳	418	333	256	247	251	229	174	145	111	78
		30-39歳	447	444	412	332	287	246	233	190	151	135
		40-49歳	406	423	387	337	344	285	193	209	187	185
		50-59歳	214	281	327	340	313	330	348	261	203	181
		60-69歳	196	159	184	228	251	288	253	264	264	277
		70歳以上	112	99	118	120	142	188	217	251	357	328
	女性	16-19歳	167	186	179	139	129	99	86	63	59	46
		20-29歳	499	464	313	306	304	262	156	134	123	86
		30-39歳	553	623	570	465	332	297	299	268	200	193
		40-49歳	470	409	430	426	449	355	307	255	290	237
		50-59歳	302	340	337	308	349	369	318	314	300	254
		60-69歳	193	184	246	287	318	306	341	327	337	264
		70歳以上	106	124	153	167	206	275	293	349	415	427
有効率（%）	全体		78.1	78.5	75.3	71.4	70.6	67.1	61.5	57.5	56.9	50.9
	性	男性	74.8	74.5	70.3	67.3	67.4	62.9	58.0	54.0	52.6	46.8
		女性	81.0	82.1	79.9	75.1	73.5	71.0	64.7	60.6	60.7	54.9
	男性	16-19歳	78.4	78.8	76.8	73.3	65.9	63.7	65.2	56.2	56.6	45.5
		20-29歳	65.8	62.9	55.5	55.4	55.2	46.0	41.8	39.1	36.4	27.2
		30-39歳	73.5	75.8	67.3	61.8	65.2	57.9	48.1	44.2	40.8	35.5
		40-49歳	80.7	78.2	70.1	68.1	68.3	63.3	51.1	49.5	43.0	38.5
		50-59歳	79.9	79.8	80.0	70.7	71.3	67.8	66.4	57.6	51.4	46.3
		60-69歳	79.7	78.7	82.9	83.8	78.0	75.8	68.4	65.7	62.9	60.2
		70歳以上	77.2	72.8	75.6	70.2	74.7	74.9	74.1	67.8	70.4	62.4
	女性	16-19歳	79.1	81.6	82.9	77.7	70.1	63.9	65.6	52.1	52.2	46.0
		20-29歳	76.3	75.1	67.7	62.8	60.2	53.9	41.1	40.9	40.7	28.8
		30-39歳	84.6	85.7	82.8	80.4	75.3	71.7	59.1	55.3	54.1	47.4
		40-49歳	86.2	85.0	84.0	78.0	78.1	74.0	69.5	63.8	59.1	54.6
		50-59歳	81.2	87.4	82.2	74.2	79.1	79.7	72.8	68.0	70.6	60.3
		60-69歳	82.1	80.0	83.4	84.2	79.9	76.9	76.1	72.7	70.5	67.0
		70歳以上	68.4	75.6	73.9	68.7	69.8	74.9	67.2	60.6	63.0	62.0

有効サンプル構成

		回　数	第1回	第2回	第3回	第4回	第5回	第6回	第7回	第8回	第9回	第10回
		調査年	1973年	1978年	1983年	1988年	1993年	1998年	2003年	2008年	2013年	2018年
人数（人）		全　体	4,243	4,240	4,064	3,853	3,814	3,622	3,319	3,103	3,070	2,751
	性	男　性	1,953	1,910	1,836	1,755	1,727	1,659	1,519	1,393	1,346	1,244
		女　性	2,290	2,330	2,228	2,098	2,087	1,963	1,800	1,710	1,724	1,507
	年層	16-19歳	327	357	331	290	268	192	187	136	132	106
		20-24歳	414	323	266	282	307	243	147	133	102	84
		25-29歳	503	474	303	271	248	248	183	146	132	80
		30-34歳	503	543	472	330	295	254	242	216	137	155
		35-39歳	497	524	510	467	324	289	290	242	214	173
		40-44歳	494	426	431	386	408	289	260	228	239	188
		45-49歳	382	406	386	377	385	351	240	236	238	234
		50-54歳	271	348	336	321	343	343	336	241	241	204
		55-59歳	245	273	328	327	319	356	330	334	262	231
		60-64歳	216	204	235	290	340	326	312	297	323	240
		65-69歳	173	139	195	225	229	268	282	294	278	301
		70-74歳	126	115	142	151	163	228	242	251	312	263
		75歳以上	92	108	129	136	185	235	268	349	460	492
	都市規模	特別区と100万以上の市	784	772	739	697	712	677	566	564	606	477
		30万以上の市	578	693	676	607	667	645	648	688	637	621
		10万以上の市	823	827	839	789	766	749	673	748	751	686
		5万以上の市町村	465	517	440	515	467	464	337	528	487	432
		5万未満の市町村	1,593	1,431	1,370	1,245	1,202	1,087	1,095	575	589	535
	学歴	中学卒業	1,914	1,596	1,333	1,073	863	747	600	545	427	356
		高校卒業	1,486	1,675	1,577	1,586	1,606	1,478	1,332	1,205	1,202	1,029
		高専・短大卒業	282	286	390	471	535	577	581	573	638	590
		大学・大学院卒業	238	300	381	393	450	533	536	549	605	628
		高校在学	217	272	253	211	210	154	150	110	103	88
		短大・大学・大学院在学	81	85	98	72	82	84	56	56	50	31
		その他、無回答	25	26	32	47	68	49	64	65	45	29

		回　数	第1回	第2回	第3回	第4回	第5回	第6回	第7回	第8回	第9回	第10回
		調査年	1973年	1978年	1983年	1988年	1993年	1998年	2003年	2008年	2013年	2018年
構成比（%）		全　体	100.0	100.0	100.0	100.0	100.0	100.0	100.0	100.0	100.0	100.0
	性	男　性	46.0	45.0	45.2	45.5	45.3	45.8	45.8	44.9	43.8	45.2
		女　性	54.0	55.0	54.8	54.5	54.7	54.2	54.2	55.1	56.2	54.8
	年層	16-19歳	7.7	8.4	8.1	7.5	7.0	5.3	5.6	4.4	4.3	3.9
		20-24歳	9.8	7.6	6.5	7.3	8.0	6.7	4.4	4.3	3.3	3.1
		25-29歳	11.9	11.2	7.5	7.0	6.5	6.8	5.5	4.7	4.3	2.9
		30-34歳	11.9	12.8	11.6	8.6	7.7	7.0	7.3	7.0	4.5	5.6
		35-39歳	11.7	12.4	12.5	12.1	8.5	8.0	8.7	7.8	7.0	6.3
		40-44歳	11.6	10.0	10.6	10.0	10.7	8.0	7.8	7.3	7.8	6.8
		45-49歳	9.0	9.6	9.5	9.8	10.1	9.7	7.2	7.6	7.8	8.5
		50-54歳	6.4	8.2	8.3	8.3	9.0	9.5	10.1	7.8	7.9	7.4
		55-59歳	5.8	6.4	8.1	8.5	8.4	9.8	9.9	10.8	8.5	8.4
		60-64歳	5.1	4.8	5.8	7.5	8.9	9.0	9.4	9.6	10.5	8.7
		65-69歳	4.1	3.3	4.8	5.8	6.0	7.4	8.5	9.5	9.1	10.9
		70-74歳	3.0	2.7	3.5	3.9	4.3	6.3	7.3	8.1	10.2	9.6
		75歳以上	2.2	2.5	3.2	3.5	4.9	6.5	8.1	11.2	15.0	17.9
	都市規模	特別区と100万以上の市	18.5	18.2	18.2	18.1	18.7	18.7	17.1	18.2	19.7	17.3
		30万以上の市	13.6	16.3	16.6	15.8	17.5	17.8	19.5	22.2	20.7	22.6
		10万以上の市	19.4	19.5	20.6	20.5	20.1	20.7	20.3	24.1	24.5	24.9
		5万以上の市町村	11.0	12.2	10.8	13.4	12.2	12.8	10.2	17.0	15.9	15.7
		5万未満の市町村	37.5	33.8	33.7	32.3	31.5	30.0	33.0	18.5	19.2	19.4
	学歴	中学卒業	45.1	37.6	32.8	27.8	22.6	20.6	18.1	17.6	13.9	12.9
		高校卒業	35.0	39.5	38.8	41.2	42.1	40.8	40.1	38.8	39.2	37.4
		高専・短大卒業	6.6	6.7	9.6	12.2	14.0	15.9	17.5	18.5	20.8	21.4
		大学・大学院卒業	5.6	7.1	9.4	10.2	11.8	14.7	16.1	17.7	19.7	22.8
		高校在学	5.1	6.4	6.2	5.5	5.5	4.3	4.5	3.5	3.4	3.2
		短大・大学・大学院在学	1.9	2.0	2.4	1.9	2.1	2.3	1.7	1.8	1.6	1.1
		その他、無回答	0.6	0.6	0.8	1.2	1.8	1.4	1.9	2.1	1.5	1.1

（高校在学は高専1～3年を、短大・大学・大学院在学は高専4、5年を含む）

		回　数	第1回	第2回	第3回	第4回	第5回	第6回	第7回	第8回	第9回	第10回
		調査年	1973年	1978年	1983年	1988年	1993年	1998年	2003年	2008年	2013年	2018年
人数（人）		全　体	4,243	4,240	4,064	3,853	3,814	3,622	3,319	3,103	3,070	2,751
	職業	農林漁業者	337	259	223	226	147	149	98	63	50	64
		自営業者	506	578	520	470	420	339	326	305	239	222
		販売職・サービス職	183	202	235	242	195	224	231	269	234	250
		技能職・熟練職	627	526	436	427	393	340	303	221	180	231
		一般作業職	151	171	172	152	199	156	122	160	254	169
		事務職・技術職	558	586	609	580	763	812	611	526	538	521
		経営者・管理者	162	198	154	151	162	124	140	137	134	130
		専門職、自由業、その他の職業	34	44	52	49	31	41	38	67	33	35
		主婦	1,001	955	823	784	711	679	651	588	556	454
		生徒・学生	285	350	332	273	284	229	197	157	144	113
		無職	386	328	395	387	414	480	515	545	658	539
		その他、無回答	13	43	113	112	95	49	87	65	50	23
	支持政党	自民党	1,457	1,619	1,648	1,493	1,083	871	829	807	1,032	741
		立憲民主党	−	−	−	−	−	−	−	−	−	104
		国民民主党	−	−	−	−	−	−	−	−	−	15
		公明党	150	185	169	144	109	85	123	110	92	60
		共産党	180	90	104	83	71	123	42	66	60	41
		日本維新の会	−	−	−	−	−	−	−	−	30	11
		自由党	−	−	−	−	−	−	−	−	−	3
		希望の党	−	−	−	−	−	−	−	−	−	9
		社民党（社会党）	838	597	506	420	315	128	59	43	32	13
		その他の政治団体	131	195	227	107	515	397	254	493	209	7
		特に支持している政党はない	1,339	1,432	1,307	1,458	1,552	1,895	1,889	1,412	1,444	1,640
		わからない、無回答	148	122	103	148	169	123	123	172	171	107

		回　数	第1回	第2回	第3回	第4回	第5回	第6回	第7回	第8回	第9回	第10回
		調査年	1973年	1978年	1983年	1988年	1993年	1998年	2003年	2008年	2013年	2018年
構成比（%）		全　体	100.0	100.0	100.0	100.0	100.0	100.0	100.0	100.0	100.0	100.0
	職業	農林漁業者	7.9	6.1	5.5	5.9	3.9	4.1	3.0	2.0	1.6	2.3
		自営業者	11.9	13.6	12.8	12.2	11.0	9.4	9.8	9.8	7.8	8.1
		販売職・サービス職	4.3	4.8	5.8	6.3	5.1	6.2	7.0	8.7	7.6	9.1
		技能職・熟練職	14.8	12.4	10.7	11.1	10.3	9.4	9.1	7.1	5.9	8.4
		一般作業職	3.6	4.0	4.2	3.9	5.2	4.3	3.7	5.2	8.3	6.1
		事務職・技術職	13.2	13.8	15.0	15.1	20.0	22.4	18.4	17.0	17.5	18.9
		経営者・管理者	3.8	4.7	3.8	3.9	4.2	3.4	4.2	4.4	4.4	4.7
		専門職、自由業、その他の職業	0.8	1.0	1.3	1.3	0.8	1.1	1.1	2.2	1.1	1.3
		主婦	23.6	22.5	20.3	20.3	18.6	18.7	19.6	18.9	18.1	16.5
		生徒・学生	6.7	8.3	8.2	7.1	7.4	6.3	5.9	5.1	4.7	4.1
		無職	9.1	7.7	9.7	10.0	10.9	13.3	15.5	17.6	21.4	19.6
		その他、無回答	0.3	1.0	2.8	2.9	2.5	1.4	2.6	2.1	1.6	0.8
	支持政党	自民党	34.3	38.2	40.6	38.7	28.4	24.0	25.0	26.0	33.6	26.9
		立憲民主党	−	−	−	−	−	−	−	−	−	3.8
		国民民主党	−	−	−	−	−	−	−	−	−	0.5
		公明党	3.5	4.4	4.2	3.7	2.9	2.3	3.7	3.5	3.0	2.2
		共産党	4.2	2.1	2.6	2.2	1.9	3.4	1.3	2.1	2.0	1.5
		日本維新の会	−	−	−	−	−	−	−	−	1.0	0.4
		自由党	−	−	−	−	−	−	−	−	−	0.1
		希望の党	−	−	−	−	−	−	−	−	−	0.3
		社民党（社会党）	19.8	14.1	12.5	10.9	8.3	3.5	1.8	1.4	1.0	0.5
		その他の政治団体	3.1	4.6	5.6	2.8	13.5	11.0	7.7	15.9	6.8	0.3
		特に支持している政党はない	31.6	33.8	32.2	37.8	40.7	52.3	56.9	45.5	47.0	59.6
		わからない、無回答	3.5	2.9	2.5	3.8	4.4	3.4	3.7	5.5	5.6	3.9

（支持政党の「−」は未結成を示す）

質問および単純集計結果

【表記について】

1. 表中の数字は、各選択肢の回答数を、有効数で除した結果をパーセント（%）で示したもの（小数点以下第2位を四捨五入）。
2. 表中の不等号（><）は、両側の数字を比較した検定結果（信頼度95%）であり、左側（前回）が高ければ「>」で、低ければ「<」で示した。
3. 右端の不等号は左端の数字と'18年との検定結果である（たとえば、第3問の表では'73年と'18年との検定結果）。
4. 調査を実施したときに、選択肢がない場合には「－」で示した。
5. 第45問から第51問の「—」は質問を実施していないことを示す。

欠かせないコミュニケーション行動

第１問　はじめに、ふだんの生活のことについてうかがいます。リストの中で、あなたの気持ちとして、欠かせないと思うことをいくつでもあげてください。（複数回答）

	'83 年	'88 年	'93 年	'98 年	'03 年	'08 年	'13 年	'18 年
ア．新聞を読む	81.1	79.9 >	76.6	75.6	73.1 >	67.0 >	63.2 >	51.8
イ．本を読む	33.8	35.4	35.1	35.3	34.7	33.9 <	36.3 >	27.0
ウ．マンガ・劇画を読む	6.5 <	8.7	8.8	9.5	10.7	11.0	12.0 >	9.9
エ．雑誌を読む（マンガ雑誌を除く）	18.1	18.6 <	21.6	22.4	21.9 >	19.9	19.5 >	13.7
オ．テレビを見る（録画を含む）	83.8	82.5 <	85.8	86.3	85.2	83.5 >	81.1 >	79.0
カ．ラジオを聞く（録音を含む）	32.4 >	30.3 >	27.8	28.4	26.8	26.8	24.8 >	21.4
キ．CD を聞く（レコードや iPod などを含む）	22.8 <	25.8	26.5	27.0	26.9	26.6	25.4 >	20.9
ク．携帯電話・スマートフォンを使う	–	–	–	–	39.2 <	49.8 <	55.8 <	65.4
ケ．インターネットを利用する	–	–	–	–	20.0 <	28.8 <	37.8 <	43.8
コ．家族と話をする	79.8	80.0	79.9	80.2	78.9	79.6	79.7 >	76.8
サ．友人と話をする	66.1 <	68.2	69.3	68.9	67.8	66.3 >	62.6 >	55.8
シ．この中にはない	0.3	0.3	0.4	0.2	0.3	0.5 >	0.2 <	0.7
ス．わからない、無回答	0.1	0.2	0.2	0.1	0.2	0.2	0.1	0.0
					※			※

※ '03 年に選択肢を追加したため、'98 年と'03 年、'83 年と'18 年の比較検定はしていない

欠かせないコミュニケーション行動

第２問　〔第１問で「ア～サ」の人に〕
では、今あげた中で、どうしても欠かせないと思うことを１つだけ選ぶとしたら、どれでしょうか［１番目］。
もう１つ選ぶとしたら、どれでしょうか［２番目］。

１番目だけの結果

1．新聞を読む	25.9 >	23.5 >	21.1	21.9	18.0 >	15.3	14.8 >	10.7
2．本を読む	2.0	2.0	2.0	1.9	1.7	2.1	1.7	1.4
3．マンガ・劇画を読む	0.2	0.3	0.3	0.2	0.4	0.3	0.4	0.4
4．雑誌を読む（マンガ雑誌を除く）	0.3	0.3	0.4	0.3	0.2	0.2	0.2	0.1
5．テレビを見る（録画を含む）	18.9 >	16.9 <	22.2 >	19.8	19.8	20.3	19.0	17.4
6．ラジオを聞く（録音を含む）	1.6	1.8 >	1.2	1.7	1.6	1.9	1.8	1.6
7．ＣＤを聞く（レコードや iPod などを含む）	1.7 <	2.4	1.9	1.8	1.3	0.9	1.2	0.8
8．携帯電話・スマートフォンを使う	–	–	–	–	4.9 <	7.3 <	8.7 <	14.1
9．インターネットを利用する	–	–	–	–	2.1 <	3.4 <	5.1	6.2
10．家族と話をする	40.6	42.6	40.4	41.6	42.0	40.5	41.0	41.4
11．友人と話をする	7.9	9.0	9.1	10.0	7.0	6.0	5.3	4.7
12．わからない、無回答	0.5	0.8	0.9 >	0.5	0.5 <	1.1	0.7	0.5
13．非該当〔第１問で「シ、ス」の人〕	0.3	0.4	0.5 >	0.2	0.5	0.7 >	0.3 <	0.7
					※			※

1番目＋2番目の結果	'83 年	'88 年	'93 年	'98 年	'03 年	'08 年	'13 年	'18 年
1．新聞を読む	51.3 >	47.1 >	41.3	41.1	35.7 >	30.4	29.1 >	22.6
2．本を読む	5.9	6.0	5.9	5.6	5.3	5.4	4.9	4.4
3．マンガ・劇画を読む	0.5	0.6 <	1.1	0.9	1.0	0.8	1.3	0.8
4．雑誌を読む（マンガ雑誌を除く）	1.1	1.1	1.5	1.4	0.7	0.5	0.8 >	0.3
5．テレビを見る（録画を含む）	43.6 >	41.2 <	48.0	46.5	44.2	42.2	39.8	38.7
6．ラジオを聞く（録音を含む）	4.9	4.8	3.9	3.8	3.7 <	4.9	3.9	3.6
7．CD を聞く（レコードや iPod などを含む）	4.6 <	6.0	5.3	4.6	3.6	3.1	3.2 >	1.9
8．携帯電話・スマートフォンを使う	–	–	–	–	10.3 <	15.1 <	19.0 <	29.3
9．インターネットを利用する	–	–	–	–	4.4 <	8.4 <	11.0 <	13.6
10．家族と話をする	60.1	59.8	58.5	58.1	56.6	56.2	54.9	56.6
11．友人と話をする	23.4 <	27.0	26.9 <	29.3	25.2 >	21.5	20.8	19.8
12．わからない、無回答	3.4 <	4.7 <	5.7 <	7.8	7.9	9.0	10.0 >	6.4
13．非該当〔第1問で「シ、ス」の人〕	0.3	0.4	0.5 >	0.2	0.5	0.7 >	0.3 <	0.7
				※				※

生活の各側面についての満足感

第3問 次に、日ごろの暮らしについて、リストのように4つに分けておたずねします。AからDまでの1つ1つについて、「そう思う」か、「そうは思わない」かをお答えください。

A．着るものや食べもの、住まいなど、物質的に豊かな生活を送っている

1．そう思う	58.5 <	66.0 <	71.0	69.6 <	72.6	73.7	73.8	72.2 <	79.1	80.6 <
2．そうは思わない	36.1 >	28.2 >	25.7	27.3 >	23.8	23.4	22.6	22.9 >	18.1	17.4 >
3．わからない、無回答	5.4	5.7 >	3.3	3.1	3.6	2.9	3.6 <	4.9 >	2.7	2.0 >

B．生きがいをもち、心にハリや安らぎのある生活を送っている

1．そう思う	67.4 <	72.1	72.0	71.2	71.9	70.4	69.7 <	72.7 <	76.2	77.6 <
2．そうは思わない	25.6 >	20.4 <	22.8	22.8	22.9	24.3	25.0 >	21.9 >	19.4	19.1 >
3．わからない、無回答	7.0	7.6 >	5.1	6.0	5.3	5.3	5.3	5.4	4.4 >	3.2 >

C．環境がととのい、安全で快適に過ごせる地域に住んでいる

1．そう思う	59.7 <	67.3 <	69.7	70.3	72.2	74.0	75.3 <	80.0 <	87.0	87.2 <
2．そうは思わない	36.6 >	28.6	27.2	26.3	24.6 >	22.4	20.5 >	16.0 >	10.7	10.3 >
3．わからない、無回答	3.7	4.1 >	3.1	3.3	3.2	3.6	4.2	4.0 >	2.4	2.4 >

D．この地域や自分の職場・学校には、打ちとけて話し合ったり、気持ちよくつきあえる人が多い

1．そう思う	65.9 <	71.3 >	69.0	70.3	71.9 >	68.7	69.9	71.2	71.5 <	75.2 <
2．そうは思わない	28.4 >	22.4 <	25.2	24.6 >	22.3 <	25.3	24.0	22.8	23.7 >	20.6 >
3．わからない、無回答	5.7	6.3	5.8	5.1	5.8	6.0	6.1	6.1 >	4.8	4.1 >

生活全体についての満足感

第4問 あなたは今の生活に、全体としてどの程度満足していますか。リストの中から、あなたのお気持ちに近いものをあげてください。

	略称	'73年	'78年	'83年	'88年	'93年	'98年	'03年	'08年	'13年	'18年
1．満足している	満足	20.7 <	24.0 <	25.9	24.8	25.9	26.1	25.4 <	27.6 <	34.0 <	38.7 <
2．どちらかといえば、満足している	やや満足	56.8 <	61.1	60.5	61.3	61.3	60.6	60.5	59.1	57.3 >	53.0 >
3．どちらかといえば、不満だ	やや不満	18.2 >	12.3	11.4	11.4	10.4	11.3	11.5	10.7 >	7.1	6.8 >
4．不満だ	不満	3.2 >	1.9	1.7	1.8	1.7	1.6	1.9	2.0 >	1.3	1.2 >
5．わからない、無回答	DK、NA	1.0 >	0.6	0.6	0.7	0.8 >	0.4	0.7	0.6	0.3	0.3 >

貯蓄・消費態度

第5問 今かりに、お宅の1か月分程度の臨時収入が、あなたの手に入ったとします。あなたはそのお金をどうするのがいちばんいいと思いますか。リストの中から選んでください。

	略称	'73年	'78年	'83年	'88年	'93年	'98年	'03年	'08年	'13年	'18年
1．先のことは考えないで、思いきりよく使ってしまう	無計画消費	11.3	11.0	11.2 <	12.8	12.3	12.2 >	10.5	9.9	9.7	10.9
2．何に使うか計画をたてて、その費用にあてる	計画的消費	42.4	41.4	39.5 <	42.4	42.8	44.3	46.2	43.9	46.3 >	43.3
3．将来必要となるかもしれないから、貯金しておく	貯蓄	43.9	45.3	47.1 >	42.0	42.3	41.1	40.4 <	43.2	41.5	43.3
4．その他		0.4 <	1.0	1.3	1.1	1.1	1.1	1.1	1.4	1.0 >	0.5
5．わからない、無回答	DK、NA	2.1 >	1.4 >	0.9 <	1.7	1.5	1.2	1.7	1.6	1.6	2.0

生活目標

第6問 人によって生活の目標もいろいろですが、リストのように分けると、あなたの生活目標にいちばん近いのはどれですか。

	略称	'73年	'78年	'83年	'88年	'93年	'98年	'03年	'08年	'13年	'18年
1．その日その日を、自由に楽しく過ごす	快志向	21.0	19.9 <	22.4 <	25.0 >	23.0 <	25.1	24.1	24.0	25.6	25.6 <
2．しっかりと計画をたてて、豊かな生活を築く	利志向	32.5	30.7	31.9 >	28.5	28.6 >	25.5	26.0 >	23.5	22.9	23.5 >
3．身近な人たちと、なごやかな毎日を送る	愛志向	30.5 <	35.2	35.4 <	38.5	39.7	41.4	41.4 <	45.1	45.0	45.9 <
4．みんなと力を合わせて、世の中をよくする	正志向	13.8	12.7 >	9.1 >	6.5	6.6	6.5	6.7	5.6	5.3 >	4.2 >
5．その他		0.3	0.2	0.2	0.3	0.3	0.2	0.2	0.3	0.2	0.1
6．わからない、無回答	DK、NA	2.0 >	1.4	1.0	1.2	1.7	1.2	1.7	1.5	1.0	0.7 >

生活充実手段

第７問 リストには、私たちの生活を充実させるために必要と思われる項目を、５つ並べてあります。この中から、あなたが必要だと思われる順に項目をあげてください。

A．豊かな趣味	'73 年	'78 年	'83 年	'88 年	'93 年	'98 年	'03 年	'08 年	'13 年	'18 年
1．第１位	1.3	1.6	1.9 <	2.9	3.2	3.7	3.6	4.3	3.6 <	4.8 <
2．第２位	4.9 <	6.1	6.0 <	8.4	9.3	9.9	10.3	9.4	9.1 <	11.2 <
3．第３位	10.7	11.9	12.2 <	14.7	15.8	16.9	15.6	15.8	16.9 >	14.9 <
4．第４位	23.1	23.7	22.4	23.6	25.4	24.8	25.8	25.5 >	22.6	23.1
5．第５位	55.5 >	52.0	53.7 >	48.0 >	43.8	41.7	42.6	41.7 <	45.0	43.9 >
6．わからない、無回答	4.6	4.6	3.8 >	2.4	2.5	3.0 >	2.0 <	3.4	2.8	2.1 >

B．やりがいのある仕事や活動	'73 年	'78 年	'83 年	'88 年	'93 年	'98 年	'03 年	'08 年	'13 年	'18 年
1．第１位	9.0	8.8	8.0	7.8	7.2	7.3	8.1 >	6.3	6.3	7.3 >
2．第２位	26.7	27.0	26.9 >	24.8	24.1 >	21.7	21.6	21.9	21.8	20.6 >
3．第３位	29.0	29.1	29.6	28.3	27.4	26.0	26.7 >	23.8	24.5	24.0 >
4．第４位	19.8	18.5	19.1	20.3	20.2	21.3	21.4	22.1	23.1	22.8 <
5．第５位	11.5	12.4	12.6 <	16.3 <	18.2 <	21.0	19.9	21.8	21.2	23.1 <
6．わからない、無回答	3.9	4.3	3.8 >	2.4	2.8	2.7	2.4 <	4.0	3.1	2.3 >

C．経済力	'73 年	'78 年	'83 年	'88 年	'93 年	'98 年	'03 年	'08 年	'13 年	'18 年
1．第１位	6.8	7.4	8.5 >	7.0 <	8.9 >	7.6 <	9.6	9.2 <	10.8	11.6 <
2．第２位	35.3	33.8	32.9	33.0	31.5	32.9	34.4	32.5	32.7	31.5 >
3．第３位	26.0	24.4	23.8	25.0	24.3	24.4	23.5	24.2	24.7	26.2
4．第４位	16.7	17.4	17.9	18.1	17.7	17.7 >	15.6	16.6	16.7	17.7
5．第５位	11.7	13.1	13.5	14.4	15.2	14.7	14.8	14.1	12.8	11.3
6．わからない、無回答	3.6	3.9	3.4 >	2.5	2.3	2.6	2.1 <	3.4 >	2.3	1.8 >

D．なごやかなつきあい	'73 年	'78 年	'83 年	'88 年	'93 年	'98 年	'03 年	'08 年	'13 年	'18 年
1．第１位	3.7	4.2	3.9	4.3	4.6	4.6	4.7	5.2	5.0	5.5 <
2．第２位	18.9	19.5	20.1	20.0	20.9	21.6 >	18.8 <	21.4	21.4	20.7
3．第３位	25.7	24.9	26.4	24.9	24.9	24.7	25.7	26.6	25.2	25.6
4．第４位	33.4	32.6	33.3	32.4 >	30.3	29.4	31.2 >	28.2 <	30.9	29.8 >
5．第５位	15.4	15.9 >	13.8 <	16.3	17.5	17.6	18.0 >	15.9	15.6	17.2 <
6．わからない、無回答	2.9	2.8	2.5	2.1	1.8	2.1	1.6 <	2.7 >	1.9 >	1.2 >

E．健康な体	'73 年	'78 年	'83 年	'88 年	'93 年	'98 年	'03 年	'08 年	'13 年	'18 年
1．第１位	78.3	77.2	77.3	77.1	75.4	75.5 >	73.3	74.1	74.0 >	70.5 >
2．第２位	12.3	11.8	13.1	12.5	13.1	12.4	13.7	12.9	14.0	15.3 <
3．第３位	5.1	6.0	5.2	4.9	5.5	5.7	6.7	6.5	6.1 <	7.6 <
4．第４位	2.1	2.5	2.6	2.8	3.3	3.4	3.4	3.4	3.5	4.1 <
5．第５位	0.8 <	1.3	1.3 <	1.9	1.9	1.5	2.1	2.0	1.9	1.9 <
6．わからない、無回答	1.3	1.2 >	0.6	0.9	0.8 <	1.4 >	0.8	1.2 >	0.6	0.5 >

理想の家庭

第8問 リストには、異なった4軒の家庭の様子が書いてあります。あなたはどの家庭が最も好ましいとお考えですか。

東さん：父親は一家の主人としての威厳をもち、母親は父親をもりたてて、心から尽くしている
西さん：父親も母親も、自分の仕事や趣味をもっていて、それぞれ熱心に打ち込んでいる
南さん：父親は仕事に力を注ぎ、母親は任された家庭をしっかりと守っている
北さん：父親はなにかと家庭のことにも気をつかい、母親も暖かい家庭づくりに専念している

	略称	'73年	'78年	'83年	'88年	'93年	'98年	'03年	'08年	'13年	'18年
1．東さん	夫唱婦随	21.9	20.7 <	23.0 >	20.2 >	17.4 >	12.6	13.2	12.7 >	10.3 >	7.5 >
2．西さん	夫婦自立	14.5	16.0	16.1	17.5	19.0 <	22.6	23.0 >	19.5 <	23.5 <	26.5 <
3．南さん	性役割分担	39.2	37.6 >	29.2 >	25.0 >	19.9 >	16.7 >	14.7	15.5	14.9	14.8 >
4．北さん	家庭内協力	21.2	22.9 <	29.3 <	34.5 <	41.1 <	45.3	45.8 <	48.4	48.0	47.8 <
5．その他		0.0	0.1	0.1	0.3	0.3	0.2	0.2	0.4 >	0.1	0.2 <
6．わからない、無回答	DK、NA	3.1	2.7	2.3	2.4	2.3	2.7	3.1	3.4	3.2	3.2

人間関係（親せき）

第9問 親せきとは、どんなつきあいをするのが望ましいと思いますか。リストの中からお答えください。

1．一応の礼儀を尽くす程度のつきあい	形式的つきあい	8.4	8.6 <	9.9 <	12.5 <	15.8	17.3 <	20.0	21.6 <	24.2	26.2 <
2．気軽に行き来できるようなつきあい	部分的つきあい	39.7	40.1 <	45.2	45.3	46.5	46.4	46.8 >	42.8	42.2	43.2 <
3．なにかにつけ相談したり、たすけ合えるようなつきあい	全面的つきあい	51.2	50.5 >	44.3 >	41.2 >	36.6	35.6 >	32.2 <	34.8 >	32.4 >	29.7 >
4．その他		0.1	0.1	0.2	0.1 <	0.3 >	0.1	0.2	0.1 <	0.4 >	0.1
5．わからない、無回答	DK、NA	0.7	0.7 >	0.3 <	0.8	0.8	0.7	0.9	0.8	0.8	0.7

権威・平等（社会的地位）

第10問 リストの甲、乙どちらかの人に、結婚式の仲人を頼むとしたら、どちらの人がよいと思いますか。

甲：社会的地位は低いが、結婚する2人をよく知っている人
乙：結婚する2人を十分には知らないが、ある程度社会的地位の高い人

1．甲の人がよい	平等	84.7	84.4	84.7 >	82.3	83.7 <	86.1	87.0	87.1	86.8	86.5 <
2．乙の人がよい	権威	10.4	11.0	11.0 <	13.0	11.7 >	9.8 >	8.2	8.8	9.3	9.2
3．どちらともいえない、わからない、無回答	DK、NA	4.9	4.6	4.3	4.7	4.6	4.1	4.8	4.2	3.9	4.3

男女のあり方（名字）

第11問 一般に、結婚した男女は、名字をどのようにしたらよいとお考えですか。リストの中からお答えください。

	略称	'73年	'78年	'83年	'88年	'93年	'98年	'03年	'08年	'13年	'18年
1．当然、妻が名字を改めて、夫のほうの名字を名のるべきだ	当然、夫の姓	45.6	43.7 <	46.6 >	41.6 >	36.2 >	32.6 >	29.2 <	32.5	32.6 >	28.8 >
2．現状では、妻が名字を改めて、夫のほうの名字を名のったほうがよい	現状では夫の姓	26.5	27.4	27.4	28.9	27.1 >	24.6	24.7	24.9	23.9 >	21.7 >
3．夫婦は同じ名字を名のるべきだが、どちらが名字を改めてもよい	どちらでもよい	22.7	23.9 >	21.2	22.8 <	26.3 <	29.2	29.8	28.3 <	30.7	32.3 <
4．わざわざ一方に合わせる必要はなく、夫と妻は別々の名字のままでよい	別姓でよい	2.9	3.2	3.3 <	4.7 <	7.8 <	11.5 <	13.3 >	11.3	10.7 <	14.2 <
5．その他		0.0	0.1	0.1	0.2	0.3	0.4	0.3	0.4	0.5	0.6 <
6．わからない、無回答	DK、NA	2.2	1.8	1.3	1.7	2.3 >	1.6 <	2.7	2.5 >	1.6 <	2.5

男女のあり方（家庭と職業）

第12問 結婚した女性が職業をもち続けることについては、どうお考えでしょうか。リストの中から、あなたのお考えに近いものを選んでください。

1．結婚したら、家庭を守ることに専念したほうがよい	家庭専念	35.2 >	30.1	28.6 >	23.9 >	18.3 >	13.4	12.6	12.0	10.6 >	8.3 >
2．結婚しても子どもができるまでは、職業をもっていたほうがよい	育児優先	42.0	40.5	39.8	39.4	41.0 >	37.8 >	34.9	36.6 >	30.6	28.6 >
3 結婚して子どもが生まれても、できるだけ職業をもち続けたほうがよい	両立	20.3 <	27.1 <	29.3 <	33.3 <	37.1 <	45.5 <	48.5	48.1 <	56.3 <	59.9 <
4．その他		0.2 <	0.6	0.8 <	1.3	1.2	1.0	1.3	1.0	1.2	0.8 <
5．わからない、無回答	DK、NA	2.3 >	1.7	1.5	2.0	2.4	2.3	2.8	2.3 >	1.3 <	2.4

権威・平等（男女）

第13問 リストには、父親が台所の手伝いや子どものおもりをすることについて、甲、乙２つの意見をのせてあります。あなたはどちらに賛成しますか。

甲：台所の手伝いや子どものおもりは、一家の主人である男子のすることではない
乙：夫婦は互いにたすけ合うべきものだから、夫が台所の手伝いや子どものおもりをするのは当然だ

	略称	'73年	'78年	'83年	'88年	'93年	'98年	'03年	'08年	'13年	'18年
1．甲に賛成	すべきでない	38.0 >	33.1 >	28.1 >	21.9 >	17.7 >	12.0 >	9.6	9.7	8.3	7.6 >
2．乙に賛成	するのは当然	53.2 <	59.6 <	67.4 <	72.3 <	76.6 <	84.4 <	86.1	86.3 <	89.3	89.4 <
3．どちらともいえない、わからない、無回答	DK、NA	8.8 >	7.3 >	4.5 <	5.8	5.7 >	3.6	4.3	4.0 >	2.4	3.0 >

父親のあり方

第14問 ことし学校を卒業して社会に出た男の子がいるとします。父親はその子に対して、どういう態度をとるのがいちばんいいとお考えですか。リストの中から、選んでください。

1．みずから模範を示し、見習わせる	模範	8.3 <	9.6	9.2 >	6.7	6.6 >	5.5	5.0	5.9	5.0	5.1 >
2．より多く人生の経験を積んだ者として、忠告や助言を与える	忠告	41.0 <	44.2	45.0	43.0	41.6	41.3 <	44.9 <	47.8	46.8 >	39.5
3．ひとりの同じ人間として、親しい仲間のようにつきあう	仲間	32.1 >	29.7 >	27.3	28.3	27.7	29.0 >	25.6 >	22.1	23.0	23.6 >
4．子どもを信頼して、干渉しない	不干渉	15.0	13.9 <	16.4 <	19.6 <	21.8	22.0	21.7	21.5	23.1 <	29.5 <
5．その他		0.1 >	0.0 <	0.1	0.2	0.1	0.2	0.2	0.3	0.2	0.1
6．わからない、無回答	DK、NA	3.5 >	2.6	2.0	2.1	2.1	1.9 <	2.7	2.5	1.9	2.2 >

老後の生き方

第15問 リストには、いろいろな老後の生き方がのっています。この中であなたはどれが最も望ましいと思いますか。

	略称	'73年	'78年	'83年	'88年	'93年	'98年	'03年	'08年	'13年	'18年
1．子どもや孫といっしょに、なごやかに暮らす	子どもや孫	37.9	36.4	34.6 >	31.2 >	27.3 >	23.9	24.2 <	27.6	26.3 >	23.0 >
2．夫婦2人で、むつまじく暮らす	夫婦	10.0 >	8.7 <	11.1 <	13.5 <	16.1	17.1	17.5 <	19.9	20.4	20.9 <
3．自分の趣味をもち、のんびりと余生を送る	趣味	19.8 <	22.4	22.2 <	25.2 <	29.1 <	31.8	33.2 >	28.6	28.3	29.8 <
4．多くの老人仲間と、にぎやかに過ごす	老人仲間	2.2	2.8	3.3	4.0	4.6	5.0	4.2	5.2	5.7	5.5 <
5．若い人たちとつきあって、ふけこまないようにする	若者	7.7	6.9	6.1	6.6	6.5	6.1	5.8 >	4.7	4.7	5.3 >
6．できるだけ、自分の仕事をもち続ける	仕事	20.4	21.6	21.7 >	18.3 >	14.8	15.0 >	13.0	12.3	13.7	13.6 >
7．その他		0.1	0.2	0.2	0.1	0.1	0.2	0.2	0.2	0.1	0.1
8．わからない、無回答	DK、NA	2.0 >	1.1	0.8	1.0 <	1.5 >	0.9 <	1.8	1.5 >	0.9 <	1.7

能率・情緒（仕事の相手）

第16問 かりにあなたが、リストにあげた甲、乙いずれかの人と組んで仕事をするとします。その仕事がかなりむずかしく、しかも長期間にわたる場合、あなたはどちらの人を選びたいと思いますか。

甲：多少つきあいにくいが、能力のすぐれた人
乙：多少能力は劣るが、人柄のよい人

	略称	'73年	'78年	'83年	'88年	'93年	'98年	'03年	'08年	'13年	'18年
1．甲の人を選ぶ	能率	26.9	25.2	24.4	25.0	24.6	25.2 <	29.0	28.1	27.0 >	24.6 >
2．乙の人を選ぶ	情緒	68.0 <	70.4	72.1	71.1	70.8	71.1 >	66.9	68.1	70.3	71.6 <
3．どちらともいえない、わからない、無回答	DK、NA	5.0	4.4 >	3.5	3.9	4.6	3.7	4.1	3.9 >	2.7 <	3.8 >

人間関係（職場）

第 17 問　職場の同僚とは、どんなつきあいをするのが望ましいと思いますか。リストの中からお答えください。

	略称	'73 年	'78 年	'83 年	'88 年	'93 年	'98 年	'03 年	'08 年	'13 年	'18 年
1．仕事に直接関係する範囲のつきあい	形式的つきあい	11.3	10.4 <	13.6	15.1 <	17.8 <	20.3	21.7 <	24.1	26.2	27.1 <
2．仕事が終わってからも、話し合ったり遊んだりするつきあい	部分的つきあい	26.4 <	31.4	32.3 <	37.6	38.8	38.9	37.5 >	34.3	35.3	33.0 <
3．なにかにつけ相談したり、たすけ合えるようなつきあい	全面的つきあい	59.4 >	55.3 >	52.3 >	44.6 >	40.4	38.3	37.8	38.9 >	36.4	37.2 >
4．その他		0.1 >	0.0	0.0	0.1	0.2	0.1	0.1	0.1	0.1	0.0
5．わからない、無回答	DK、NA	2.8	3.0 >	1.8 <	2.5	2.9	2.4	2.9	2.6	2.0	2.7

結社・闘争性（職場）

第 18 問　かりにあなたが、新しくできた会社に雇われたとします。しばらくしてから、雇われた人々の間で、給料とか働く時間などの労働条件について、強い不満が起きたとしたら、あなたはどうなさいますか。リストの中から選んでください。

1．できたばかりの会社で、労働条件はしだいによくなっていくと思うから、しばらく事態を見守る	静観	37.2 <	41.6 <	47.6	48.2 >	45.4 <	49.3	50.2	50.2	51.5	50.6 <
2．上役に頼んで、みんなの労働条件がよくなるように、取りはからってもらう	依頼	23.6 >	21.6	22.4	23.6 <	26.1	25.1	25.5	26.4	27.7	28.6 <
3．みんなで労働組合をつくり、労働条件がよくなるように活動する	活動	31.5	30.7 >	25.1 >	22.0	21.9	20.5 >	18.2	17.8	16.5	15.6 >
4．その他		0.1	0.1	0.2	0.3	0.4	0.4	0.3	0.3	0.5	0.4 <
5．わからない、無回答	DK、NA	7.7 >	5.9 >	4.6 <	5.9	6.2 >	4.7 <	5.8	5.3 >	3.7 <	4.8 >

理想の仕事

第19問　仕事にもいろいろありますが、どんな仕事が理想的だと思いますか。あなたがいちばん理想的だと思う仕事と、２番目にそう思う仕事とを、リストの中から選んでください。

１番目だけの結果

	略称	'73年	'78年	'83年	'88年	'93年	'98年	'03年	'08年	'13年	'18年
1．働く時間が短い仕事	時間	5.2 >	4.2	3.9	3.8 <	5.0	4.3	3.7	4.0	4.1	3.3 >
2．失業の心配がない仕事	失業	11.0 <	17.6	16.3 >	14.4 >	12.3 <	15.9	17.0	16.0 <	19.1 >	12.9 <
3．健康をそこなう心配がない仕事	健康	28.2 >	21.7	21.1	19.6	20.3 >	18.4 >	15.5	16.9	17.3 <	19.6 >
4．高い収入が得られる仕事	収入	6.2	6.8	7.5	8.0 <	9.9 >	7.2	8.3	7.8	6.8 <	8.9 <
5．仲間と楽しく働ける仕事	仲間	14.5	15.2 <	16.8 <	19.1 <	21.2	20.8	20.3	21.4	19.6 <	22.6 <
6．責任者として、さいはいが振るえる仕事	責任	2.0	2.5 <	3.3	4.0 >	2.8	2.5	2.2	2.5	2.6	2.2
7．独立して、人に気がねなくやれる仕事	独立	9.7	8.5	7.8	6.7 >	4.6	5.2 >	4.2	3.3	2.7	3.5 >
8．専門知識や特技が生かせる仕事	専門	14.7	15.9	17.5	18.0	16.6	18.2 <	20.1 >	17.7	17.6	16.4
9．世間からもてはやされる仕事	名声	0.1	0.1	0.2	0.2	0.1	0.1	0.1	0.2	0.1	0.2
10．世の中のためになる仕事	貢献	6.2 >	5.1	4.2	4.6	5.3	5.9	7.0	7.9	8.8	8.7 <
11．その他		0.1	0.1	0.1	0.2	0.1	0.1 >	0.0	0.0	0.1	0.1
12．わからない、無回答	DK、NA	2.1	2.2 >	1.3	1.5	1.8	1.5	1.6 <	2.5 >	1.3	1.5

１番目＋２番目の結果

1．働く時間が短い仕事	時間	8.3 >	6.8	6.8	7.3 <	9.4	8.3 >	6.7	7.3	7.6	7.7
2．失業の心配がない仕事	失業	20.2 <	28.6	27.0 >	23.7 >	21.5 <	26.2 <	29.3	27.3 <	31.1 >	24.1 <
3．健康をそこなう心配がない仕事	健康	46.5 >	38.6	37.9	36.1	36.4 >	33.9 >	31.4 <	33.7	32.7 <	37.3 >
4．高い収入が得られる仕事	収入	19.2	19.6 <	22.0	23.2	23.9 >	20.2 <	22.2 >	19.7	17.8 <	20.6
5．仲間と楽しく働ける仕事	仲間	36.6	36.8	38.6 <	42.5	43.8	43.5	41.3	42.5	42.7	44.8 <
6．責任者として、さいはいが振るえる仕事	責任	4.5 <	5.5	6.4	7.0	6.2	5.6	5.6	5.1	4.9	4.6

7．独立して、人に気がねなくやれる仕事	独立	17.3 >	15.7 >	14.0	12.7 >	9.1	10.0 >	8.0 >	6.4	5.4	6.0 >
8．専門知識や特技が生かせる仕事	専門	26.0 <	28.4	29.9	30.2 >	28.1 <	30.9	31.5 >	29.2	29.2	29.4 <
9．世間からもてはやされる仕事	名声	0.4	0.7	0.8	0.5	0.8 >	0.3	0.6	0.6	0.4 <	0.8 <
10．世の中のためになる仕事	貢献	15.6 >	13.4	12.8	12.2 <	16.0	16.7 <	19.1 <	21.6 <	24.2 >	21.0 <
11．その他		0.1	0.1	0.2	0.2	0.1	0.1	0.1	0.0	0.1	0.1
12．わからない、無回答	DK、NA	3.2	3.4 >	2.4	2.8	2.8	2.8	2.6 <	4.2 >	2.6	2.0 >

余暇の過ごし方（現状）

第20問 余暇についてですが、現在あなたはどんなことをして、自分の自由になる時間を過ごしていることが多いですか。リストの中から、いちばん多いものと２番目に多いものとをお答えください。

１番目だけの結果	略称	'73年	'78年	'83年	'88年	'93年	'98年	'03年	'08年	'13年	'18年
1．好きなことをして楽しむ	好きなこと	42.9	44.0 >	40.9 <	44.3	43.9	44.9	43.9 <	47.0	47.2	45.7 <
2．体をやすめて、あすに備える	休息	26.6 >	24.1	23.6 >	20.1	19.6	18.8	19.0	17.6	17.8	18.9 >
3．運動をして、体をきたえる	運動	4.5 <	6.8	7.8	7.3	7.3	7.8	7.4	7.3	8.2	8.6 <
4．知識を身につけたり、心を豊かにする	知識	10.3 >	8.8	9.6	9.3	8.9	8.1	8.0	7.7	8.3	7.0 >
5．友人や家族との結びつきを深める	友人・家族	12.1	13.2 <	15.6	16.6	18.1	18.3	18.7	17.6	16.1	17.7 <
6．世の中のためになる活動をする	社会活動	1.9	1.9	1.7	1.5 >	0.9 <	1.6	1.7	1.4	1.3	1.2 >
7．その他		0.1 <	0.4	0.4	0.3	0.3	0.2	0.3	0.3	0.5	0.3 <
8．無回答	NA	1.6 >	1.0 >	0.5	0.7	0.9 >	0.2 <	1.0	1.2 >	0.5	0.7 >

1番目＋2番目の結果

	略称	'73年	'78年	'83年	'88年	'93年	'98年	'03年	'08年	'13年	'18年
1．好きなことをして楽しむ	好きなこと	61.5	62.3 >	59.8 <	63.5	63.4 <	66.7	66.1	66.7	68.7	68.6 <
2．体をやすめて、あすに備える	休息	47.9 >	44.3	43.7 >	41.2	41.1	39.8	40.6	39.9	39.3 <	43.3 >
3．運動をして、体をきたえる	運動	12.8 <	16.7	17.5	17.5	17.0	17.0	17.2	18.4	19.2	18.7 <
4．知識を身につけたり、心を豊かにする	知識	26.6	24.8	23.6	23.2	21.4	21.6	20.7	19.4	20.1 >	18.0 >
5．友人や家族との結びつきを深める	友人・家族	39.8	41.5 <	46.8	46.2 <	48.6	47.0	45.4	45.0	43.6	44.0 <
6．世の中のためになる活動をする	社会活動	6.5	6.2 >	5.2	4.8	4.6	5.5	6.0	5.4	5.4	4.5 >
7．その他		0.1 <	0.4	0.5	0.4	0.5	0.4	0.5	0.5	0.7	0.4 <
8．無回答	NA	3.1	2.8	2.4	2.5	2.5	1.9 <	2.6 <	3.5 >	2.6	1.9 >

余暇の過ごし方（将来）

第21問 将来はどんなことをして、自由になる時間を過ごしたいとお考えですか。今度は1つだけ選んでください。

	略称	'73年	'78年	'83年	'88年	'93年	'98年	'03年	'08年	'13年	'18年
1．好きなことをして楽しむ	好きなこと	37.3	35.5	35.4 <	38.9	38.7	38.0	38.3	38.0 <	40.6 <	43.9 <
2．体をやすめて、あすに備える	休息	6.9	6.0	5.4	4.7	5.2	4.9	5.4	5.9	5.6	6.8
3．運動をして、体をきたえる	運動	4.5 <	8.0	7.3	7.2	6.8	7.0	6.5	7.3	8.4	8.5 <
4．知識を身につけたり、心を豊かにする	知識	23.9	23.6	24.5	22.9 >	20.0	20.4	18.6	17.0	15.9	14.3 >
5．友人や家族との結びつきを深める	友人・家族	15.7	16.0	17.6	18.1	18.1	19.3	20.6	20.3	19.9	18.8 <
6．世の中のためになる活動をする	社会活動	8.9	8.9	8.5 >	6.8 <	9.5	9.2	9.0	9.5 >	8.0 >	6.2 >
7．その他		0.0 <	0.2	0.2	0.2	0.4	0.2	0.1	0.3	0.3	0.3 <
8．わからない、無回答	DK、NA	2.7 >	1.8 >	1.0	1.2	1.4	1.1	1.4	1.6	1.4	1.3 >

仕事と余暇

第22問 リストには、仕事と余暇のあり方について、いろいろな意見がのっています。あなたはどれが最も望ましいと思いますか。

	略称	'73年	'78年	'83年	'88年	'93年	'98年	'03年	'08年	'13年	'18年
1．仕事よりも、余暇の中に生きがいを求める	余暇絶対	4.0	4.1 <	5.6	5.7 <	7.4 <	8.8	8.6	9.4	10.7	10.2 <
2．仕事はさっさとかたづけて、できるだけ余暇を楽しむ	余暇優先	28.1 >	25.3	25.5 <	28.3	28.7	28.3 >	25.6	26.1	26.0	25.7 >
3．仕事にも余暇にも、同じくらい力を入れる	仕事・余暇両立	20.9 <	24.9 <	27.9 <	32.4 <	35.3	35.1 <	37.5 >	34.9	35.9	38.1 <
4．余暇も時には楽しむが、仕事のほうに力を注ぐ	仕事優先	35.7	34.9 >	31.2 >	26.1 >	21.2	20.5	21.1	21.4	20.5	19.4 >
5．仕事に生きがいを求めて、全力を傾ける	仕事絶対	8.2	8.5	7.8 >	5.1	4.6	5.1	4.4	4.7	4.5	3.9 >
6．その他		0.0	0.0	0.1	0.1	0.1	0.0	0.0	0.1	0.1	0.0
7．わからない、無回答	DK、NA	3.2 >	2.3	1.9	2.2	2.7	2.3	2.7	3.4 >	2.2	2.7

能率・情緒（旅行）

第23問 リストには、旅行のしかたが甲、乙２つあります。どちらがあなたの好みに合っていますか。費用や時間は甲、乙２つとも同じくらいとして考えてみてください。

甲：最大限に旅行を楽しめるように、あらかじめ計画を十分に練って旅行する
乙：行く先々での気分やまわりの様子に応じて、気の向くままに旅行する

		'73年	'78年	'83年	'88年	'93年	'98年	'03年	'08年	'13年	'18年
1．甲が好みに合う	能率	61.0 <	63.3 >	60.7	59.5	57.7	56.2	56.8	58.9	58.5	58.6 >
2．乙が好みに合う	情緒	34.6	33.4 <	36.2	37.5	38.6 <	41.0	39.6	37.7	39.0	38.3 <
3．どちらともいえない、わからない、無回答	DK、NA	4.4 >	3.3	3.1	3.0	3.7 >	2.8	3.6	3.4 >	2.5	3.1 >

男女のあり方（男子の教育）

第24問　話は変わりますが、今かりにあなたに中学生の男のお子さんがいるとします。あなたはそのお子さんに、どの程度の教育を受けさせたいと思いますか。リストの中から選んでください。

	'73年	'78年	'83年	'88年	'93年	'98年	'03年	'08年	'13年	'18年
1．中学まで	0.5	0.3	0.3	0.1	0.3 <	0.6	0.3 <	0.7	0.4	0.3
2．高校まで	17.1 >	14.6	15.4 >	11.4	11.5 <	13.6 >	11.4	11.8	10.5	10.0 >
3．短大・高専まで	8.7	9.2	9.7	8.5	8.9	10.0	9.2	8.7	9.7 >	7.6
4．大学まで	64.1 <	67.5	68.0 <	72.2 >	70.0 >	67.1	67.7	67.9 <	70.3	71.6 <
5．大学院まで	6.1	5.9 >	4.5	5.3	5.7	5.7 <	7.7	7.0	6.7	7.2
6．その他	0.1 <	0.4 <	0.8	0.8 <	1.4	1.5	1.7	1.4	1.2	1.5 <
7．わからない、無回答	3.4 >	2.2 >	1.4	1.7	2.2	1.6	2.0	2.5 >	1.2	1.7 >

男女のあり方（女子の教育）

第25問　では、かりに、中学生の女のお子さんがいるとしたらどうでしょうか。同じリストの中から選んでください。

1．中学まで	1.0 >	0.5	0.5 >	0.2	0.3	0.4	0.3	0.6	0.3	0.3 >
2．高校まで	42.3 >	33.6 >	30.2 >	20.8 >	18.4	17.8 >	13.9	13.3 >	11.5	11.2 >
3．短大・高専まで	30.0 <	38.5 <	43.3	43.9 >	39.8 >	34.1 >	30.3 >	27.0	25.2 >	19.6 >
4．大学まで	21.7 <	23.5	22.8 <	31.0 <	35.4 <	41.1 <	47.7 <	51.7 <	56.7 <	61.2 <
5．大学院まで	1.4	1.3	1.1 <	1.7 <	2.4	3.1	3.9	3.6	3.7	4.1 <
6．その他	0.2	0.4	0.6	0.8 <	1.4	1.7	1.9	1.4	1.3	1.6 <
7．わからない、無回答	3.4 >	2.1 >	1.5	1.7	2.3	1.7	2.0	2.4 >	1.3 <	2.0 >

理想の人間像

第26問　今の世の中で、子どもたちがどんな人間に育つことがいちばん望ましいと思いますか。リストの中から１つだけ選んでください。

	略称										
1．秩序を守る、規律正しい人間	規律型	21.5 <	23.7 <	30.0 >	23.2 >	21.2	22.3 <	26.7 <	29.2 >	26.8	26.4 <
2．お互いの権利や生活を尊ぶ人間	権利型	16.8	16.4	16.4	17.0 <	19.8	19.7	18.7	17.5 >	14.5	16.0
3．実社会で役だつ知識や技能を身につけた人間	実用型	22.2	21.0 >	18.8	18.1	17.8	18.2	16.8 >	14.4 <	19.5	19.2 >
4．教養があり、心が豊かな人間	教養型	36.7	36.9 >	33.4 <	40.0	39.0	38.7 >	36.3	36.6	37.9	36.8
5．その他		0.0	0.1 <	0.4	0.2	0.3	0.3	0.2	0.4	0.2	0.2 <
6．わからない、無回答	DK、NA	2.8 >	1.9 >	1.1	1.5	1.8 >	0.8 <	1.3	1.8 >	1.1	1.5 >

宗教的行動

第27問 宗教とか信仰とかに関係すると思われることがらで、あなたがおこなっているものがありますか。ありましたら、リストの中からいくつでもあげてください。(複数回答)

	略称	'73年	'78年	'83年	'88年	'93年	'98年	'03年	'08年	'13年	'18年
ア. ふだんから、礼拝、お勤め、修行、布教など宗教的なおこないをしている	礼拝・布教	15.4	16.0	17.0 >	14.9 >	13.2 >	11.4	12.4	12.3	11.4 >	9.7 >
イ. おりにふれ、お祈りやお勤めをしている	お祈り	16.6	15.8	15.8 >	14.2	14.1	12.7	12.0	12.4	11.8	10.6 >
ウ. 年に1、2回程度は墓参りをしている	墓参り	62.0 <	64.8 <	67.7 >	65.0 <	69.7 >	67.5	67.6	68.4 <	72.0	70.9 <
エ. 聖書・経典など宗教関係の本を、おりにふれ読んでいる	聖書・経典	10.7	10.6	10.4 >	8.9 >	7.4	6.8	6.4	5.4	6.0	5.3 >
オ. この1、2年の間に、身の安全や商売繁盛、入試合格などを、祈願しにいったことがある	祈願	23.0 <	31.2	31.6	32.2 >	28.4	29.1 <	31.3	29.7	28.7 >	25.4 <
カ. お守りやおふだなど、魔よけや縁起ものを自分の身のまわりにおいている	お守り・おふだ	30.6 <	34.4	36.2	34.6	32.8 >	30.6 <	35.0	34.9	34.7 >	30.4
キ. この1、2年の間に、おみくじを引いたり、易や占いをしてもらったことがある	おみくじ・占い	19.2 <	22.8	21.9	20.5	22.2	22.7	23.4	25.3	24.8	24.4 <
ク. 宗教とか信仰とかに関係していると思われることがらは、何もおこなっていない	していない	15.4 >	11.7 >	9.6	9.9	8.8 <	11.4	10.2 >	8.7	7.5 <	11.5 >
ケ. その他		0.2	0.3	0.4	0.5	0.4 <	0.8	0.6	0.7	1.0	0.7 <
コ. 無回答	NA	1.4	1.8 >	1.0 <	1.9 <	2.6 >	1.7 <	3.0	3.3	2.5 >	1.1

信仰・信心

第28問 また、宗教とか信仰とかに関係すると思われることがらで、あなたが信じているものがありますか。もしあれば、リストの中からいくつでもあげてください。(複数回答)

	略称	'73年	'78年	'83年	'88年	'93年	'98年	'03年	'08年	'13年	'18年
ア. 神	神	32.5 <	37.0	38.9 >	36.0	35.2 >	31.5	30.9	32.5	31.9	30.6
イ. 仏	仏	41.6 <	44.8	43.8	44.6	44.1 >	38.7	38.6 <	42.2	40.9 >	37.8 >
ウ. 聖書や経典などの教え	聖書・経典の教え	9.7	9.3	8.9 >	7.5	6.4	6.6	6.4	6.4	5.8	5.7 >
エ. あの世、来世	あの世	6.6 <	9.0 <	11.7	11.9 <	13.4 >	9.7	10.9 <	14.6	13.4 >	10.8 <
オ. 奇跡	奇跡	12.8 <	14.9	15.1	14.4 >	12.6 <	14.3	15.3 <	17.5	16.4 >	14.0

カ．お守りやおふだなどの力	お守り・おふだの力	13.6 <	15.8	15.5	14.4	15.8 >	13.7	15.0 <	17.4	16.7	15.7 <
キ．易や占い	易・占い	6.0 <	8.3	8.3 >	7.0	5.9	6.0 <	7.4	6.6 >	5.3	4.6 >
ク．宗教とか信仰とかに関係していると思われることがらは、何も信じていない	信じていない	30.4 >	23.9	23.3 <	25.8	24.3 <	29.5 >	25.6	23.5 <	25.9 <	31.8
ケ．その他		0.2	0.3 <	0.6	0.4 <	0.8 <	1.4 >	0.9	1.3	1.6 >	0.2
コ．わからない、無回答	DK、NA	5.3	5.8 >	4.3 <	5.4 <	6.8	5.8 <	8.0	7.9 >	6.4	5.6

婚前交渉について

第29問 結婚していない若い人たちの男女関係について、どのようにお考えですか。リストの中から、あなたのお考えにいちばん近いものを選んでください。

	略称	'73年	'78年	'83年	'88年	'93年	'98年	'03年	'08年	'13年	'18年
1．結婚式がすむまでは、性的まじわりをすべきでない	不可	58.2 >	50.3 >	46.5 >	38.7 >	32.3 >	25.6	24.2	22.6	20.7 >	16.6 >
2．結婚の約束をした間柄なら、性的まじわりがあってもよい	婚約で可	15.2 <	19.5	21.2	22.6	22.8	22.5	22.7	22.7	23.3	23.0 <
3．深く愛し合っている男女なら、性的まじわりがあってもよい	愛情で可	19.0 <	23.1 <	25.2 <	30.9 <	35.1 <	42.8	43.7	44.2	46.2	46.6 <
4．性的まじわりをもつのに、結婚とか愛とかは関係ない	無条件で可	3.3	3.8	4.0	3.6 <	5.1	4.8	4.6	4.4	4.6 <	7.2 <
5．その他		0.1 >	0.0	0.0 <	0.1	0.1	0.2	0.2	0.4	0.3 >	0.0
6．わからない、無回答	DK、NA	4.3 >	3.2	3.1 <	4.1	4.6	4.2	4.6	5.6	5.0 <	6.7 <

権威・平等（年上）

第30問　リストには、ことばづかいについて甲、乙２つの意見がのせてあります。あなたはどちらがよいと思いますか。

甲：年上の人に対しては、敬語やていねいなことばを使うのが当然だ
乙：年上の人にも年下の人にも、同じようなことばを使ったほうがよい

	略称	'73年	'78年	'83年	'88年	'93年	'98年	'03年	'08年	'13年	'18年
1．甲がよい	権威	84.2 <	86.8 <	88.8	87.9 >	86.3	86.9	87.2	87.9	87.9 >	85.4
2．乙がよい	平等	13.7 >	11.7 >	10.0	9.8 <	11.2	11.3	10.0	9.3	10.7	12.3
3．どちらともいえない、わからない、無回答	DK、NA	2.1 >	1.5	1.2 <	2.3	2.5 >	1.8 <	2.8	2.8 >	1.4 <	2.4

人間関係（近隣）

第31問　リストには、隣近所の人とのつきあいのしかたがのせてあります。あなたはどれが望ましいとお考えですか。実際にどのようにしているかは別にして、ご希望に近いものをお答えください。

1．会ったときに、あいさつする程度のつきあい	形式的つきあい	15.1	15.1 <	19.6	19.2	19.8 <	23.2	25.2	25.6	27.6 <	32.8 <
2．あまり堅苦しくなく話し合えるようなつきあい	部分的つきあい	49.8 <	52.5 >	47.5 <	53.4	54.2	53.3	54.0	53.7	53.8 >	48.1
3．なにかにつけ相談したり、たすけ合えるようなつきあい	全面的つきあい	34.5 >	31.9	32.4 >	26.8	24.9 >	22.8 >	19.6	19.4	18.1	18.6 >
4．その他		0.0	0.0	0.0	0.0 <	0.1	0.1	0.0	0.1	0.1	0.1
5．わからない、無回答	DK、NA	0.5	0.5	0.4	0.6 <	1.1 >	0.6 <	1.1	1.3 >	0.4	0.4

能率・情緒（会合）

第32問　かりに、この地域に起きた問題を話し合うために、隣近所の人が10人程度集まったとします。その場合、会合の進め方としては、リストにある甲、乙どちらがよいと思いますか。

甲：世間話などをまじえながら、時間がかかってもなごやかに話をすすめる
乙：むだな話を抜きにして、てきぱきと手ぎわよくみんなの意見をまとめる

1．甲がよい	情緒	44.5	46.6 <	49.6	51.4	50.9	51.2	52.6	54.4	54.8 >	50.9 <
2．乙がよい	能率	51.7	50.0	48.0 >	45.1	44.6	45.9 >	43.5	42.1	42.5 <	45.2 >
3．どちらともいえない、わからない、無回答	DK、NA	3.8	3.4 >	2.5 <	3.5 <	4.5 >	2.9 <	3.9	3.5	2.7 <	3.9

結社・闘争性（地域）

第33問 かりにこの地域に、住民の生活を脅かす公害問題が発生したとします。その場合、あなたはどうなさいますか。リストの中から、あなたのお考えに最も近いものをあげてください。

	略称	'73年	'78年	'83年	'88年	'93年	'98年	'03年	'08年	'13年	'18年
1．あまり波風を立てずに解決されることが望ましいから、しばらく事態を見守る	静観	23.2 <	31.1	32.6	32.9	33.1	31.5 >	28.5 <	31.1 <	36.7	37.5 <
2．この地域の有力者、議員や役所に頼んで、解決をはかってもらう	依頼	36.3	37.0	38.1	38.5 >	35.3	36.1 <	42.2	43.5	44.5	46.2 <
3．みんなで住民運動を起こし、問題を解決するために活動する	活動	35.8 >	28.2	26.4	24.8	26.5 <	29.1 >	25.5 >	21.8 >	15.9 >	13.2 >
4．その他		0.0	0.1	0.2	0.3	0.4	0.2	0.1	0.2	0.3	0.1
5．わからない、無回答	DK、NA	4.7 >	3.7 >	2.7 <	3.5 <	4.7 >	3.1	3.7	3.4	2.6	2.9 >

ナショナリズム

第34問 次に、日本とか日本人とかについて、あなたがお感じになっていることをいくつかおたずねします。リストのAからFまでの、1つ1つについて「そう思う」か「そうは思わない」かをお答えください。

A．日本に生まれてよかった

1．そう思う	90.5 <	92.6 <	95.6	95.0 <	96.5 >	95.3	95.3	95.5 <	97.3	97.0 <
2．そうは思わない	4.6	4.0 >	2.3	2.8 >	1.6 <	2.7	2.1	2.3 >	1.4	1.7 >
3．わからない、無回答	4.8 >	3.4 >	2.1	2.3	1.9	2.0	2.6	2.2 >	1.3	1.3 >

B．日本は一流国だ

1．そう思う	41.0 <	46.9 <	56.8 >	50.2	49.2 >	37.5	35.8 <	39.3 <	54.4	51.9 <
2．そうは思わない	49.8 >	43.1 >	35.7 <	41.8	43.0 <	54.4	55.9 >	52.8 >	38.4	40.0 >
3．わからない、無回答	9.1	10.0 >	7.6	8.0	7.8	8.1	8.3	8.0	7.2	8.1

C．日本の古い寺や民家をみると、非常に親しみを感じる

1．そう思う	87.5	88.4 >	86.7 >	83.8	83.1	83.5 <	85.4	86.9	87.4	85.9
2．そうは思わない	9.3	8.7 <	10.5 <	12.8	13.2	13.6 >	11.2	10.0	10.4	11.6 <
3．わからない、無回答	3.2	2.9	2.8	3.4	3.7	3.0	3.4	3.2 >	2.2	2.4

D．日本人は、他の国民に比べて、きわめてすぐれた素質をもっている

	'73年	'78年	'83年	'88年	'93年	'98年	'03年	'08年	'13年	'18年
1．そう思う	60.3 <	64.8 <	70.6 >	61.5 >	57.1 >	51.0	51.2 <	56.7 <	67.5 >	64.8 <
2．そうは思わない	26.5 >	22.3 >	20.2 <	28.6 <	33.2 <	39.0	39.1 >	34.0 >	24.6	26.8
3．わからない、無回答	13.2	12.9 >	9.2	9.9	9.7	10.0	9.8	9.3 >	7.9	8.4 >

E．自分なりに日本のために役にたちたい

	'73年	'78年	'83年	'88年	'93年	'98年	'03年	'08年	'13年	'18年
1．そう思う	72.6 >	69.0 <	71.8 >	65.7 <	69.0 >	66.0	66.1 <	69.6 <	73.6 >	70.3 >
2．そうは思わない	17.8 <	19.6	20.0 <	23.5	22.0 <	25.6	24.3 >	20.8	18.9 <	22.9 <
3．わからない、無回答	9.6 <	11.4 >	8.2 <	10.9 >	9.0	8.4	9.6	9.6 >	7.5	6.8 >

F．今でも日本は、外国から見習うべきことが多い

	'73年	'78年	'83年	'88年	'93年	'98年	'03年	'08年	'13年	'18年
1．そう思う	70.0	70.2	70.6 <	76.1	76.4 <	80.2 >	77.4 >	74.5	74.1	74.7 <
2．そうは思わない	19.4	17.8 <	20.0 >	15.1	14.6 >	12.7 <	14.8 <	16.6	17.8	18.3
3．わからない、無回答	10.5 <	12.0 >	9.4	8.8	9.0 >	7.1	7.8	8.9	8.1	7.1 >

天皇に対する感情

第35問 あなたは天皇に対して、現在、どのような感じをもっていますか。リストの中から選んでください。

	略称	'73年	'78年	'83年	'88年	'93年	'98年	'03年	'08年	'13年	'18年
1．尊敬の念をもっている	尊敬	33.3 >	30.2	29.3	27.5 >	20.5	19.2	20.2 <	24.7 <	34.2 <	41.0 <
2．好感をもっている	好感	20.3	21.9	20.9	22.1 <	42.7 >	34.5 <	41.0 >	33.5	35.3	35.8 <
3．特に何とも感じていない	無感情	42.7	44.1 <	46.4	46.5 >	33.7 <	44.2 >	36.3	38.6 >	28.4 >	22.2 >
4．反感をもっている	反感	2.2	2.4	2.2	2.1 >	1.5	1.1	0.8	1.0 >	0.5	0.2 >
5．その他		0.1	0.2	0.2	0.2	0.1	0.2	0.2	0.2	0.1	0.0
6．わからない、無回答	DK、NA	1.3	1.3	1.1 <	1.7	1.6 >	0.9 <	1.6	2.1	1.5 >	0.8

権利についての知識

第 36 問　リストには、いろいろなことがらが並んでいますが、この中で、憲法によって、義務ではなく、国民の権利ときめられているのはどれだと思いますか。いくつでもあげてください。（複数回答）

	'73 年	'78 年	'83 年	'88 年	'93 年	'98 年	'03 年	'08 年	'13 年	'18 年
ア．思っていることを世間に発表する	49.4 >	45.8	44.0	43.4 >	39.0	37.2	36.2	34.8	36.4 >	29.8 >
イ．税金を納める	33.9	35.5 <	39.8 >	37.2 <	39.5 <	42.0	42.2	42.8 <	46.8 >	43.8 <
ウ．目上の人に従う	5.6	5.7 <	8.3	7.7	6.7	7.0	6.6	7.1	8.0 >	6.0
エ．道路の右側を歩く	19.9	19.3	18.8 >	16.5	15.3	15.5	14.6	14.9	14.8 >	12.2 >
オ．人間らしい暮らしをする	69.6	69.6 <	77.2	76.3	75.2	75.5	75.5	77.1	77.9 >	74.2 <
カ．労働組合をつくる	39.4 >	36.0 >	28.9	27.1	25.5 >	23.0 >	20.4	21.8	21.7 >	17.5 >
キ．わからない、無回答	7.8	7.0 >	4.3 <	6.0	5.7 >	4.3	5.0	5.4 >	3.9	4.8 >

政治的有効性感覚（選挙）

第 37 問　国会議員選挙のときに、私たち一般国民が投票することは、国の政治にどの程度の影響を及ぼしていると思いますか。リストの中から選んでください。

	略称										
1．非常に大きな影響を及ぼしている	強い	40.0 >	34.9 >	27.7 >	23.2	23.9 >	19.4	18.1 <	21.1	20.5 >	16.2 >
2．かなり影響を及ぼしている	やや強い	25.7	26.1	25.5	26.8	26.0 >	21.3	22.7 <	26.6	27.9 >	25.4
3．少しは影響を及ぼしている	やや弱い	23.2 <	27.5 <	35.3	37.2	36.8 <	41.2	41.6 >	37.6	39.7 <	43.8 <
4．まったく影響を及ぼしていない	弱い	4.8 <	6.2	7.2	8.2	8.8 <	14.1	13.1 >	11.2 >	9.4 <	11.7 <
5．わからない、無回答	DK、NA	6.3	5.4 >	4.3	4.6	4.5	3.9	4.5 >	3.4 >	2.5	2.8 >

政治的有効性感覚（デモなど）

第 38 問　では、私たち一般国民のデモや陳情、請願は、国の政治にどの程度の影響を及ぼしていると思いますか。リストの中から選んでください。

1．非常に大きな影響を及ぼしている	強い	14.4 >	12.8 >	7.8 >	6.6	6.7 >	4.9	5.3 <	6.6 >	5.1 >	3.9 >
2．かなり影響を及ぼしている	やや強い	32.5 >	30.0 >	24.3	23.9 >	21.7 >	17.3	17.6 <	20.7 >	18.4	17.5 >
3．少しは影響を及ぼしている	やや弱い	40.0 <	44.0 <	53.6	53.5	54.2 <	57.0 <	59.5 >	54.6 <	58.6	57.0 <
4．まったく影響を及ぼしていない	弱い	5.9 <	7.0 <	8.9	9.7	10.8 <	15.4 >	12.5	13.0	13.5 <	17.1 <
5．わからない、無回答	DK、NA	7.2	6.2	5.5	6.4	6.6 >	5.4	5.1	5.1	4.4	4.4 >

政治的有効性感覚（世論）

第 39 問　私たち一般国民の意見や希望は、国の政治にどの程度反映していると思いますか。リストの中からお答えください。

	略称	'73 年	'78 年	'83 年	'88 年	'93 年	'98 年	'03 年	'08 年	'13 年	'18 年
1．十分反映している	強い	3.6	3.6	3.1	2.9	2.9 >	1.8	1.6	1.9	1.9	1.9 >
2．かなり反映している	やや強い	17.5	17.7 >	15.8 >	13.7	13.1 >	8.8	8.4	8.8 <	10.5	9.8 >
3．少しは反映している	やや弱い	52.4 <	56.3 <	58.7	59.8	59.4 >	52.7 <	57.1	57.5 <	62.4	60.1 <
4．まったく反映していない	弱い	19.2 >	15.7 <	17.5	18.4	18.9 <	32.9 >	28.7	28.1 >	22.0 <	25.0 <
5．わからない、無回答	DK、NA	7.3	6.7 >	4.8	5.3	5.7 >	3.9	4.2	3.7	3.4	3.2 >

政治課題

第 40 問　今、日本の政治が、取り組まなければならないいちばん重要なことがらは、何でしょうか。リストの中から、1つだけ選んでください。

1．国内の治安や秩序を維持する	秩序の維持	12.6 <	17.3	18.5 >	13.1 >	11.6	11.0 <	17.1 <	21.4 >	17.0 <	20.4 <
2．日本の経済を発展させる	経済の発展	10.7 <	21.1 >	18.8 >	11.5 <	21.4 <	48.0	48.1 >	24.7 <	37.3 >	23.8 <
3．国民の福祉を向上させる	福祉の向上	48.5 >	31.9 >	27.3 <	37.2	36.7 >	18.4 >	13.7 <	28.1 >	20.4 <	26.3 >
4．国民の権利を守る	権利の擁護	11.5 >	8.9 <	11.3 <	13.0 >	9.0 >	7.3	7.7 <	12.2	10.9 <	16.4 <
5．学問や文化の向上をはかる	文化の向上	1.4 <	2.0 >	1.4	1.9 >	1.1	1.2 <	2.0	2.5	2.7	2.4 <
6．国民が政治に参加する機会をふやす	参加の増大	6.0	6.9 <	9.8	9.0 <	10.9 >	9.2 >	5.9	5.9 >	4.6	5.0
7．外国との友好を深める	友好の促進	2.7 <	5.3 <	8.3	9.2 >	4.7 >	1.5	1.4	1.3 <	3.6 >	2.1
8．その他		0.4	0.2 <	0.5	0.4	0.5	0.4	0.5	0.5	0.7	0.5
9．わからない、無回答	DK、NA	6.1	6.5 >	4.2	4.8	4.1 >	2.9	3.6	3.4	2.8	3.2 >

結社・闘争性（政治）

第41問　リストには、一般国民の政治活動のあり方がのせてあります。あなたはどれがいちばん望ましいと思いますか。

	略称	'73年	'78年	'83年	'88年	'93年	'98年	'03年	'08年	'13年	'18年
1．選挙を通じてすぐれた政治家を選び、自分たちの代表として活躍してもらう	静観	62.6	61.0	60.5	60.4	61.1	59.6	59.7	59.1	59.7	59.7 >
2．問題が起きたときは、支持する政治家に働きかけて、自分たちの意見を政治に反映させる	依頼	11.5 <	14.6	14.6 <	16.9	15.5 <	18.0	18.5	19.9	20.6	20.0 <
3．ふだんから、支持する政党や団体をもりたてて活動を続け、自分たちの意向の実現をはかる	活動	17.0	16.6	18.0 >	15.4	14.9	14.7 >	12.7	12.6	12.3	12.6 >
4．その他		0.1	0.1	0.1	0.1 <	0.4	0.3	0.5	0.3	0.5	0.5 <
5．わからない、無回答	DK、NA	8.8 >	7.6	6.7	7.2	8.2	7.3 <	8.6	8.1	6.9	7.2 >

支持政党

第42問　〔リストなし〕

あなたは、ふだん、どの政党を支持していますか。

	'73年	'78年	'83年	'88年	'93年	'98年	'03年	'08年	'13年	'18年
1．自民党	34.3 <	38.2 <	40.6	38.7 >	28.4 >	24.0	25.0	26.0 <	33.6 >	26.9 >
2．立憲民主党	–	–	–	–	–	–	–	–	–	3.8
3．国民民主党	–	–	–	–	–	–	–	–	–	0.5
4．公明党	3.5 <	4.4	4.2	3.7 >	2.9	2.3 <	3.7	3.5	3.0	2.2 >
5．共産党	4.2 >	2.1	2.6	2.2	1.9 <	3.4 >	1.3 <	2.1	2.0	1.5 >
6．日本維新の会	–	–	–	–	–	–	–	–	1.0 >	0.4 >
7．自由党	–	–	–	–	–	–	–	–	–	0.1
8．希望の党	–	–	–				–	–	–	0.3
9．社民党（社会党）	19.8 >	14.1 >	12.5 >	10.9 >	8.3 >	3.5 >	1.8	1.4	1.0 >	0.5 >
10．その他の政治団体	3.1 <	4.6 <	5.6 >	2.8 <	13.5 >	11.0 >	7.7 <	15.9 >	6.8 >	0.3 >
11．特に支持している政党はない	31.6 <	33.8	32.2 <	37.8 <	40.7 <	52.3 <	56.9 >	45.5	47.0 <	59.6 <
12．わからない、無回答	3.5	2.9	2.5 <	3.8	4.4 >	3.4	3.7 <	5.5	5.6 >	3.9

（2018年調査時での議席数の多い順に表示）

社民党については、'73年～'93年は社会党の結果
公明党については、'98年は公明の結果

支持できそうな政党（支持政党なしの人）

第43問 〔第42問で「11」の人に〕〔リストなし〕
しいていえば、どの政党を支持できそうですか。

	'73年	'78年	'83年	'88年	'93年	'98年	'03年	'08年	'13年	'18年
1．自民党	7.2 <	9.1	9.4 <	12.0 >	5.7 <	7.0 <	11.4 >	9.3 <	11.8 <	14.3 <
2．立憲民主党	–	–	–	–	–	–	–	–	–	3.4
3．国民民主党	–	–	–	–	–	–	–	–	–	0.5
4．公明党	0.4	0.6	0.8 >	0.4	0.4	0.4	0.4	0.3	0.6	0.7
5．共産党	2.3 >	0.9	0.9	1.0	0.7 <	2.4 >	1.3	0.9	1.1	0.8 >
6．日本維新の会	–	–	–	–	–	–	–	–	1.3	0.8
7．自由党	–	–	–	–	–	–	–	–	–	0.1
8．希望の党	–	–	–	–	–	–	–	–	–	0.3
9．社民党（社会党）	6.0 >	5.0 >	3.7 <	5.0 >	2.3	1.9 >	1.1	0.9 >	0.4	0.2 >
10．その他の政治団体	1.4 <	3.8	3.8 >	1.8 <	10.4	9.5 >	5.8 <	9.2 >	4.4 >	0.4 >
11．支持できそうな政党もない	9.8	10.4	9.9 <	12.7 <	16.4 <	26.4 <	31.8 >	18.6 <	20.8 <	31.3 <
12．わからない，無回答	4.5	3.9	3.7 <	4.9	4.7	4.7	5.1 <	6.3	6.8	6.9 <
13．非該当	68.4 >	66.2	67.8 >	62.2 >	59.3 >	47.7 >	43.1 <	54.5	53.0 >	40.4 >

政治活動

第44問 あなたは、この1年ぐらいの間に、政治の問題について、リストにあるようなことを、おこなったことがありますか。もしあれば、いくつでもあげてください。（複数回答）

	略称										
ア．デモに参加した	デモ	4.0	3.5 >	2.4	1.8 >	0.7	0.9	0.7	0.6	0.6	0.6 >
イ．署名運動に協力した	署名	24.4	25.1 <	29.6 <	32.0 >	21.2 <	24.5 >	21.6 >	18.5 >	16.4 >	10.7 >
ウ．マスコミに投書した	投書	0.8	0.7	0.7	0.6	0.4	0.6	0.5	0.4	0.5	0.3 >
エ．陳情や抗議、請願した	陳情	4.5	4.4	4.4	3.8 >	2.4	2.1	2.2 >	1.4	1.3	0.9 >
オ．献金・カンパした	献金	14.2	13.4	14.5 >	12.8 >	9.0	9.3 >	7.4	8.2	8.5 >	4.6 >
カ．集会や会合に出席した	集会出席	12.6	12.2 <	17.2 >	13.7 >	12.1 >	9.5 <	11.4 >	8.3	7.3 >	5.2 >
キ．政党・団体の新聞や雑誌を買って読んだ	機関紙購読	11.0 >	8.8	9.9 >	7.6 >	6.0	5.5	4.7	4.0	4.5 >	2.9 >
ク．政党・団体の一員として活動した	党員活動	3.1	2.6 <	4.4 >	2.9	2.5	1.9	2.2	1.8	1.9 >	1.1 >
ケ．特に何もしなかった	なし	60.1	60.6 >	55.5	54.9 <	63.7	64.6	65.4 <	69.1 <	71.5 <	80.8 <
コ．その他		0.0	0.1	0.1	0.1	0.2	0.1	0.2	0.2	0.3 >	0.0
サ．無回答	NA	2.1	2.3 >	1.2 <	2.3	2.9 >	1.9	2.2 <	3.0 >	1.6	1.2 >

好きな外国

第 45 問 〔リストなし〕

あなたがいちばん好きな外国はどこですか。1つだけおっしゃってください。

	'73 年	'78 年	'83 年	'88 年	'93 年	'98 年	'03 年	'08 年	'13 年	'18 年
1. アメリカ	—	—	—	—	22.9	24.2	22.5 >	17.7 <	22.1	20.2 >
2. スイス	—	—	—	—	10.5	10.3	9.7	8.6	8.5 >	6.9 >
3. オーストラリア	—	—	—	—	15.2 >	10.6	9.8	8.6 >	6.5	5.4 >
4. イギリス	—	—	—	—	4.4	4.9	4.8	5.1	5.1	4.4
5. フランス	—	—	—	—	5.0	4.6	4.6	5.0	5.7 >	4.3
6. カナダ	—	—	—	—	4.4	5.2 >	3.8	3.5	4.0	3.2 >
7. イタリア	—	—	—	—	1.2 <	3.6	4.5	5.1	5.0 >	3.2 <
8. ドイツ	—	—	—	—	2.0	2.3	2.9	3.2	3.6	2.8 <
9. 韓 国	—	—	—	—	#	#	1.0 <	1.9	2.4	2.2 <
10. スウェーデン	—	—	—	—	#	#	0.5 <	1.4	1.2 <	2.1 <
11. 台 湾	—	—	—	—	#	#	0.2 <	0.5	0.6 <	1.6 <
12. ニュージーランド	—	—	—	—	1.9	2.1	2.6	3.0 >	2.0	1.5
13. その他の国	—	—	—	—	9.1	10.1 >	8.2	8.6	7.8	8.2
14. ない	—	—	—	—	20.3	20.0 <	22.3	23.7	22.0 <	31.9 <
15. 無回答	—	—	—	—	3.1 >	2.0	2.6 <	4.3	3.5 >	2.1 >

#：'93 年、'98 年は「その他の国」に含む

(2018 年の結果で多い順に表示)

好きな外国の理由

第 46 問 〔第 45 問で「1～13」の人に〕

その理由は、何でしょうか。リストの中から、いちばん近いものを選んでください。

	略称										
1. 行ってみたり、住んでみてよかったから	居住	—	—	—	—	4.6 <	6.5 <	8.0	7.7 <	9.6	8.5 <
2. そこの国の人と接してみて、印象がよかったから	国民経験	—	—	—	—	2.9 <	3.8	3.8	3.4	4.0	4.4 <
3. 自由で、平和な国だから	平和	—	—	—	—	7.6	6.7	6.7	6.2	5.6	6.5
4. 経済的に豊かで、進んだ国だから	先進国	—	—	—	—	2.8 <	3.8	3.6	3.7	4.3	4.7 <
5. 広くて、のびのびしているから	ゆとり	—	—	—	—	11.3 >	9.5 >	7.0 >	5.3	5.0	4.3 >

6．国民の人柄がよさそうだから	国民印象	—	—	—	—	4.0	3.7	3.2	3.0	3.8	3.3
7．美しい自然や恵まれた環境があるから	自然環境	—	—	—	—	23.0	22.6	21.7	20.2 >	16.9	15.4 >
8．歴史があり、すぐれた文化や芸術があるから	芸術・文化	—	—	—	—	8.1	8.9	8.7 <	10.6	10.4 >	7.9
9．日本との関係が深いから	日本との関係	—	—	—	—	7.1 >	5.5	5.4 >	3.9 <	6.2 >	4.8 >
10．言葉がわかるから	言葉	—	—	—	—	0.4	0.3	0.3	0.3	0.6	0.4
11．その他		—	—	—	—	2.1 <	3.5	3.2	3.9	4.8 >	2.9 <
12．特に理由はないがなんとなく	理由なし	—	—	—	—	2.6	2.5	2.9	2.7	2.4	2.2
13．わからない、無回答	DK、NA	—	—	—	—	0.2 <	0.6	0.6 <	1.1	1.0	0.7 <
14．非該当〔第45問で「14、15」の人〕		—	—	—	—	23.3	22.0 <	24.9 <	28.0 >	25.5 <	34.0 <

外国人との接触経験

第47問　ところで、あなたは外国人と、リストにあるようなつきあいを、日本国内でしたことがありますか。あればいくつでも選んでください。（複数回答）

	略称	'73年	'78年	'83年	'88年	'93年	'98年	'03年	'08年	'13年	'18年
ア．近くに住んでいる外国人とあいさつをかわしたことがある	あいさつ	—	—	—	—	12.1 <	16.0	17.4	18.3	18.9	17.2 <
イ．一緒に働いたことがある	職場	—	—	—	—	11.7 <	14.2 <	16.1 <	18.1	19.4	20.9 <
ウ．学校で一緒に勉強したことがある	学校	—	—	—	—	10.0 <	12.4	13.4	14.4	13.9	12.9 <
エ．サークルや地域で一緒に活動したことがある	活動	—	—	—	—	5.3 <	6.8	7.8	7.6	7.8	6.9 <
オ．食事に招待したり、されたりしたことがある	食事	—	—	—	—	9.3 <	13.0	13.7	14.8	13.6	11.9 <
カ．自分の家に泊めたり、泊まりにいったことがある	宿泊	—	—	—	—	4.2 <	6.0	6.6	7.3	6.6	6.5 <
キ．自分または家族や親せきが外国人と結婚している	結婚	—	—	—	—	3.5 <	4.7	5.1	5.8	6.9 >	5.5 <

ク．つきあったことはない	ない	—	—	—	—	61.3 >	54.1 >	51.0 >	47.6	48.6	50.8 >
ケ．その他		—	—	—	—	0.9	0.8	0.9	0.7	0.9	0.8
コ．無回答	NA	—	—	—	—	1.6 >	1.0 <	1.6	1.9	1.4 >	0.5 >

外国との交流

第 48 問　外国や外国人について、あなたはどのようにお感じになりますか。リストのAからCまでの、1つ1つについて「そう思う」か「そうは思わない」かをお答えください。

A．いろいろな国の人と友達になりたい

	'73 年	'78 年	'83 年	'88 年	'93 年	'98 年	'03 年	'08 年	'13 年	'18 年
1．そう思う	—	—	—	—	—	—	65.4 >	62.6	62.9 >	58.2 >
2．そうは思わない	—	—	—	—	—	—	29.1	31.1	32.3 <	38.0 <
3．わからない、無回答	—	—	—	—	—	—	5.5	6.3 >	4.8	3.8 >

B．貧しい国の人たちへの支援活動に協力したい

	'73 年	'78 年	'83 年	'88 年	'93 年	'98 年	'03 年	'08 年	'13 年	'18 年
1．そう思う	—	—	—	—	—	—	75.6	76.9	75.4 >	68.1 >
2．そうは思わない	—	—	—	—	—	—	16.8	16.0 <	19.0 <	26.9 <
3．わからない、無回答	—	—	—	—	—	—	7.6	7.1 >	5.6	5.1 >

C．機会があれば、海外で仕事や勉強をしてみたい

	'73 年	'78 年	'83 年	'88 年	'93 年	'98 年	'03 年	'08 年	'13 年	'18 年
1．そう思う	—	—	—	—	—	—	43.0 >	39.6 >	37.1 >	33.0 >
2．そうは思わない	—	—	—	—	—	—	51.5 <	54.9 <	57.9 <	63.5 <
3．わからない、無回答	—	—	—	—	—	—	5.6	5.5	5.0 >	3.5 >

結婚観（結婚すること）

第 49 問　リストには、結婚についての考え方がのせてありますが、あなたのお考えは、甲と乙のどちらに近いでしょうか。

甲：人は結婚するのが当たり前だ
乙：必ずしも結婚する必要はない

	略称										
1．甲に近い	するのが当然	—	—	—	—	44.6 >	38.0	35.9	35.0	33.2 >	26.9 >
2．乙に近い	しなくてよい	—	—	—	—	50.5 <	57.9	59.4	59.6 <	62.6 <	67.5 <
3．どちらともいえない、わからない、無回答	DK、NA	—	—	—	—	4.9	4.1	4.8	5.4 >	4.2 <	5.6

結婚観（子どもをもつこと）

第50問　では、リストの甲と乙では、あなたのお考えはどちらに近いでしょうか。

甲：結婚しても、必ずしも子どもをもたなくてよい
乙：結婚したら、子どもをもつのが当たり前だ

	略称	'73年	'78年	'83年	'88年	'93年	'98年	'03年	'08年	'13年	'18年
1．甲に近い	もたなくてよい	—	—	—	—	40.2 <	47.3 <	49.8	48.4 <	55.2 <	60.4 <
2．乙に近い	もつのが当然	—	—	—	—	53.5 >	47.8 >	43.9	44.8 >	38.9 >	32.8 >
3．どちらともいえない、わからない、無回答	DK、NA	—	—	—	—	6.2 >	5.0 <	6.3	6.8	5.9	6.8

人間関係（友人）

第51問　次に、友人とのつきあいについておたずねします。友人とはどんなつきあいをするのが望ましいと思いますか。リストの中から選んでください。

	略称	'73年	'78年	'83年	'88年	'93年	'98年	'03年	'08年	'13年	'18年
1．ときどき連絡を取り合う程度のつきあい	形式的つきあい	—	—	—	—	—	—	—	13.4 <	16.3 <	19.4 <
2．気軽に話し合ったり遊んだりするようなつきあい	部分的つきあい	—	—	—	—	—	—	—	44.0	45.2	45.6
3．なにかにつけ相談したり、たすけ合えるようなつきあい	全面的つきあい	—	—	—	—	—	—	—	40.6 >	36.7 >	33.7 >
4．その他		—	—	—	—	—	—	—	0.1 <	0.4 >	0.1
5．わからない、無回答	DK、NA	—	—	—	—	—	—	—	1.9	1.4	1.2 >

第52問　ライフステージ（省略）

第53問　学歴
第54問　本人職業
（第53問・第54問）有効サンプル構成参照

第55問　主婦の生計維持者の職業（省略）

付録Ⅱ　解析方法

同じ質問による世論調査を、5年の間隔で実施すると、たとえば下のような結果が得られる（ある意見への賛成率とする）。

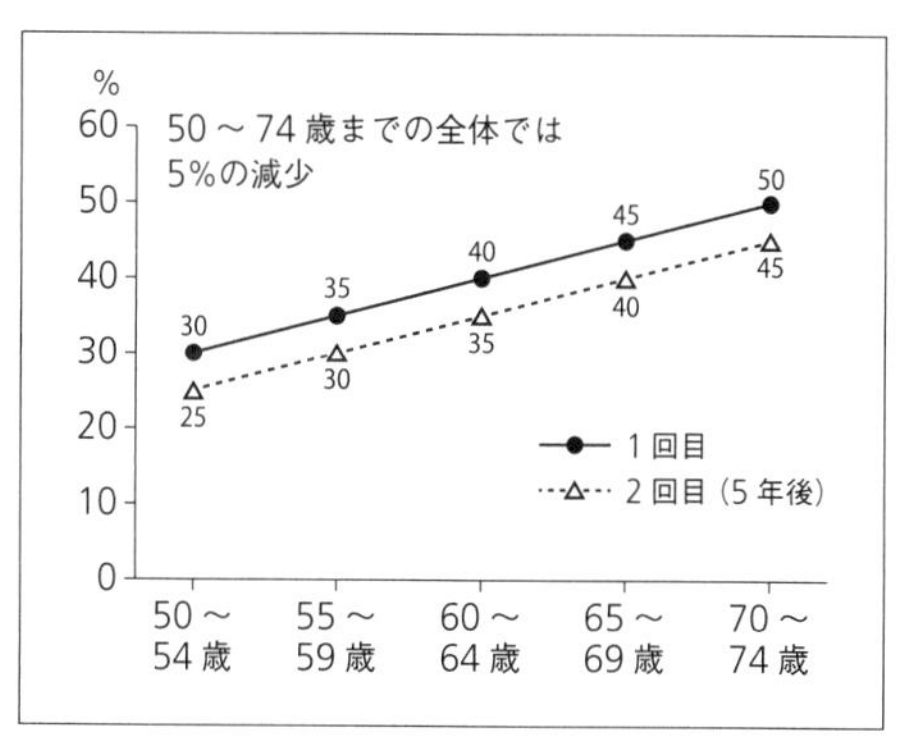

グラフの傾きから、2回の調査結果とも年齢が高くなるほど賛成する人が多い、つまり、加齢要因により意見を変える人がいることがわかる。さらに、5年の間に、すべての年層において賛成する人が5%ずつ減っていることが見てとれる。したがって、全体での5%の減少は、時代要因によって生じたとみなすこともできる。

ところが、同じデータを生まれ年を基準にして描き直すと次頁のようになる（1回目の調査において、50～54歳の人を1965～69年に生まれ、55～59歳の人を1960～64年生まれ、などとした）。

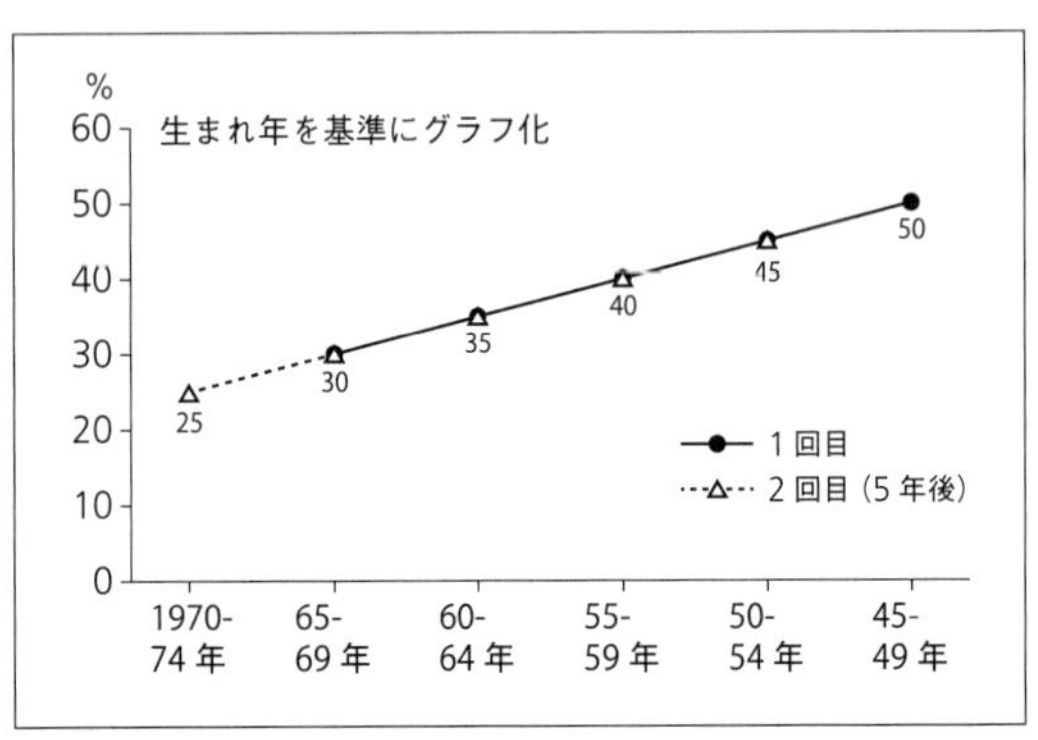

2本の線はまったく重なっている。このグラフからは、全体での5%の減少は、人びとが意見を変えたことによるのではなく、高年世代の人が亡くなり、新しい世代が加わるという世代交代による変化であったと解釈することも可能なのである。

つまり、世論調査によって全体での意見分布が変化したことはわかっても、それが、人びとが意見を変えたことによるものなのか、世代交代によるものなのか、さらには、時代変化の影響がどのように関与しているかを、厳密に判断することは難しいのである。

なお、世論調査から得られた結果を用いて、加齢、世代、時代の3つの要因を数理的に分離することは困難であることが知られており、統計学的手法によって3つの要因を分離する方法も開発されている。

付録Ⅲ　日本社会の変化

本文では1970年代から今日までに、日本人の意見や態度がどのように変化したかを考察している。その変化の背景には日本社会の変化がある。そこで､日本社会がどのように変化してきたのかを、各種の統計を参考にしてまとめた。なお、主に国勢調査の結果を利用しているので､比較は1970年から2015年の間について行った。ただし､「5. ICT化とその個人化」については､「情報通信白書」や「通信利用動向調査」の結果を参照しているため、2018年のデータも用いている。

表1に示されているように、この45年間の日本社会は、ほとんどの項目で増加し続けているか、減少し続けており、同じ方向へ変化してきた。ただし、いくつかの項目では近年変化の方向が変わってきたものがある。

1．家族人数の減少と少子高齢化

人口は1970年からの45年間では1.2倍になったが、増加のピークは1970年代で、その後は、増加率が徐々に小さくなり、2015年は前回の調査よりも減少している。世帯数は1.9倍に増えたが、一世帯当たりの人数は減少し続け、2015年は2.36人となった。単身世帯も3倍に増えて、3軒に1軒に上っている。

年齢構成の変化をみると、14歳以下は1970年には24.0%であったが、2015年には12.6%に減少した。一方、65歳以上は7.1%から26.6%へと大幅に増えた。また、平均寿命は男性は11歳延びて80歳を超え（80.75歳)、女性は12歳延びて（86.99歳）いずれも過去

表 1　主な統計の推移

	総人口	総世帯数	1世帯あたり人員	単身世帯	年齢別人口構成			平均寿命		合計特殊出生率	大学（学部）・短期大学（本科）への進学率		
		（普通世帯）		（一般世帯）	14 歳以下	15 ～ 64 歳	65 歳以上	男性	女性		計	男性	女性
単位	万人	万世帯	人	%	%	%	%	歳	歳	人	%	%	%
1960 年	9,430	1,987	4.54	5.3	30.2	64.1	5.7	65.32	70.19	2.00	10.3	14.9	5.5
65 年	9,921	2,328	4.05	8.1	25.7	68.0	6.3	67.74	72.92	2.14	17.0	22.4	11.3
70 年	10,467	2,707	3.69	10.8	24.0	68.9	7.1	69.31	74.66	2.13	23.6	29.2	17.7
75 年	11,194	3,127	3.45	13.5	24.3	67.7	7.9	71.73	76.89	1.91	38.4	43.6	32.9
80 年	11,706	3,411	3.33	15.8	23.5	67.4	9.1	73.35	78.76	1.75	37.4	41.3	33.3
85 年	12,105	3,648	3.23	17.5	21.5	68.2	10.3	74.78	80.48	1.76	37.6	40.6	34.5
90 年	12,361	3,919	3.06	20.2	18.2	69.7	12.1	75.92	81.90	1.54	36.3	35.2	37.4
95 年	12,557	4,248	2.88	23.1	16.0	69.5	14.6	76.38	82.85	1.42	45.2	42.9	47.6
2000 年	12,693	4,551	2.71	25.6	14.6	68.1	17.4	77.72	84.60	1.36	49.1	49.4	48.7
05 年	12,777	4,798	2.58	27.9	13.8	66.1	20.2	78.56	85.52	1.26	51.5	53.1	49.8
10 年	12,806	5,084	2.45	31.0	13.2	63.8	23.0	79.55	86.30	1.39	56.8	57.7	56.0
15 年	12,709	5,236	2.36	33.3	12.6	60.7	26.6	80.75	86.99	1.45	56.5	56.4	56.6
出典	国勢調査							生命表		人口動態調査	学校基本調査		

	産業別人口			女性労働者（15 歳以上）		総実労働時間	労働組合推定組織率	国際化	
	第1次	第2次	第3次	労働力人口	雇用者に占める割合	30 人以上の事業所		入国外国人	出国日本人
単位	%	%	%	%	%	時間	%	千人	千人
1960 年	32.7	29.1	38.2	54.5	31.1	2,432	32.2	147	119
65 年	24.7	31.5	43.7	50.6	31.7	2,315	34.8	291	266
70 年	19.3	34.1	46.6	49.9	33.2	2,239	35.4	775	936
75 年	13.9	34.2	52.0	45.7	32.0	2,064	34.4	780	2,466
80 年	10.9	33.6	55.4	47.6	34.1	2,108	30.8	1,296	3,909
85 年	9.3	33.2	57.5	48.7	35.9	2,110	28.9	2,260	4,948
90 年	7.2	33.5	59.4	50.1	37.9	2,052	25.2	3,504	10,997
95 年	6.0	31.3	62.7	50.0	38.9	1,909	23.8	3,732	15,298
2000 年	5.2	29.5	65.3	49.3	40.0	1,859	21.5	5,272	17,819
05 年	4.9	26.4	68.6	48.4	41.3	1,829	18.7	7,450	17,404
10 年	4.2	25.2	70.6	48.5	42.6	1,798	18.5	9,444	16,637
15 年	4.0	25.0	71.0	49.6	43.9	1,784	17.4	19,688	16,214
出典	国勢調査			労働力調査		毎月勤労統計調査	労働組合基礎調査	出入国管理統計	

復帰（1972 年）以前の沖縄県の扱い

「出入国管理統計」: 沖縄本土間の往来者を含む

国勢調査 : 沖縄県を含む

その他 : 沖縄県を除く

表2　時代背景

	1973年6月 第1回調査	1978年6月 第2回調査	1983年9月 第3回調査	1988年6月 第4回調査	1993年10月 第5回調査
西暦 和暦	～1973年 ～昭和48年	1973～78年 昭和48～53年	1978～83年 昭和53～58年	1983～88年 昭和58～63年	1988～93年 昭和63～平成5年
主な出来事	70 大阪万博 71 環境庁発足 72 浅間山荘事件 沖縄返還 日本列島改造論	75 国際婦人年 76 ロッキード事件で田中前首相逮捕 戦後生まれ過半数 77 平均寿命世界一 78 成田空港開港	80 同日選挙自民大勝 82 海外旅行ブーム 83 戸塚ヨットスクール事件	83 ロッキード事件一審有罪判決 ロンヤス会談、運命共同体 85 労働者派遣法成立 靖国神社参拝問題 86 男女雇用機会均等法施行 87 国鉄分割民営化 連合発足 88 リクルート事件	89 昭和天皇崩御 消費税実施 ベルリンの壁崩壊 91 湾岸戦争 ソ連崩壊 92 東京佐川急便事件 93 皇太子ご成婚 Jリーグ開幕 55年体制の崩壊
歴代首相 太字は調査時	佐藤、**田中**	田中、三木、**福田**	福田、大平、鈴木、 **中曽根**	中曽根、**竹下**	竹下、宇野、海部、 宮沢、**細川**
経済	68 GNP世界第二位に 71 ドルショック 73 円変動相場制に（円高）	73 第1次オイルショック 74 狂乱物価 戦後初のマイナス成長	79 第2次オイルショック ジャパンアズナンバーワン 80 自動車生産台数世界第1位	85 プラザ合意 87 ブラックマンデー ○円高 ○地価高騰	90 入国管理法の改正 ○株価暴落 ○地価下落 ○リストラ
景気　拡大期	71.12～（列島改造ブーム）	75.3～（通称無） 77.10～（通称無）	83.2～（ハイテク景気）	86.11～（バブル景気）	
後退期		73.11～（第1次オイルショック） 77.1～（ミニリセッション）	80.2～（世界同時不況）	85.6～（円高不況）	91.2～（第一次平成不況）
経済成長率（実質）	% 12, 10, 8, 6, 4, 2, 0, −2, −4, −6 '69 '70 '71 '72 '73	'74 '75 '76 '77 '78	'79 '80 '81 '82 '83	'84 '85 '86 '87 '88	'89 '90 '91 '92 '93
世相・風俗	70 ディスカバージャパン 三無主義 71 ゴミ戦争、カップヌードル マクドナルド 72 甘えの構造 パンダブーム ○公害問題 ○ウーマンリブ	73 省エネ・節約、紙不足 74 超能力ブーム スプーン曲げ 75 複合汚染 76 偏差値、五つ子誕生 78 不確実性の時代 窓際族 ○校内暴力 ○家庭内暴力 ○ニューファミリー	79 熟年、ウサギ小屋 共通一次試験 81 窓際のトットちゃん 82 気くばりのすすめ 83 おしん、軽薄短小 ファミコン発売 ○漫才ブーム	84 くれない族 マル金・マルビ 85 家庭内離婚 86 新人類、究極 87 DINKS、地上げ屋 マルサ、サラダ記念日 ノルウェイの森 ○いじめ ○ブランド志向 ○グルメブーム	89 つぐみ、キッチン 90 結婚しないかもしれない症候群 ちびまる子ちゃん 91 ヘアヌード写真集 92 少子化 きんさん・ぎんさん 清貧の思想 93 マディソン郡の橋 ○マスオさん現象 ○熟年離婚

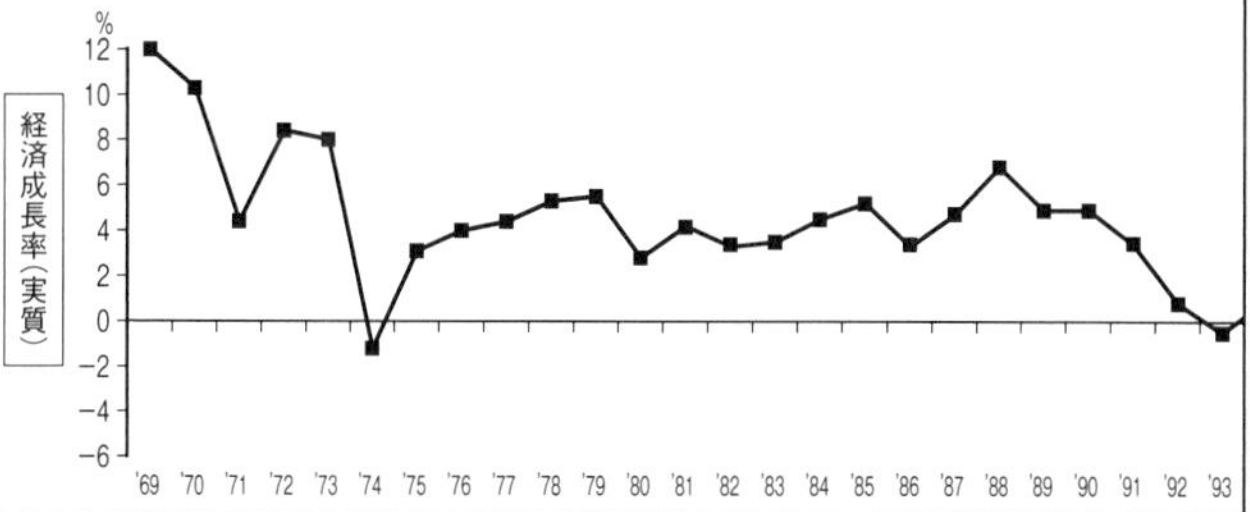

1998年10月 第6回調査	2003年6月 第7回調査	2008年6月 第8回調査	2013年10月 第9回調査	2018年6〜7月 第10回調査
1993〜98年 平成5〜10年	1998〜2003年 平成10〜15年	2003〜08年 平成15〜20年	2008〜13年 平成20〜25年	2013〜18年 平成25〜30年
94 自社さ連立内閣 95 阪神・淡路大震災 オウム真理教事件 97 神戸連続児童殺傷事件 98 長野冬季オリンピック 和歌山毒物カレー事件	99 i-modeサービス開始 国旗国歌法成立 00 介護保険制度開始 01 米国同時多発テロ事件 02 北朝鮮拉致被害者5人帰国 03 イラク戦争 個人情報保護法成立	04 平成の大合併 振り込め詐欺 05 人口、初の自然減・出生率1.26 06 教育基本法改正 07 年金記録問題 食品偽装表示 中国食品に有毒物混入	09 裁判員制度 民主党圧勝で政権交代 事業仕分け 10 尖閣諸島問題 11 東日本大震災 福島第一原発事故 12 自民党圧勝、政権交代	14 消費税8%スタート 集団的自衛権を限定容認 15 安全保障関連法成立 マイナンバー制度スタート 16 18歳選挙権施行 17 トランプ米大統領就任 天皇退位特例法成立 森友・加計問題 18 西日本豪雨 死者200人超 ○過激派組織ISによるテロ頻発
細川、羽田、村山、**橋本**、**小渕**	小渕、**森**、**小泉**	小泉、安倍、**福田**	福田、麻生、鳩山、菅、**野田**、**安倍**	**安倍**
98 金融破綻、銀行・企業倒産多数	99 ユーロ始動 大手銀行に公的資金投入 就職氷河期 01 貸し剝がし 02 銀行再編成	05 ペイオフ解禁 06 ゼロ金利政策解除 07 米サブプライムローン問題 郵政民営化 ○派遣労働者偽装請負 ○名ばかり管理職	08 リーマンショック 11 ユーロ危機 13 アベノミクス 国の借金1,000兆円突破 ○ブラック企業 ○円高	15 日経平均 15年ぶり2万円台 16 日銀 マイナス金利導入 17 米株価 史上初2万ドル突破 英政府 EU離脱を正式通知 18 働き方改革関連法成立

93.10〜(カンフル景気)　99.1〜(IT景気)　02.1〜(いざなみ景気)　09.3〜(通称無)　12.12〜(通称無)

97.5〜(第二次平成不況)　00.11〜(第三次平成不況)　08.2〜(世界同時不況)　12.4〜(通称無)

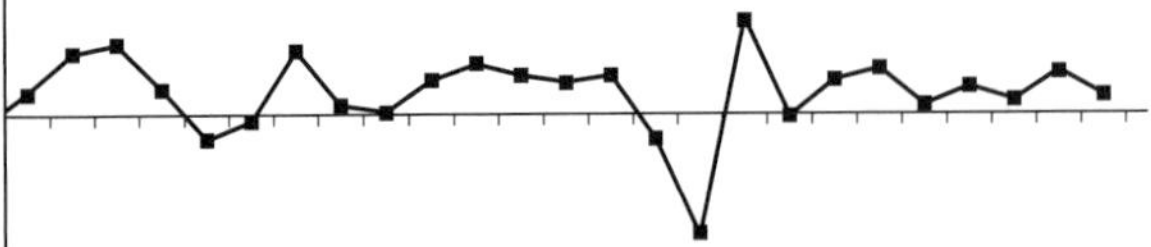

'94 '95 '96 '97 '98 '99 '00 '01 '02 '03 '04 '05 '06 '07 '08 '09 '10 '11 '12 '13 '14 '15 '16 '17 '18

94 大往生 95 ボランティア、無党派 ソフィーの世界 97 ポケモン、プリクラ たまごっち、失楽園 98 ワインブーム キレる子どもたち	99 だんご3兄弟 00 IT革命、「官」対「民」 01 ワイドショー政治 抵抗勢力 ブロードバンド 千と千尋の神隠し 02 日本語ブーム、タマちゃん ノーベル賞日本人ダブル受賞 03 マニフェスト ○狂牛病 ○新種ウィルス、SARS	04 冬のソナタ 05 小泉劇場 06 「格差」社会問題化 07 ケータイ小説ブーム ワーキングプア 赤ちゃんポスト 08 蟹工船ブーム ○ニート ○品格	08 ノーベル賞4人同時受賞 09 新型インフルエンザ 10 3D映画 11 地上デジタル放送 なでしこジャパン 12 東京スカイツリー 13 ヘイトスピーチ 東京五輪決定 ○婚活、草食男子 ○ スマホ、SNS	14 妖怪ウォッチ アナと雪の女王 15 爆買い ドローン 一億総活躍社会 16 ポケモンGO 保育園落ちた日本死ね 17 インスタ映え 忖度 フェイクニュース

最高となった。

合計特殊出生率は、1人の女性が一生の間に産む子どもの数であり、その数が2.07を下回ると日本の人口は減少に転じるといわれている。1970年代前半までは、この水準を維持していたが、1975年以降は2を上回ったことはなく、2005年には1.26までに減少し、戦後最低となった。その後はやや増加し、2010年には1.39、15年は1.45まで回復したが、45年間を通してみると「少子高齢化」は急速に進行している。

2．高学歴化

大学・短大への進学率は、1970年には男性が29.2％、女性が17.7％だったが、高学歴化が進行し、2015年には男女とも60％近く（男性56.4％、女性56.6％）になった。なお、1990年代は女性の進学率のほうが高いが、これは短大への進学率が高かったためである。

3．第3次産業の拡大と労働時間の短縮

1970年には情報・流通・販売・サービスなどの第3次産業に従事する人がほぼ半数を占めるまでに増えていたが、その後も増え続け、2015年は71％に上っている。一方、農林漁業などの第1次産業に従事する人は大幅に減り、2005年以降は5％にも満たない。

働く女性の割合は、労働力人口でみれば第一次オイルショック後の1975年には下がったものの、その後は50％前後で安定している。また、雇用者に占める女性の割合は年々増加し、1970年の33.2％から2015年には43.9％になった。

年間総実労働時間はおおむね減少を続けてきた。1973年の第一次オイルショックによる影響と、1988年に1週間の法定労働時間を48時間から40時間に短縮する改正労働基準法が施行された影響が大きいが、労働時間が短いパートタイマーの増加も影響している。

4．グローバル化

海外から入国した外国人も、海外へ渡航した日本人も大幅に増加した。1970年と2015年を比較すると、入国した外国人は25倍に増えた。特に2010年からの5年間では、政府の観光立国実現に向けた取り組みもあり、日本を訪れる外国人は倍増している。出国した日本人も1970年から2015年にかけて17倍に増えたが、2000年以降はやや減少している。

日本と海外との人の動きが長期的に増えたのは、観光に限らず、外資系企業の日本進出や日本企業の海外進出が増加したことによるものである。また、テレビやインターネットなどを通じた情報も大幅に増え、グローバル化が進行した。

5．ICT化とその個人化

1995年にパソコンの操作性が大幅に改善された「Windows 95」が発売されたことなどにより、1990年代後半になると個人生活の面でもICT化（情報通信技術化）が急激に拡大した。1997年には10%に満たなかったインターネット利用者が、5年後には50%を超え、2018年には80%もの人が利用している。

1990年代には携帯電話の小型化と低価格化が進んだことで、移

動通信サービスが急速に普及した。その後2000年代に入ると、パソコンと同様の機能を備えたスマートフォンが人気を集め、2018年には世帯保有率が約80％に達している。同様に、タブレット型端末の世帯保有率も増え続け、2018年には40％となっている。一方、固定電話やパソコンの世帯保有率は減少傾向をたどり、2018年には固定電話が65％、パソコンが74％で、いずれもスマートフォンの保有率を下回っている。これまで家族で共有していた固定電話やパソコンなどの情報通信機器は、いまはスマートフォンやタブレットという形で個人個人で所有する時代になっている。

NHK BOOKS 1260

現代日本人の意識構造［第九版］

2020年2月20日　第1刷発行

編　者　NHK放送文化研究所

発行者　森永公紀
発行所　NHK出版
東京都渋谷区宇田川町41-1　郵便番号150-8081
電話0570-002-247（編集）　0570-000-321（注文）
ホームページ　http://www.nhk-book.co.jp
振替　00110-1-49701
装幀者　水戸部 功
印　刷　三秀舎・近代美術
製　本　三森製本所

Printed in Japan　ISBN978-4-14-091260-7 C1336

NHK BOOKS

＊社会

デザインの20世紀　柏木　博
嗤う日本の「ナショナリズム」　北田暁大
新版　図書館の発見　前川恒雄／石井　敦
社会学入門―〈多元化する時代〉をどう捉えるか―　稲葉振一郎
ウェブ社会の思想―〈遍在する私〉をどう生きるか―　鈴木謙介
新版　データで読む家族問題　湯沢雍彦／宮本みち子
現代日本の転機―「自由」と「安定」のジレンマ―　高原基彰
メディアスポーツ解体―〈見えない権力〉をあぶり出す―　森田浩之
議論のルール　福沢一吉
「韓流」と「日流」―文化から読み解く日韓新時代―　クォン・ヨンソク
希望論―2010年代の文化と社会―　宇野常寛・濱野智史
ITが守る、ITを守る―天災・人災と情報技術―　坂井修一
団地の空間政治学　原　武史
図説　日本のメディア　藤竹　暁
図説　日本のメディア［新版］―伝統メディアはネットでどう変わるか―　藤竹　暁／竹下俊郎
ウェブ社会のゆくえ―〈多孔化〉した現実のなかで―　鈴木謙介
情報社会の情念―クリエイティブの条件を問う―　黒瀬陽平
未来をつくる権利―社会問題を読み解く6つの講義―　荻上チキ
新東京風景論―箱化する都市、衰退する街―　三浦　展
日本人の行動パターン　ルース・ベネディクト
「就活」と日本社会―平等幻想を超えて―　常見陽平
現代日本人の意識構造［第八版］　NHK放送文化研究所　編

＊教育・心理・福祉

不登校という生き方―教育の多様化と子どもの権利―　奥地圭子
身体感覚を取り戻す―腰・ハラ文化の再生―　斎藤　孝
子どもに伝えたい〈三つの力〉―生きる力を鍛える―　斎藤　孝
フロイト―その自我の軌跡―　小此木啓吾
孤独であるためのレッスン　諸富祥彦
内臓が生みだす心　西原克成
人間の本性を考える―心は「空白の石版」か―（上）（中）（下）　スティーブン・ピンカー
母は娘の人生を支配する―なぜ「母殺し」は難しいのか―　斎藤　環
福祉の思想　糸賀一雄
アドラー　人生を生き抜く心理学　岸見一郎
「人間国家」への改革―参加保障型の福祉社会をつくる―　神野直彦

※在庫品切れの際はご容赦下さい。